宁波市海曙区人民法院志

（1978—2017）

宁波市海曙区人民法院志编纂委员会　编

方志出版社
Publishing House of Local Records

图书在版编目（CIP）数据

宁波市海曙区人民法院志：1978—2017 / 宁波市海曙区人民法院志编纂委员会编 . —北京：方志出版社，2023. 8

ISBN 978-7-5144-5746-9

Ⅰ. ①宁… Ⅱ. ①宁… Ⅲ. ①区（城市）-法院-概况-宁波-1978-2017 Ⅳ. ①D926. 22

中国国家版本馆 CIP 数据核字（2023）第 146379 号

责任编辑：李丝雨
责任校对：刘玉霞
责任印制：梅中英
出 版 者：方志出版社
地　　址：北京市朝阳区潘家园东里 9 号（国家方志馆 4 层）
邮　　编：100021
网　　址：http：//www. zgfzcb. cn
发　　行：方志出版社图书营销中心（010-67110500）
印　　刷：福州印团网印刷有限公司
开　　本：889 毫米×1194 毫米　1/16
印　　张：20. 25
字　　数：326 千字
版　　次：2023 年 8 月第 1 版
印　　次：2023 年 8 月第 1 次印刷
定　　价：160. 00 元

《宁波市海曙区人民法院志（1978—2017）》
编纂委员会

主　　　任：傅　勇

委　　　员：任啸雷　陈章君　曹建波　张丹丹　杨锦晶
　　　　　　蒲巧俊　戎　波

办公室主任：杨锦晶

成　　　员：张静霞　张晓静　张　严　王　珂　陈　巧
　　　　　　何苏骏　吕益键　国媛媛

《宁波市海曙区人民法院志（1978—2017）》
编　辑　部

主　　　编：郑学武　杨超烨

编　　　辑：高洪勇　窦韦涛　张　敏

凡　　例

一、本志以马克思列宁主义、毛泽东思想、邓小平理论、“三个代表”重要思想、科学发展观、习近平新时代中国特色社会主义思想为指导，坚持辩证唯物主义和历史唯物主义的立场、观点和方法，客观记述了1978—2017年宁波市海曙区人民法院（以下简称“区人民法院”）的发展历程。

二、本志本着详今略古、继承历史、反映现实、服务社会主义和谐社会建设、有益后世的原则，充分体现时代特点和法院发展变化。

三、本志时间上限起自1978年9月，下限截至2017年12月，为了保持某些人物、事件内容的完整性，少数地方适当上溯和下延。

四、本志记载的法院管辖范围，以宁波市海曙区行政区划调整变化为依据。记述内容以区人民法院院本部为主，同时涵盖3个派出法庭。

五、本志按章、节、目结构以类系事，横排类目，纵写史实。由志首、主体部分和志尾组成。志首设概述、大事记；主体部分设11章；志尾设附录、编后记。

六、本志文体采用语体文，除概述以叙、议相结合外，其余皆用记述体。数字、地名、计量单位、标点符号等均以国家颁布的现行规定为准。为照顾广大读者习惯，本志土地面积仍用旧制“亩”。

七、时间表述使用公元纪年。

八、本志材料来自档案、史志、书刊，经印证鉴别记入，一般不注出处。

宁波市海曙区人民法院全景图 （2017 年摄）

2014 年 6 月 25 日，最高人民法院党组成员、副院长景汉朝（前中）到院考察

2013 年 8 月 23 日，浙江省委副书记、政法委书记王辉忠到院调研

2009 年 10 月 22 日，浙江省高级人民法院党组书记、院长齐奇（右二）到院考察

2017 年 3 月 1 日，浙江省高级人民法院党组书记、院长陈国猛（右二）到院考察

2015 年 4 月 29 日，浙江省高级人民法院法警总队总队长陈中平（右五）到院调研并指导警务工作

2007 年 3 月 8 日，宁波市中级人民法院党组书记、院长蒋剑巍（左一）到院考察

2016 年 8 月 18 日，宁波市中级人民法院党组书记、院长李泽明（前左一）到院调研

2017 年 2 月 25 日，宁波市中级人民法院党组书记、代院长周招社（右一）一行到院考察

2012 年 3 月 14 日，海曙区委书记彭朱刚（左三）到院考察

2015 年 9 月 22 日，海曙区委常委、纪委书记李晓东（中）一行到院调研

2017 年 8 月 4 日，海曙区委常委、常务副区长谭国洪到院考察

2015 年 9 月 24 日，海曙区委常委、组织部部长严仕恩（左一）一行到院调研

1989 年 9 月 14 日，在市人民大会堂召开宣判大会，各界群众参加旁听

1990 年 9 月 29 日，全院干警举行国旗升挂仪式

1994年1月15日，海曙法院干警家属座谈会召开，党组书记、院长李伟铭（中）在会上讲话

1998年3月16日，党组书记、院长李伟铭（左一）在院长接待日接待当事人

1998 年 3 月，区人民法院正门

1998 年 5 月，区人民法院审判庭全貌

1998 年 5 月，海曙法院第二届学术讨论会召开，党组书记、院长李伟铭（中）在会上讲话

1998 年 6 月，区人民法院干警在训练场地打靶

1999 年 12 月 17 日，区人民法院“迎千禧”文艺联欢晚会现场

2000 年 12 月，司法警察大队负责人合影

2003 年，新建成的法院大楼

2004 年，交通案件巡回法庭揭牌仪式

2006 年 7 月 21 日，党组书记、院长张宏伟（右一）与西南政法大学签署实习基地协议

2006 年，模拟法庭现场

2007 年 4 月 12 日，社会调查员聘请仪式举行

2008 年 1 月 15 日，党组书记、院长孙卫华（右一）参加扶贫帮困活动

2008 年 3 月 11 日，群众赠送锦旗

2008 年 9 月 28 日，区人民法院“天平颂”集体诗歌朗诵会举行

2009 年 12 月 3 日，开展公众开放日活动，群众到院参观

2010 年 2 月 26 日，刑事案件远程审判现场

2011 年 3 月 5 日，开展“爱在联北”学雷锋便民服务活动

2011 年 11 月 11 日，新任法官授职典礼举行

2012 年 8 月 18 日，宁波法院系统“浦发杯”篮球赛揭幕战开赛。图为院篮球队客场迎战市中院篮球队

2013 年 10 月 11 日，10 多名干警进望春街道新星社区帮扶

2014 年 12 月 4 日，为迎接首个国家宪法日，区人民法院举行法官宣誓仪式

2015 年 1 月 10 日，面向社会公开选调法官面试现场

2015 年 2 月 15 日，院迎新趣味游艺会现场

2015 年 5 月 27 日，《迷途之光》纪录片首映式暨新闻发布会举行

2015 年 6 月 12 日，开展“同在蓝天下　感受司法阳光”帮教活动

2016 年 2 月 19 日，全院干警参观宁波市廉政教育展

2017 年 2 月 28 日，“人身安全保护令实施情况”新闻发布会举行

2017 年 4 月 28 日，区人民法院执行指挥（集控）中心揭牌

2017 年 9 月，“海法好声音”活动举行

2017 年 10 月 21 日，区人民法院参加宁波市法院系统暨宁波市法官协会第三届运动会

2017 年 11 月 27 日，律师调解工作合作协议签约仪式

2017 年 12 月，区人民法院荣誉墙

宁波市海曙

区行政区划图

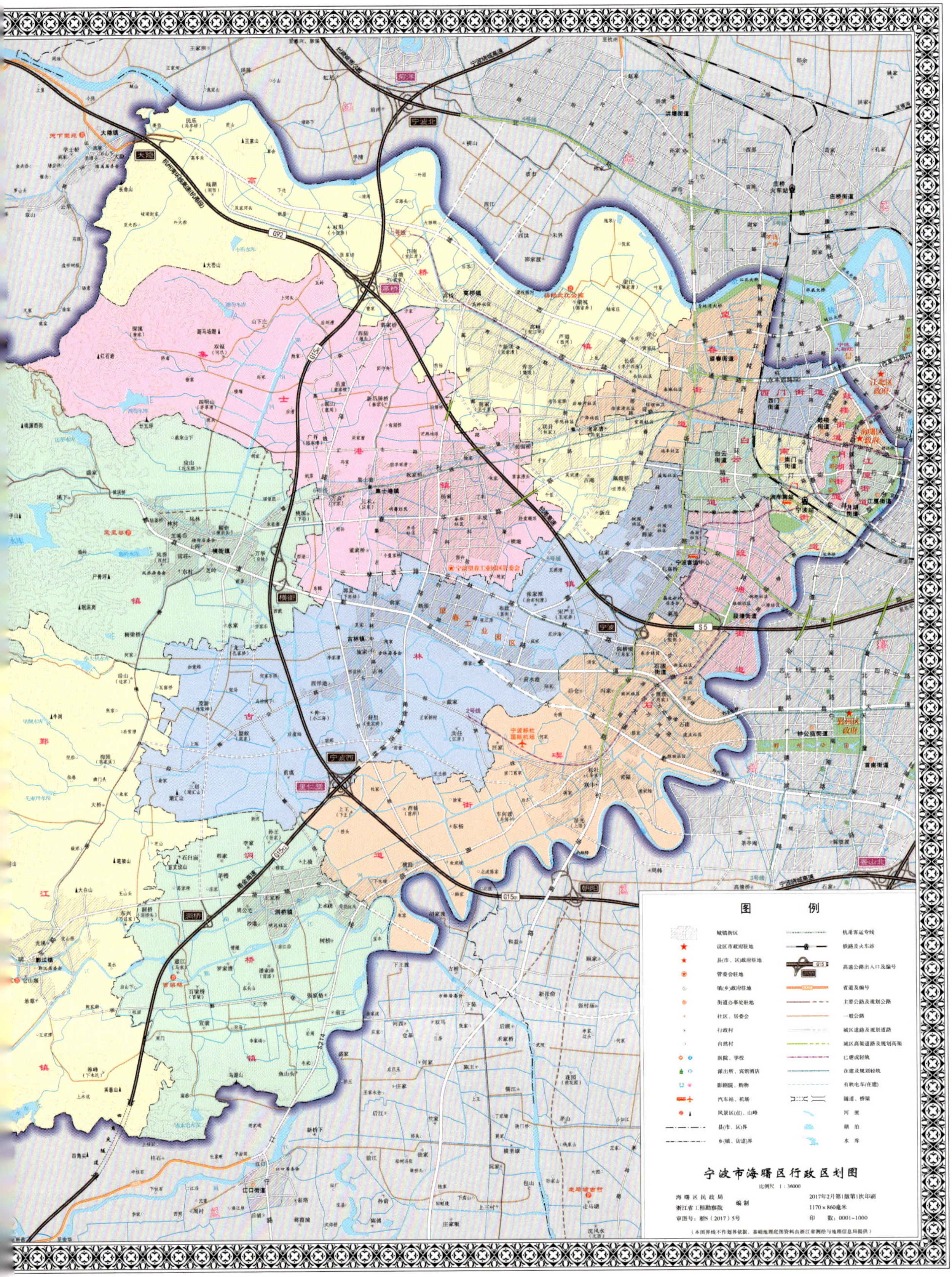

宁波市海曙区行政区划图

比例尺 1：36000

海曙区民政局
浙江省工程勘察院
编制

审图号：浙S（2017）5号

2017年2月第1版第1次印刷

1170×860毫米

印 数：0001~1000

（本图界线不作划界依据，基础地理底图资料由浙江省测绘与地理信息局提供）

目　　录

概　　述

海曙区位于宁波市中心区域，东临奉化江，北濒余姚江，西与余姚市接壤，南与奉化区连接，长期作为宁波市的中心城区。1978 年，海曙始建县一级行政区划，1984 年，镇海区、海曙区合并，建立海曙区。2016 年，随着宁波市区划调整，原属鄞州区奉化江西岸的 9 个镇（乡）街道划归海曙，海曙迎来了具有划时代意义的发展契机。至 2017 年，全区地域面积 595.5 平方千米，户籍人口 62.6 万人。

海曙历史文化底蕴深厚，海曙法治文化源远流长。海曙法治史是中国法治史在基层的一个缩影。中华人民共和国成立后，海曙政法事业获得发展。改革开放后，海曙政法事业在改革中发展，在发展中创新。1978 年分别建立宁波市海曙区人民法院和宁波市镇明区人民法院。1984 年海曙、镇明两区合并为海曙区，两区人民法院也随之合并为新的海曙区人民法院。此后，政府逐年加大投入，审判执行、审判管理、审判保障、司法行政等各项事业均得到快速发展，一个公正司法、为民司法的司法体制基本形成。

镇明区人民法院、海曙区人民法院在 1979 年 6 月 1 日正式挂牌时，均设办公室、刑事审判庭、民事审判庭。1984 年两区合并后，新成立的海曙区人民法院在当年 7 月新增经济审判庭和执行庭，内设机构由 3 个变为 5 个。至 2017 年底，设有办公室、政治处、立案庭、刑庭、民一庭、民二庭、民三庭、民四庭、行政庭、未成年人案件综合审判庭、审监庭、执行局（庭）、执行裁决科、执行实施科、执行监督科、审管办、司法警察大队、司法行政科 18 个部门和西郊法庭、望春法庭、鄞江法庭 3 个人民法庭，并下设1个事业编制机构——审判保障服务中心。全院有在编干警154人，其中本科以上学历146人，占比94.8%。全院法官中有硕士以上学历56人，占比为53.8%。法院新的审判办公大楼于2003年建成，占地面积15亩，建筑面积约13000平方米，拥有15个审判法庭。

区人民法院在区委领导下、在人大监督下、在上级法院指导和社会各界关心支持下，围绕“让人民群众在每一个司法案件中感受到公平正义”的目标，始终坚持司法为民、公正司法，全面推进司法体制改革，促进社会公平正义，保障人民安居乐业，为实现辖区经济社会全面健康发展提供有力的司法保障。法院工作受到人民群众和上级机关肯定，全院及各部门先后获“全国维护妇女儿童权益先进集体”、“全国应用法学研究先进单位”、“全国青年文明号”、“全国青少年维权岗”、“全省优秀法院”、省级“文明单位”、省级“巾帼文明岗”等称号。

1978年至2017年这40年，是海曙区改革开放发展的40年，也是海曙区司法事业改革开放发展的40年。改革、开放、发展，是贯穿于海曙区经济社会发展40年历史，成为海曙司法审判事业近半个世纪以来的时代主题。纵观海曙司法审判事业发展史，大致经历了以下3个时期：

第一个时期为初步创建期（1978—1991年）。工作主题为“严打”斗争。

1978年，镇明区、海曙区人民法院始建。中共十一届三中全会后，社会主义法制建设逐渐加强，1979年7月，两院各设刑事审判庭。1980年1月1日，《中华人民共和国刑事诉讼法》《中华人民共和国刑法》实施，刑事审判工作开始步入法治化轨道。1980年3月，镇明区人民法院设立审判委员会，12月，海曙区人民法院设立审判委员会。1979年至1982年，海曙区人民法院共审结各类刑事犯罪案件100件，依法从重从快惩办一批放火、抢劫、强奸、爆炸、流氓以及其他严重危害社会的犯罪分子，社会治安有所好转，但重大恶性案件仍有发生。1983年在全区范围内开展严厉打击严重刑事犯罪活动的斗争（简称“严打”），依法从重从快、大张旗鼓地处决和重判一批罪恶深重的刑事罪犯。1984年两院合并为海曙区人民法院。1985年，继续从重从快严厉打击严重刑事犯罪活动，特别是打击手段残忍、气焰嚣张、在社会上民愤极大、影响极坏的恶性事件以及危害极大的犯罪团伙。召开严厉打击刑事犯罪活动宣判大会，震撼刑事犯罪嚣张气焰，极大地鼓舞了广大干警和群众的斗志。经过1985年至1987年的“严打”斗争，依法判处各类刑事犯罪分子423人，召开公判大会8次，旁听1万余人次。1989年，刑事案件大幅度上升，恶性案件不断发生，大案要案明显增多。根据“打击严重刑事犯罪分子的决心要再大一些，行动要再快一些，声势要再猛一些”的指示，抓紧大案要案审理，受理各类刑事案件225件，比上年同期上升48%。1991年，根据上级要求，把严重盗窃犯罪作为“严打”斗争的重要内容，对重大盗窃犯罪分子依法予以从重打击。配合全国性反腐败斗争，坚持贯彻依法从严惩处的方针，坚决打击国家工作人员贪污、受贿，公司企业从业人员侵占、挪用单位资金，商业受贿，虚开增值税发票，金融诈骗，偷税漏税等严重扰乱经济秩序犯罪。

第二个时期为快速发展期（1992—1997年）。工作主题为经济审判。

1979年2月，最高人民法院发布《人民法院审判民事案件程序制度的规定（试行）》。1982年10月1日，《中华人民共和国民事诉讼法（试行）》实施。区人民法院在民商审判工作中，按照中央关于构建和谐社会要求，认真贯彻公平、诚实信用和当事人意思自治原则，大力加强婚姻家庭、民间借贷、人身权、相邻权、劳动争议等民事案件审理工作，依法制裁侵权行为，维护群众切身利益，促进社会安定团结；认真审理买卖、运输、证券、保险、股权等商事纠纷，维护市场主体合法权益，保障金融安全，保护公平、有序的市场竞争秩序。1991年4月9日，第七届全国人民代表大会通过《中华人民共和国民事诉讼法》，使民事审判得到更加有力的保障。1992年，区人民法院围绕建立社会主义市场经济体制，积极开展经济审判工作，运用法律手段调节经济关系，努力推动国有企业转换经营机制，促进企业进入市场，平等地保护参与市场竞争的各个经济主体的合法权益，保障市场公平竞争的经济秩序。成立经济纠纷调解中心，坚持以事实为根据，以法律为准绳和自愿、灵活、务实、高效的办案原则，积极开展诉前调解，有效保障当事人合法权益，维护正常经济秩序。加强司法联系工作和经济法律咨询服务，经常深入基层企业、农村了解情况，听取反映，及时提供经济法律服务。1997年把经济审判放到重要位置，加强领导，充实力量，改革审判方式，努力提高办案质量和办案效率，全年办结案件1301件。把审理好与国有企业改革有关的案件作为重点，通过审判，执行对建立现代企业制度，促进经济体制和经济增长方式的两个根本转变提供了有效的法律服务。紧贴市场经济脉搏，妥善处理发生在商品流通领域的各类案件。依法审理购销合同纠纷案件，维护市场正常秩序。审结票据、融资租赁案件，进一步促进市场经济的发育和完善。拓宽服务领域，参与经济秩序综合治理。

第三个时期为全面推进期（1998—2017年）。工作主题为综合审判。

1998年随着法治建设的不断完善，案件变得更加多元化。1999年经济案件在连续几年大幅度上升后，首次出现下降趋势，受理1283件，比上年同期下降11.8%。民事、行政案件较上年有所增加，其中受理民事案件1381件，行政诉讼案件33件，分别上升13.5%和32%。办结各类经济纠纷案件1295件，解决争议标的4.07亿元，民事、经济案件坚持做到"一步到庭"，直接开庭率达99.8%，当庭宣判率达46.2%。至2009年，全年案件受理突破7000件。2015年突破9000件，2016年突破1万件大关，2017年达到21952件。2015—2017年3年间，案件受理数量大幅上升，法官人均工作量达309件。

在各个时期，法院组织机构不断完善，审判机构与人事规模呈逐年递增趋势。

1978年两区建院时共有人员13人，到两院合并前，有干警47人。1984年底，有干警52人。1994年底，有干警77人。2007年底，院编制95人，实有82人。2012年底107人，到2017年154人。建院时，只有办公室、刑事审判庭、民事审判庭3个部门。1984年两区合并后，院内机构变为办公室、刑事审判庭、民事审判庭、经济审判庭、执行庭5个部门。2017年底，发展到办公室、政治处、立案庭、刑庭、民一庭、民二庭、民三庭、民四庭、行政庭、未成年人案件综合审判庭、审监庭、执行局（庭）、执行裁决科、执行实施科、执行监督科、审管办、司法警察大队、司法行政科18个部门和西郊法庭、望春法庭、鄞江法庭3个人民法庭，下设1个事业编制机构——审判保障服务中心。

在各个时期，各部门都呈现不断发展态势。

——立案方式呈现多样化。2006年围绕“现代化”“便民化”“规范化”“全局化”要求，积极推进立案接待大厅规范化建设，使之成为集立案咨询、信访接待、诉讼指导、庭前调解、传递材料等功能于一体的“一站式”诉讼服务窗口。简化立案手续，为行动不便的老人、残疾人等当事人提供口头立案、预约立案等服务，允许外地当事人以信件、传真等形式立案，探索以远程立案、巡回立案等方式依法及时受理群众诉求。降低诉讼门槛，对生活确有困难的当事人，依法准予缓、减、免交诉讼费。加强涉诉信访工作，定期上门为群众解难答疑。积极处理来信来访，及时化解矛盾。大力推进网上立案、跨域立案，2017年通过网上立案渠道对8829件民商事案件进行登记立案，占同期民商事案件总数的69.74%，位列全市第一。

——诉讼服务与调解实现“三位一体”。升级诉讼服务中心，实现诉讼服务大厅、诉讼服务网、“12368”诉讼服务热线“三位一体”，方便当事人多渠道、一站式集中办理诉讼事务。2017年，立案调撤率64.9%，民事调撤率70.74%，民事调解案件自动履行率74.13%，均位居全省前十，诉前纠纷化解率达11.82%。

——刑事案件审判工作量40年翻十番。1979年至1982年，全区人民法院共受理各类刑事案件100件。1983年全区人民法院受理案件73件，刑事案件比往年有所增长。1993年，受理各类刑事案件250件，比1983年上涨342.5%。2010年，受理各类刑事案件536件，比1993年上涨214.4%。到2017年，受理各类刑事案件达到763件，比2010年上涨142.4%，将近四十年间总共上涨十倍有余。

——未成年人审判亮点纷呈。设立少年法庭，此后在不断地摸索实践中，探索出了一系列适合青少年审判帮教的措施，其中主要的改革亮点：一是建立全省首家曙光心理工作室；二是构建特色未成年人刑事审判工作机制；三是圆桌式审理；四是发布“海曙模式”白皮书。创新的改革亮点吸引了全国多家法院前来参观学习，先后被最高人民法院和团中央联合授予“全国青年文明号”“全国青少年维权岗”等称号。

——民商事案件大量增加。1979 年 7 月，海曙区人民法院和镇明区人民法院分别设立民事审判庭。起先只有民事案件，没有商事案件，至 1983 年，两院开始分别受理第一例商事案件。1984 年两院合并后，建立区人民法院经济审判庭。随着经济不断快速发展，民、商案件审判进入快速发展模式。1996 年，民事案件达 923 件，商事案件则首次超过 1000 件；至 2016 年民商案件达 6629 件；2017 年首次突破 1 万件，达 13385 件，2016—2017 年民商案件呈现爆发式增长。

——行政审判坚持“有案必立”“每案必谈”。1989 年 5 月 1 日，区人民法院正式建立行政审判庭。1990 年至 1995 年期间，共受理行政审判案件 41 件，办结 39 件。1995 年至 2000 年期间，审理涉及公安、房管、土地、工商等行政执法部门的行政诉讼案件，充分运用各种法律手段化解矛盾，平息纠纷。2001 年至 2005 年期间，随着行政法律法规的不断健全和公民法治意识的增强，行政案件数量持续增加，五年共受理各类行政诉讼案件 206 件。到 2017 年受理各类行政案件达 825 件，结案 789 件，结案率 96%。坚持“有案必立”“每案必谈”模式，实现裁判过程公开透明，增强裁判社会可接受性。通过公众开放日，加大行政审判影响力。加大协调力度，实质化解“官民矛盾”。

——司法执行步入正轨。区人民法院执行机构于 1984 年 7 月建立，全面执行工作开始逐步走上正轨。1984 年 7 月至 1990 年 12 月期间，区人民法院加强对执行工作的领导，健全机构，充实干部队伍，制订和完善工作规章制度，不断加大执行力度，使执行工作逐步得到规范和发展。1991 年，区人民法院在认真总结 1990 年执行大会战经验的基础上，进一步加强执行工作，注意审执关系，做到审执并重。此后经过漫长探索，摸索出“前台+后台”新型执行模式，推进“大服务”机制建设，优化执法环境，打击规避执行，凝聚执行合力，破“执行不力”“消极执行”“信息不畅”三大难题，发挥宣传导向作用，争取各方理解支持。

在各个发展时期，监督管理、改革开放力度都进一步加强。

——加大内部监督。1998 年在全院推行“一案一反馈”制度。1999 年成立案件质量检查组，开展“办案质量年”活动。此后建立起错案追究责任制，完善审判质量管理制度，建立了审理与执行相分离的制约机制，落实流程管理制度，扎实开展“公正与效率”司法大检查，坚持司法公开原则。健全办案质量和效率促进机制，开展庭审评议，实施随案寄送廉政监督卡。建立审判监督制度，建立健全信访接待制度，举行特邀监督员聘任仪式暨工作交流会。紧密围绕“八项司法”，坚持攻坚克难、多元化解、敢于纠错、善于纠错原则，认真细致复查并审理好每一个案件。重视庭审功能，规范庭审程序，积极开展“阳光司法”。

——强化外部监督。区人民法院一直高度重视自觉接受人大、政协监督，多措并举加强与人大代表、政协委员的联络，使法院工作始终置于人大、政协的监督指导之下。建立日常工作通报机制。采取走访、召开座谈会、编印寄送《金天平》《审判园地》《法院信息》等形式，定期向区人大代表、政协委员通报。坚持院长定向联络省人大代表制度，主动加强与海曙区省人大代表联系，每年两次登门拜访。高度重视人大代表、政协委员关注案件办理工作。对代表、委员多次提出、反映强烈的案件，承办部门必须在作出处理结论前听取代表、委员意见，做好解释说明工作，确保办理效果。健全完善代表、委员参与旁听评议庭审制度。对案情疑难复杂、在当地有重大影响案件，坚持邀请人大代表、政协委员旁听案件审理，增强代表监督实效性。社会监督方面，1989 年制定审判工作“七个公开、七个监督”制度，以公开信形式发往辖区，依靠社会各方面来监督。落实人民陪审员制度。制定《宁波市海曙区人民法院审务公开制度》，法院职权职责、办案程序、执行程序、当事人权利义务、收费标准等面向社会公开，接受社会监督。按照强化庭审功能、实行公开审判要求，提倡直接开庭和当庭宣判做法。2002 年民事、经济案件均做到直接开庭，当庭宣判率达到 58%，刑事案件直接开庭率 94.7%，当庭宣判率 84.5%。2011 年出台《关于推进阳光司法工作实施办法》，从立案、庭审、执行、听证、文书、审务 6 个方面明确司法公开内容、程序和方法，方便社会更好监督。加强法院门户网站建设，建成在线诉讼服务平台，实现案件查询、材料收转、远程审判、联系法官等在线服务。制定《裁判文书上网公布暂行规定》，举行各种主题的公众开放日活动，邀请区市场监督管理局、区消费者权益保护委员会以及区大型商场经营者代表现场旁听健康权纠纷案件庭审，邀请区人大代表、政协委员旁听评议商标侵权案件庭审。2017 年 12 月 14 日，宁波大学 19 名来自北美洲、亚洲、非洲十余个国家的留学生走进法院，“零距离”感受法院工作。

——推行科学管理。科学管理是人民法院实现可持续发展的重要保障。以开展“规范司法行为，促进司法公正”专项整改活动为契机，以构建法院科学管理长效机制为目标，以加强审判管理为重点，积极推进法院改革，确保司法公正高效。完善审判组织形式，规范审判长、独任审判员选任制度，科学界定合议庭和独任法官的审判职责，理顺审判长、合议庭和审判委员会之间关系，保障法官依法独立行使审判权。推行院长、副院长参加合议庭担任审判长审理重大、疑难、典型案件的做法，实现审与议、审与判的统一。扎实开展“管理年”活动，加强各项管理制度建设。推进审判管理创新，优化审判管理。2011 年成立审判管理办公室，进一步加强对审判流程和办案质量效率的监督管理。建立审判质量效率、评估数据月通报制度，审判职能实现精细化管理。

——坚持审判方式改革。改革审判方式是人民法院提高工作效率、更好完成审判任务的客观需要，是确保程序公正，使审判工作民主化、制度化、公开化的必然要求，也是加强社会主义民主与法治建设的重要内容。区人民法院高度重视法院司法体制改革，不断推进各项改革。1988 年颁发《关于法院工作改革的六条意见》；1998 年印发《海曙区人民法院深化审判方式改革实施意见》，积极推进审判方式改革。2000 年是人民法院“改革年”，区人民法院坚持以审判方式改革为重点，大力推进审判组织形式和审判管理体制改革，通过一系列改革，确保司法公正。2002 年促进司法体制创新，向市中院提交《关于征求〈海曙区人民法院机构改革方案〉意见的请示》，稳步推进法院改革，努力实现公正高效。2004 年深化法院改革，努力完善审判机制，改革审判组织，强化法官职责，实行审判“六公开”制度，即公开陈述、公开质证、公开辩论、公开论证、公开推理、公开裁决。2007 年改革审判工作机制，开展“法官进企业”活动。2013 年开展分段式流程改革。2015 年赋予 40 名法官裁判文书签发权，建立 20 个编制合议庭。2016 年出台《司法体制改革实施方案》，执行法官员额比例和入额标准，完成 82 名法官职务套改和定级，首批遴选员额法官 33 名。2017 年制定《宁波市海曙区人民法院司法体制改革实施方案》，继续推进司法内设机构改革。

在各个发展时期，区人民法院一直都高度重视队伍建设，始终将领导班子和干部队伍建设作为干好工作、完成使命的根本组织保证。同时，重视思想政治、宣传教育、科研文化、规章制度等方面工作，为法院事业发展不断注入活力。

——加强干部队伍建设。海曙区、鄞州区、江东区三区区划调整后，截至 2017 年初，区人民法院有行政编制 146 人，事业编制 34 人，实有在编 153 名，其中行政编制 136 名、事业编制 17 名；行政编制人员中，员额法官 60 名。另有聘用人员 79 名。院机关内设 18 个部门，下设西郊、望春、鄞江 3 个人民法庭。院领导 11 名，其中院长 1 名、副院长 5 名、纪检组组长 1 名、政治处主任 1 名、执行局局长 1 名、审委会专职委员 2 名。加强领导班子自身建设，加强中层干部管理，完善人才选拔机制，开展“做合格法官，争做优秀法官”活动。加强政治理论学习，提高队伍政治素质。狠抓审判执行工作，提升队伍能力建设。强化主体责任意识，夯实队伍反腐基石。党组书记认真履行党风廉政建设和反腐败工作第一责任人政治责任，管好班子、带好队伍，做廉洁从政表率。开展以职业道德建设为重点的队伍建设专题教育活动，塑造和发扬“清正廉洁、勤政为民、英勇无畏、执法如山”的宁波政法精神及争创一流的“海曙精神”。开展争当“办案之星”“办案能手”“记录能手”活动。开展评选“贤内助”活动，开展“队伍建设年”活动，全面提升队伍素质。

——加强党组织和群团组织建设。区人民法院历来重视政治思想建设，始终把政治思想建设作为法院工作重要内容来抓，为法院工作提供坚定的政治导向、思想保证。重视党风廉政建设，坚持纳入党组重要议事日程，常抓在手，做到警钟长鸣，确保队伍整体纯洁性，为审判执行工作提供可靠纪律保证。开展“清正廉洁执法如山”教育、职业道德教育和严格执行“八个不准”教育，制定五条廉政措施，定期检查落实。

——加强法院文化建设。区人民法院重视法院文化建设，建立、丰富和发展了具有特色的区人民法院文化，为法院审判执行工作提供了精神动力、智力支持和文化保障。1997 年制定《加强法院自身精神文明建设的实施意见》。2010 年不断创新文化建设载体，充分发挥文化建设教育、激励、规范功能，提升队伍整体素养。开展“公正文化进法院”专题教育活动，创办《金天平》刊物，开展院史陈列室、图书室建设，推进以资深法官、先进人物画为主体的法院文化长廊建设，营造法文化氛围。征集提炼“崇法致公、厚德为民、勤廉务实、追求卓越”法院精神和“尚法、秉正、致用”院训，凝聚队伍共同价值认同理念。开展迎“五一”登山比赛、赴江西省上饶集中营遗址参观、举办趣味运动会等丰富多彩文体活动，促进干警身心健康和队伍凝聚力提升。印发《宁波市海曙区人民法院文化建设三年规划（2013—2015）》。参与全市法院第三届法院系统运动会等丰富多彩的文化体育活动。制定教育培训规划，开展成人继续教育，加强司法专业培训。

——加强宣传调研。区人民法院充分利用橱窗、板报、报刊、广播、电视、网络、新闻发布会等多种形式，坚持主旋律，传播正能量，弘扬正气，强化对内对外宣传，为法院各项工作顺利开展提供舆论支持、氛围保障。把学术调研作为一项重要基础性工作来抓，坚持举行法院学术论文研讨会，一年一届一主题，不断取得丰硕调研成果，为法院整体工作推进起到智力支持和助推作用。

——加强制度建设。区人民法院特别重视制度建设，把建立健全规章制度作为推进工作的重要保障。为规范审判人员审判活动，提高办案质量，确保公正与效率，推进法院审判工作健康有序发展，先后建立近 200 个规章制度，为法院各项事业健康有序发展发挥了重要作用。

在各个发展时期，司法行政队伍建设常抓不懈。

区人民法院的 40 年，是行政管理水平不断提高和装备设施不断完善的 40 年。日益改善的工作条件，为助推法院审判事业的不断发展提供了坚强可靠的保障。新的审判中心综合楼为干警们提高工作效率提供了切实的物质保障，尤其是审判手段现代化、办公方式信息化，为审判事业快速发展插上了腾飞的翅膀。

坚持中国特色社会主义法治道路，为全面建设社会主义现代化国家提供有力保障是人民法院的历史使命。中共十八大以来，中国进一步加大了依法治国的力度。中共十九大又把建设社会主义法治国家作为党和国家实现中华民族伟大复兴的宏伟目标，区人民法院必将在建设法治国家、法治浙江、法治宁波、法治海曙的伟大征程中不断做出“海法人”新的更大的贡献！

大事记

1978 年

9 月，宁波市海曙区、镇明区人民法院成立。

11 月，高瑞森任宁波市海曙区人民法院院长，应后兴任宁波市海曙区人民法院副院长；叶亚康任宁波市镇明区人民法院院长，王洪花任宁波市镇明区人民法院副院长。

1979 年

6 月 1 日，海曙区、镇明区人民法院正式挂牌对外办公。

7 月，海曙区人民法院设立办公室、刑事审判庭、民事审判庭；镇明区人民法院设立办公室、刑事审判庭、民事审判庭。

1980 年

3 月，镇明区人民法院设立审判委员会。

12 月，海曙区人民法院设立审判委员会。

1981 年

5 月，李光星任镇明区人民法院副院长。

10月，成立中共宁波市海曙区人民法院党组，高瑞森任党组书记。

1982年

7月，海曙区第二届人民代表大会常务委员会任命崔永芳、董尚敦为海曙区人民法院审判员。

8月，镇明区第二届人民代表大会常务委员会任命吴银奎为镇明区人民法院审判员，宁波市司法局任命任裕章、周妙方为镇明区人民法院助理审判员。

9月，镇明区第二届人民代表大会常务委员会任命谢德裕为镇明区人民法院民事审判庭副庭长；毛天峰为镇明区人民法院刑事审判庭副庭长。

1983年

是年，陈翠英获1983年度浙江省信访先进工作者。

1984年

4月，因行政区划调整，宁波市海曙区人民法院、镇明区人民法院合并为宁波市海曙区人民法院。

7月，叶亚康任区人民法院党组书记、院长，李光星、朱大成任区人民法院党组成员、副院长。

同月，成立合并后的区人民法院党组，成立区人民法院经济审判庭、执行庭。

9月，区人民法院审判委员会成立。

1985年

2月，区第三届人大常委会第四次会议，任命王文荣、李康年、胡圣良、张智民为海曙区人民法院审判员。

8 月，区第三届人大常委会第七次会议任命：吴银奎、崔永芳为海曙区人民法院审判委员会委员；吴银奎为刑事审判庭庭长；杨金香为刑事审判庭副庭长；崔永芳为民事审判庭庭长。叶亚康任区人民法院党组书记、院长，李光星、朱大成任区人民法院党组成员、副院长。

12 月，区第三届人大常委会第九次会议任命王国平、周妙方、徐良章、杨光珠、陶建明、任裕章、应菊芳为区人民法院审判员。

1986 年

3 月 11 日上午，在市人民大会堂召开宣判大会，对 4 名经济罪犯进行公开宣判，参加旁听群众 1300 人。

4 月，盛仲飞、汪桂甫被省高院评为先进工作者。

5 月 5 日，省高院批准盛仲飞为全省法院系统先进工作者，颁发奖状和奖品。

8 月 13 日，在市人民大会堂召开公判大会，对 7 个案件 10 名被告进行公开宣判，1300 余人参加旁听，《宁波日报》和宁波电视台均作了报道。

11 月，省高院信访处调研海曙区人民法院了解信访工作，对院改革简易民事立案手续、克服告状难的做法予以肯定，相关经验做法在省高院召开的信访座谈会上进行介绍。

1987 年

4 月，盛仲飞被评为省高院先进工作者。

5 月，区第四届人民代表大会第一次会议选举陈顺兴为区人民法院院长。

6 月，区委决定陈顺兴为区人民法院党组书记，区第四届人大常委会第一次会议任命吴银奎为区人民法院副院长。

7月，根据《中华人民共和国人民法院组织法》，海曙区在选举区四届人大代表的同时，各选区推选人民陪审员132名，并于13日召开全区人民陪审员会议，颁发“人民陪审员当选证”，分组学习有关法律，观摩公开审理案件。

10月，实行目标管理，制定各庭室岗位责任制。

1988年

3月1日，建立区人民法院段塘镇人民法庭。

6月1日，建立区人民法院告诉申诉庭。

6月，盛仲飞被省高院记个人二等功。

7月29日，在区委会场召开院审理未成年人刑事案件合议庭成立大会。

8月，院首届“业大”15名学员参加全国统一考试和论文答辩，13人顺利通过，取得大专毕业文凭。

9月，院55名法院干部明确行政职务，其中正科级审判员13人、副科级审判员18人。

10月24日，在区委会场召开公判大会，对6名经济罪犯进行公开宣判。

11月，盛仲飞荣获省劳动模范称号。

同月，省委常委、省政法领导小组组长、省高院院长袁芳烈到院考察，对开展“严打”斗争作出指示，并就两庭建设问题与区委领导进行交谈。

12月，在市人民大会堂召开公判大会，对震惊全国的170余人参与的播放淫秽录像大案的主犯进行公开宣判。

同月，盛仲飞当选为市党代会代表，出席省第八次党员代表大会。

1989 年

3 月，传达贯彻全国、省、市政法会议精神，发动群众进行讨论，制定各庭、室主要任务和指标以及完成任务的措施。

5 月，建立区人民法院行政审判庭；民事审判庭副庭长盛仲飞被省高院荣记个人一等功。

6 月，以公开信形式向辖区各单位发送《关于审判工作“七个公开”“七个监督”制度的公告》，便于群众进行监督。

9 月 14 日，在市人民大会堂召开宣判大会，对原宁波市五交化批发公司五金机械批发部业务员江某等 5 个案件 19 人进行宣判。

10 月，院第一期办公用房改建工程完成，大部分庭室搬进新办公室，院办公用房紧张状况得到缓解。

1990 年

4 月，为配合形势教育和国情教育，组织全院党员到四明山老区进行革命传统教育，听取先烈事迹报告，祭扫烈士墓。

同月，民事审判庭庭长盛仲飞再次被浙江省高级人民法院荣记一等功。

8 月，建立区人民法院政工科。

同月，崔永芳被任命为副院长；举行全体干警家属（家长）座谈会，印发给全院干警家属的公开信。

10 月，每个街道、乡镇选聘 2 名区人大代表作为院义务监察员，对全院审判工作、政治队伍建设及廉政建设等工作进行监察。

12 月，院在全区《中华人民共和国行政诉讼法》考试中，获团体总分第一名，党组书记、院长陈顺兴得满分，取得个人第一名，分别受到区里的表彰和奖励。

1991 年

2月7日，联合市中院在段塘镇影剧院联合召开宣判大会。

2月26日，省高院在杭州召开全省法院记功表彰大会，盛仲飞荣立唯一的一等功，受到大会表彰。

5月13日，本院《法院信息》刊物正式创办，党组书记、院长陈顺兴撰写创办词并亲自兼任信息刊物领导小组组长。

5月27日，段塘镇法庭审判办公用房竣工落成并交付使用。

6月13日，党组书记、院长陈顺兴首次依法对民事被执行人签发搜查令4份，涉及3个案件4名被告人，副院长吴银奎带领干警实施搜查。

7月27日，与市中院联合在市人民大会堂召开宣判大会。

8月26日，在市人民大会堂召开宣判大会。

10月11日，在市人民大会堂召开宣判大会。

11月28日，建立区教育管理和矫治失足少年齐抓共管“两条龙”工作配套体系，院副院长吴银奎被推选为工作协调小组召集人。

1992 年

1月9日，审判法庭及办公用房工程在横河街5号破土动工。

同日，在天封街道文化站召开宣判大会，依法对盗窃、玩忽职守等4个案件进行公开宣判。

1月28日，在市人民大会堂召开宣判大会，依法对5个案件7名被告人作出一审判决。

2月1日，“搞好少年刑事案件审判落实帮教工作”被评为区1991年度十大佳事。

4月29日，院在市军分区礼堂召开宣判大会，依法对盗窃、受贿等7个案件进行公开宣判。区委副书记姜公石到会并作重要讲话。

7月7日，建立院庭（科室）两级纪检监察网络并召开第一次工作会议。

8月6日，在西门口望京大厦门前召开宣判大会，依法对8个案件11名被告人作出一审判决。

11月1—9日，组织各庭室对1992年以来的诉讼费和赃款赃物管理工作进行全面检查，并提出整改意见。

11月27日，与市中院在市人民大会堂联合召开宣判大会。

12月9日，组织开展争创“两优”（优秀审判员、优秀书记员）活动，历经4个月的观摩开庭、查阅案卷和工作实绩评估等综合考评，评出5名审判员，4名书记员为优胜者。

12月，区委决定任命崔盛钢为区人民法院党组副书记。

同月，区五届人大常委会第十九次会议，任命崔盛钢为区人民法院副院长。

1993年

1月16日，区五届人大常委会二十次会议任命崔盛钢为区人民法院代理院长、审委会委员。

1月19日，与市中院在市解放南路18号原党校会场联合召开宣判大会。

2月4日，区委决定，崔盛钢任区人民法院党组书记。

3月14日，党组书记、代院长崔盛钢在区第六届人民代表大会第一次会议上作法院工作报告。

3月16日，区第六届人民代表大会第一次会议选举崔盛钢为区人民法院院长。

4月8日，在市解放南路18号原地委党校会场召开宣判大会，依法对结伙抢劫、流窜盗窃等5个案件9名被告人宣告一审判决。

6月24日，部分在甬的省人大代表到院视察工作。

7月1日，成立经济纠纷调解中心并举行授牌仪式。

7月14日，党组书记、院长崔盛钢在区六届人大常委会第三次会议上作区人民法院依法治区实施方案的报告。

7月24日，在市人民大会堂召开宣判大会，依法对合伙抢劫、盗窃、传播性病等13个案件23名被告人作出一审判决。

9月30日，在市人民大会堂召开宣判大会，依法对盗窃、抢劫、强奸等5个案件进行公开宣判。

10月11日，院综合档案室新装近40平方米档案密集架。

1994年

3月10日，党组书记、院长崔盛钢在区第六届人民代表大会第二次会议上作法院工作报告。

4月20日，民事审判庭提出定人、定时、定点、定内容联系基层工作并把这项工作与岗位目标责任制挂钩考核，即“四定一挂钩”参与综合治理工作新举措。

6月1日，首次采取考试与考核相结合的办法，从书记员、法警中晋升9名助理审判员。

8月18日，在宁波剧院召开宣判大会，依法对结伙抢劫、流窜盗窃、容留他人卖淫和传播淫秽物品等7个案件14名被告人作出一审判决。

8月29日，在段塘镇法庭举行省级五好法庭表彰授牌仪式，区委、区政府通报嘉奖段塘镇法庭。

9月14日，党组书记、院长崔盛钢在全区纪念全国人民代表大会成立四十周年大会上发言。

9月26日，与市中院在海乐门影剧院联合召开宣判大会。

1995年

3月16日上午，党组书记、院长崔盛钢在区第六届人民代表大会第三次会议上作法院工作报告。

4月7日下午，在市区南站广场召开宣判大会，依法对盗窃、抢劫等

7个案件11名被告作出一审判决。

4月26日，设立少年案件审判庭和西郊人民法庭。

4月27日下午，与市中院联合在市人民大会堂召开宣判大会。

4月28日，区人大常委会第十六次会议任命曹建华为区人民法院副院长、审判委员会委员。

10月11日上午，市中院和市区五区及鄞县、奉化7个基层法院纪念《中华人民共和国行政诉讼法》实施五周年座谈会在院召开，市中院副院长姚祖彭到会讲话。

1996年

1月，建立区人民法院少年案件审判庭、西郊人民法庭。

3月13日上午，党组书记、院长崔盛钢在区第六届人民代表大会第四次会议上作法院工作报告。

3月22日下午，院党总支下设5个党支部改组成立12个党支部。召开支部成立大会暨支委委员选举会议，产生新一届党支部委员会（5人以下支部只设支部书记1名）。

4月11日，市中院办公室主任张宏伟带队的法院档案评级评定指导小组到院检查综合档案省二等级认证工作，经过检查评分，院综合档案得分94.7分，达到省法院档案二等级标准。

5月23日下午，省高院副院长寿胜年在市中院副院长王德兴等领导陪同下，到院考察工作。

5月24日，区委政法委在市南站广场组织召开区“严打”斗争公判处理大会，院依法宣判22个案件27名被告人，旁听群众2000余人。

6月25日，党组书记、院长崔盛钢在区六届人大常委会第二十六次会议上作院经济审判工作报告。

7月5日上午，组织举办首届论文研讨会，共收到论文80篇；推选11人参加大会交流，评出一、二、三等奖各2名、3名、6名，入围奖12名。

8月16日上午，在市宁波剧院召开宣判大会，依法对11件盗窃、抢劫等危害社会治安犯罪案件作出一审判决。

9月23日，组织全院干警赴市展览馆参观香港回归图片展览。

10月18日，少年案件审判庭与团区委、区妇联等部门联合举办结对帮教少年犯活动。党组书记、院长崔盛钢，副院长曹建华，区妇联主任庄碧君等参加。会上，区教委团工委等4个团组织与4名缓刑少年犯帮教结对。

1997年

1月2日上午，组织全体干警赴市展览馆参观“红岩魂”历史图片展。

3月5日下午，党组书记、院长崔盛钢在区第六届人民代表大会第五次会议上作法院工作报告。

6月24日下午，刑庭公开审理一起贩卖毒品犯罪案件，当庭作出一审判决，《宁波日报》、《宁波晚报》、宁波电视一台和有线电视台记者到现场采录。

6月26日晚上，与区精神文明共建单位联办“庆七一、迎回归”文艺晚会。

9月4日，区人大常委会会议任命李伟铭为区人民法院副院长、代理院长。

10月6日，省高院民庭法庭工作指导组到院段塘镇法庭做“五好法庭”复查。市中院民庭庭长诸定子、院副院长吴银奎、政工科科长施耀枫、办公室副主任吕维共参加。

10月8日，区委决定李伟铭任区人民法院党组书记。

10月28日，区人大常委会会议任命施耀枫为区人民法院副院长。

11月3日下午，中层副职以上干部参加院务会议，通报院领导调整及分工情况。党组书记、代院长李伟铭主持全面工作，分管办公室、告申庭，副院长曹建华协助院长分管刑庭、少年庭、行政庭、民庭，副院长施耀枫协助院长分管政工科、经济庭、执行庭。

1998 年

1 月 15 日，建立院长信访接待制度后的第一个接待日，由副院长施耀枫负责接待。

2 月 25 日下午，党组书记、代院长李伟铭在区第七届人民代表大会第一次会议上作法院工作报告。

2 月 28 日下午，区第七届人民代表大会第一次会议选举李伟铭为区人民法院院长。

5 月 5 日上午，举行首次廉政监督员会议，15 位来自社会各界的监督员出席会议，并对院的廉政建设提出建议和要求。

5 月 18 日，举行院第二届学术讨论会，全院 10 人撰写的论文在会上作交流，并评选出一等奖 1 名、二等奖 1 名、三等奖 2 名，刑庭徐琦雄获一等奖。

5 月 19 日，全体干警参加海曙区政法队伍教育整顿暨先进事迹报告会，周家骥作个人先进事迹汇报。

7 月 1 日始，院干警实行亮证上岗制。

7 月 15 日，组织干警参加审判方式改革培训，由中院两位法官授课。

10 月 5 日上午，召开院务会议，党组书记、院长李伟铭就《关于中层干部选任制和一般干部聘用制实施办法》作具体解释，对中层干部选任作部署动员，每名中层干部作表态发言。

10 月，撤销政工科，设立政治处；建立司法警察大队。

1999 年

3 月 11 日，党组书记、院长李伟铭向区第七届人民代表大会第二次会议作工作报告。

3 月 26 日，举行“文明单位”揭牌仪式。

5月10日，召开声讨大会，强烈谴责以美国为首的北约悍然对南联盟进行轰炸，用导弹野蛮袭击中国驻南联盟大使馆，盛仲飞等8名干警上台发言，抗议北约暴行。

5月28日，举行第三届业务研讨会，中层副职以上共19名干部参加研讨会，评出一等奖1名、二等奖2名、三等奖3名，省高院研究室副主任丁卫强、中院办公室主任张宏伟等临会指导并担任评委。

6月28日，组织全体党员赴四明山革命老区梁弄参观革命烈士纪念馆。

9月3日上午，召开全院干警大会，进行审判方式改革培训，由盛仲飞、张莉珠、施耀枫分别授课。副院长施耀枫传达上海会议及最高人民法院党组书记、院长肖扬考察浙江时的讲话精神。

9月22日下午，组织部分干警参观迎澳门回归及国旗颂展览。

12月17日下午，与区财政局联合举行“迎千禧、庆回归、增友谊”联谊活动。

12月，在告诉申诉庭挂牌设立立案庭。

2000年

1月17日，区委对班子成员、党组成员进行立体考核，对班子进行届中考核；全院干警对班子及其成员进行民主测评。

2月4日，印发《2000年岗位责任制指标及考核办法》，各部门办案指标提高10%，对信息、报道、调研、统计分析的考核办法作较大修改。

2月12日，出台《关于进一步加强调研工作的决定》，将调研成绩与晋升、评先挂钩。

2月17日，区第七届人民代表大会第三次会议听取并通过院党组书记、院长李伟铭所作的法院工作报告。

3月16日，《审判园地》创刊，作为院干警的调研阵地。

5月11日上午，召开第一次政工例会，分析队伍现状，研究进一步加强队伍建设的对策。决定每半年召开一次例会，标志着院政工例会制度的建立、实施。

5月16日下午，召开全院干警大会，开展“为谁掌握审判权，如何掌握审判权”专题教育动员。区委政法委在院召开先进事迹报告会，区政法单位干警参加会议，杨凌娜、杨开涌两人分别作先进事迹报告，区委副书记王桂娣提出加强政法队伍建设的意见措施。

6月15日，出台《差错案追究制度（试行）》，对差错案标准、追究办法、责任承担作具体规定。

8月3日，西郊法庭“五好法庭”揭牌仪式举行，区委副书记王桂娣、区人大常委会副主任叶正儒到场祝贺并为“五好法庭”揭牌。

8月23日，第四届审判业务研讨会举办，十二名审判员撰写文章参加研讨，评出一等奖1名、二等奖1名、三等奖2名。市中院办公室主任张宏伟及副主任张志松到会并担任评委。

8月31日，全院干警大会举行。党组书记、院长李伟铭对开展审判长、独任审判员选任工作进行动员，并公布选任实施方案。

9月27日，经考试、考核，审判委员会讨论确定6名审判长和9名独任审判员名单，由院长公布。

10月8日，开始实行审判流程管理。主要内容：继续实行统一立案制度，压缩办案期限，建立案件流程跟踪，强化流程监督，实行排期开庭。

10月18日上午，召开中层干部会议，党组书记、院长李伟铭公布部门和中层干部调整事项，撤销段塘镇法庭和告申庭，新成立立案庭和审判监督庭；吴巧新任刑庭庭长，柴军任立案庭庭长，陈辉任民庭庭长，戎波任审判监督庭副庭长（主持工作），潘美元任行政庭庭长，张莉珠任经济庭副庭长，盛仲飞任办公室主任。党组书记、院长李伟铭，副院长施耀枫分别部署工作。

10月，撤销告诉申诉庭、段塘镇法庭，建立立案庭、审判监督庭。

11月7日，印发《部门业务书籍采购、管理办法》，规范业务书籍采购和管理行为。

12月20日，副院长曹建华向区人大常委会汇报民事审判工作情况。

2001 年

1 月 8 日下午，对全院干警进行电脑网络培训。

1 月 9 日始，在全院范围内安装法院综合信息系统软件。

2 月 4 日，印发《二〇〇一年岗位责任制及考核办法》，适当提高办案指标，并对审判长、独任审判员进行单列考核。

2 月 15 日，区第七届人民代表大会第四次会议听取院党组书记、院长李伟铭作法院工作报告。

3 月 6 日，制定出台《关于自觉接受区人民代表大会及其常委会监督的决定》，较详细地规定院接受区人大监督的途径和方式，标志着该项工作已走上制度化、规范化轨道。

8 月 16 日，邀请 4 名区人大代表担任陪审员组成合议庭，对两起民事案件进行公开开庭审理。区人大法工委领导和全院法官参加旁听。

10 月 15 日，经市文明委审议，报市委、市政府批准，院被授予“宁波市第七批市级文明单位”称号。

10 月 24 日下午，省高院党组书记、院长张启楣，政治部主任金广生一行在市中院党组书记、院长丁阿运的陪同下，到院考察工作。院党组书记、院长李伟铭汇报近几年工作，张启楣对院队伍建设、两庭建设等工作作出指示。区委副书记、区委政法委书记王桂娣参加汇报会。

11 月 30 日下午，召开第五届审判业务研讨会，5 名获奖作者交流各自作品。

2002 年

1 月 20 日，召开干警家属座谈会，副院长施耀枫向家属们通报法院工作，要求干警家属配合法院加强廉政建设，会上为 5 名“贤内助”颁奖。

6 月 18 日，举行法院审判办公大楼奠基典礼，市中院党组书记、院长丁阿运，区委书记施孝国，区委副书记、代区长李亚珍，区人大常委会代主任董尚敦，区政协主席江伟利出席典礼，并为大楼奠基。

6月25日，区人大常委会任命王惠珍为区人民法院副院长、审判委员会委员。

7月2日，全院干警到97351部队进行学军活动。

8月5日，新建监察室，民事审判庭改为民事审判第一庭，经济审判庭改为民事审判第二庭。

9月13日，召开院党组扩大会议，组织学习张祖安先进事迹，并就干警学习作出部署。

9月20日，召开竞聘中层干部演讲会，38人作竞聘上岗演讲。

11月1日，召开全院干警大会。副院长王惠珍就中层干部聘任活动作小结。经竞聘报名、演讲、干警评分、组织考察、公示、任命等程序，18名中层干部走上各自岗位，其中新任干部5名。

11月21日，区人大常委会任命张宏伟为区人民法院副院长、代院长。

11月22日，举行新旧院长交接活动，全体中层干部参加，区委书记施孝国到会并讲话。

11月25日，区委任命张宏伟为区人民法院党组书记。

2003年

1月12日，新审判办公大楼结顶。

1月19日，召开干警家属座谈会。院领导向家属们通报法院工作情况，希望家属们继续支持干警做好工作、保持清正廉洁；同时，为5名“贤内助”颁奖。

2月27日，党组书记、代院长张宏伟向区第八届人民代表大会第一次会议作法院工作报告。

3月3日，在区第八届人民代表大会第一次会议上，张宏伟当选为区人民法院院长。

4月25日，区委任命施耀枫为区人民法院党组副书记。

6月5日，市中院党组书记、院长郑瑞法到院考察。

8月27日，党组书记、院长张宏伟向区人大常委会汇报院执行工作情况。

9月27日，举办第七届审判业务研讨会，评选出6篇获奖论文，并分别为获奖论文作者、优秀裁判文书作者颁奖，省高院研究室主任徐友国参加并讲话。

11月26日，法院搬迁至环城西路北段200号新建审判办公大楼。

11月，执行庭挂牌改为执行局（庭）。

12月26日，法官宣誓暨新审判办公楼落成启用仪式举行。省高院党组书记、院长张启楣，市中院党组书记、院长郑瑞法，市委副秘书长、市委政法委副书记王永年，区委书记施孝国等领导出席，张启楣、郑瑞法、施孝国分别讲话。

2004年

2月20日，区委书记办公会议专题听取法院工作情况汇报，党组书记、院长张宏伟传达全国、全省、全市法院院长会议精神，院主要工作情况和计划，以及需要区委帮助解决的问题。

2月24—27日，区第八届人民代表大会第二次会议召开，党组书记、院长张宏伟参加并向大会作法院工作报告。

4月1—2日，“海曙杯”有奖征文研讨会在院召开。来自市、区两级法院共19名入围作者参加研讨。市中院党组书记、院长郑瑞法，宁大校长助理郑孟状教授，省高院研究室副主任魏新璋，院党组书记、院长张宏伟等出席会议并担任评委，4篇论文获奖。

5月8日，省、市、区三级人大代表在院观摩一起经济纠纷案件开庭审理实况。

5月17日，设立交通案件巡回法庭。

10月28日，区八届人大常委会第十二次会议召开，院党组书记、院长张宏伟汇报司法评议整改情况。

2005 年

2 月 5 日下午，区人大常委会副主任李伟铭带领法工委委员到院视察交通案件巡回法庭，院党组书记、院长张宏伟陪同，副院长王惠珍汇报巡回法庭工作情况。

2 月 25 日，区人大常委会会议通过任命 38 名人民陪审员，副院长曹建华参加。

3 月 22—25 日，区第八届人民代表大会第三次会议召开，院党组书记、院长张宏伟参加会议并向大会作法院工作报告。

7 月，成立下属事业单位审判保障服务中心。

9 月 20—22 日，全省人民法庭工作会议召开，院党组书记、院长张宏伟参加。

11 月 9 日，市中院党组书记、院长郑瑞法就中院对基层法院的业务指导和法庭建设工作到院调研。院党组书记、院长张宏伟参加，江北、鄞州、奉化、宁海等法院院长参加座谈。

2006 年

1 月 12—13 日，全市法院院长会议召开，院被评为市级先进法院。

2 月 9—11 日，区第八届人民代表大会第四次会议召开，院党组书记、院长张宏伟向大会作法院工作报告。

4 月 3 日上午，刑庭对一起青少年抢劫案件审理采用缓刑听证，系市首例。

6 月 29 日上午，举办刑事案件庭审观摩活动，市中院副院长杨方政等领导以及全市各基层法院刑庭庭长、审判长参加庭审观摩。

7 月 5 日上午，市委政法委执行工作专项检查会议在院举行，海曙、江东、鄞州、北仑四家法院出席会议并作执行工作汇报，市委政法委卢进新主持会议，院党组书记、院长张宏伟，副院长施耀枫参加。

7月5日，刑庭与宁波大学法学院签订协议，双方合作开展帮教缓刑少年犯活动。

7月19日，印发院《司法救助实施办法》，建立司法救助基金。

7月21日，与西南政法大学举行共建法学实习基地签约仪式，西南政法大学党委常委、纪委书记王建华，区人民法院党组书记、院长张宏伟代表双方在协议上签字，标志着双方合作共建实习基地正式成立。

9月24日上午，最高人民法院党组书记、院长肖扬在省高院党组书记、院长应勇，市委常委、常务副市长王勇，市中院党组书记、院长郑瑞法，最高人民法院办公厅主任孙华璞等陪同下到院考察指导。考察期间，肖扬亲切看望并慰问院立案接待大厅工作人员，参观院立案接待大厅，认真听取和了解立案接待工作开展情况。

12月22日，区八届人大常委会第二十七次会议举行，会议决定任命孙卫华为区人民法院副院长、审判委员会委员、审判员，代理区人民法院院长职务。

12月26日，召开全院大会，区委副书记吴建胜宣布区委决定：孙卫华任院党组书记。市中院党组书记、院长郑瑞法参加，孙卫华作表态发言。

2007年

1月24日，在未成年人审判工作中引入社会调查员制度。

2月6—11日，区第九届人民代表大会第一次会议召开。院党组书记、代院长孙卫华向大会作法院工作报告，并被选举为区人民法院院长。

3月8日下午，市中院党组书记、院长蒋剑巍到院考察。

4月12日，聘请宁波大学的18名师生担任社会调查员。

5月25日上午，在未成年人刑事审判中引入心理鉴定制度。

7月10日上午，听取离休老干部、宁波市委原副书记张永祥作革命事迹报告。

8月1日，王延斌被任命为区人民法院党组副书记。

8月8日，邀请省高院宓晓平庭长作业务培训。

8月17—18日，全省预防化解行政争议工作暨行政复议、行政审判工作会议召开，院党组书记、院长孙卫华参加。

9月19日下午，院与宁波市律师协会女律师工作委员会签订合作帮教青少年犯的协议，聘请10名女律师担任社会关爱员。

9月22日上午，组织举行基层法官轮训验收考试。

11月13日，全省关于公安机关协助人民法院执行工作电视电话会议召开，副书记王延斌和各部门负责人参加。

12月17日，区九届人大常委会举行第五次会议，院党组书记、院长孙卫华报告区九届人大常委会第四次会议审议意见办理情况。

2008年

1月4日下午，院召开第十一届审判业务研讨会。

1月23—25日，区第九届人民代表大会第二次会议第三次全体会议召开，院党组书记、院长孙卫华参加并作法院工作报告。

3月，成立区人民法院纪检监察组。

4月29日，区九届人大常委会举行第八次会议，院党组书记、院长孙卫华作关于执行工作情况的报告，任命周家骥、蒲巧俊、张丹丹为院审判委员会委员。

7月15日，区九届人大常委会第十次会议举行，会议决定任命周家骥为区人民法院副院长。

10月24日下午，市中院民主评议机关工作座谈会在院召开，中院党组副书记、常务副院长杨方政，区委组织部部长严关忠、区人大法工委主任林华伟、区政协社法委主任朱彩娟、区纪委副书记宋亦农、政法委副书记石建强、区府办副主任马安娜、检察院检察长助理岑剑平参加座谈。

10月，院增设执行裁决科、执行实施科和执行监督科。

2009 年

6 月 15 日，联合区检察院、海曙公安分局、区司法局签订《缓刑青少年犯联合帮教协议》。

9 月 29 日，院举行青年法官导师聘任仪式。

10 月 22 日，省高院党组书记、院长齐奇到院考察，听取孙卫华代表党组作工作汇报，与区委政法委书记项敏座谈，市中院党组书记、院长蒋剑巍陪同考察。

12 月 3 日，开展“阳光司法 · 感受公正”区人民法院开放日活动，30 多名人大代表、社区居民、学生参观区人民法院、旁听案件庭审。

2010 年

1 月 13 日下午，第十三届审判业务研讨会举办。

2 月 3 日上午，人民法院反腐倡廉建设工作电视电话会议召开，院班子成员、部门负责人及纪检监察组全体成员参加。

2 月 26 日，在全市范围内最先利用数字法庭系统实现远程开庭。

3 月 26 日下午，第一期“法官讲坛”举办。

4 月 8 日，区编委办同意院增设民事审判第三庭、司法行政科两个部门为院内设正科级机构，增加中层领导职数两名。

4 月 15 日上午，全省法院集中清理涉诉信访积案电视电话会议召开，院领导及各部门负责人参加。

4 月 30 日，区九届人大常委会第二十四次会议任命张丹丹为区人民法院副院长。

6 月 8 日，外网正式开通运行。

6 月 18 日，第二期“法官讲坛”举办。

7 月 19 日，市中院党组书记、院长蒋剑巍到院调研。

7 月 30 日，邀请省高院行政庭副庭长危辉星作行政审判法律实务讲座。

9月19日，第三期“法官讲坛”举办。

11月2日，举行公益代理人聘任仪式，副院长张丹丹向10名公益代理人颁发聘书。

11月6日，中央编办一司司长李晓全率调研组就政法系统人事编制有关情况到院进行实地调研，省编委办副主任郑才法，市中院党组书记、院长蒋剑巍，市中院政治部主任王文燕，市编委办主任金俊杰等相关领导陪同调研。

11月26日，第四期“法官讲坛”举办。

12月24日下午，省高院研究室主任魏新璋一行到院专项调研阳光司法实施标准工作。

12月31日，周黎被最高人民法院授予“全国优秀法官”称号。

2011年

2月9日，院法警大队被省高院评为全省法院模范司法警队。

3月22日，省高院司法巡查组到院巡查。

同日，与区检察院、海曙公安分局联合出台《海曙区公益代理人参与未成年人犯罪刑事诉讼程序实施规程（试行）》。

4月11日起，借助网络力量查找被执行人及其名下财产，即在国内大型门户网站上开通官方微博，向社会发布有关被执行人的信息，鼓励广大网民提供执行线索，并根据实际执行效果给予举报人一定悬赏金，从而促进案件执行，维护生效法律文书的权威及当事人的合法权益。

同日，刑庭“公益代理人”首次出庭参加诉讼。

4月22日，举行第十四届审判业务研讨会暨青年法官应用法学研究会成立大会。

5月16日，成立未成年人案件综合审判合议庭。

5月18日，确定“崇法致公、厚德为民、勤廉务实、追求卓越”为海曙区法院精神，“尚法·秉正·致用”为院训。

5月31日，与市中院联合举行未成年人司法保护新闻发布会。

6月8日，审判监督庭增挂“审判管理办公室”牌子。

7月26日，余雅美被省高院评为全省集中清理涉诉信访积案活动先进个人。

8月25日，院被省高院评为无执行积案先进法院。

9月30日，设立民事审判第四庭、审判管理办公室。

10月8日，出台《海曙区人民法院中层干部竞争上岗实施方案》。

10月28日，院被省高院评为全省法院刑事审判工作先进集体。

11月3日，党组书记、院长孙卫华参加省高院部分基层法院院长座谈会。

11月5日，院参加全市法院系统第一届运动会，并取得第三名的好成绩。

11月9日，省高院阳光司法检查组到院检查，副院长周家骥陪同。

11月25日，吴军良任区人民法院党组书记、区委政法委委员（兼）。

12月2日，区九届人大常委会第三十五次会议，决定吴军良任区人民法院代院长，并报海曙区人民代表大会备案。

同日，院被宁波市中级人民法院评为2011年度先进法院。

12月27日，新老院长交接仪式举行。

12月30日，刑庭被省高院记集体二等功。

2012年

1月12日，副院长张丹丹被浙江省未成年人保护委员会评为浙江省第五批“青少年维权岗”创建工作先进个人。

2月8日，院获得全省法院信息工作先进集体三等奖，刘辉被省高院办公室评为全省法院信息工作先进个人。

2月13日，行政庭会同有关部门召开非诉行政案件联席会议，市环保局和海曙公安分局、区环保、计生、城管、工商等行政执法部门相关领导参加会议。

2月13—20日，区第十届人民代表大会第一次会议召开，院党组书记、代院长吴军良向大会作法院工作报告，并被选举为区人民法院院长。

2月23日，与区房屋征收管理办公室联合成立房屋征收与补偿工作联络室并举行揭牌仪式。区委常委、常务副区长谭国洪，院党组书记、院长吴军良共同为联络室揭牌。

3月23日，召开全院党员大会，首次采取“公推直选”办法进行机关党委（纪委）委员选举。

4月5日，院启用“文书智能校对系统”。

4月23日，院组织市发展和改革委员会、市住房和城乡建设委员会、市环保局、区工商局、区商务局等政府机关及《宁波日报》、《宁波晚报》、《东南商报》、中国宁波网等新闻媒体近二十家单位召开知识产权专题座谈会。

4月25日，〔院（2011）甬海知初字第58号〕和〔（2011）甬海知初字第25号〕侵犯企业名称（商号）权纠纷案被评为“2011年宁波市十大知识产权案例”。

5月21日，院首次利用远程视频开庭审理一起买卖合同纠纷案。

7月18日，区人民法院组织召开辖区金融工作座谈会，建设银行宁波市分行、交通银行宁波市分行等辖区内10家金融机构代表及海曙区发展与改革局负责人参加会议。

7月26日，市中院党组书记、院长李泽明到院调研。

9月5日，省高院办公室主任陆永棣一行到院检查验收历年遗留未归档老案卷专项清理工作。

9月6日，院领导、办公室、立案庭、审监庭、审管办及行政庭全体人员参加全国法院“着力解决行政审判突出问题，积极回应人民群众司法需求”视频会议。

10月23日，省高院党组书记、院长齐奇到院调研，先后考察院诉讼服务中心、未成年审判庭、院史展示厅及法文化装饰，看望慰问干警，并与区委书记彭朱刚等区委主要领导及院班子成员进行座谈，市中院党组书记、院长李泽明陪同调研。

10月，院被省高院评为“全省优秀法院”；院党组书记、院长吴军良被省高院荣记个人三等功。

11月14日，省高院副院长王幼璋一行在市中院副院长孙卫华的陪同下到院考察调研。

12月7日，召开第十六届审判业务研讨会，与会干警围绕审判实践中的热点难点问题进行探讨与交流，党组书记、院长吴军良参会并讲话。

2013年

1月9日，召开特邀廉政监督员专题会议，9名来自不同岗位的特邀廉政监督员参会。会议由院党组副书记、纪检组组长王延斌主持。

2月4—6日，区第十届人民代表大会第二次会议召开，院党组书记、院长吴军良向大会作法院工作报告。

2月7日，院会同区司法局、市公安局交通警察海曙支队建立交通事故纠纷诉调对接工作室。

5月28日，院党组成员参加全国法院新闻宣传工作电视电话会议。

同日，院出台《媒体网络舆情管理办法》，成立院媒体网络舆情管理领导小组；出台《政务微博运行管理办法》，成立院政务微博管理领导小组。

8月23日下午，省委副书记、政法委书记王辉忠在省委副秘书长张才，市委副书记、政法委书记王勇，市中院党组书记、院长李泽明等的陪同下到院调研，观看院阳光司法信息互动平台操作演示。

11月22日，最高人民法院少年法庭指导工作办公室主任蒋明一行到院调研未成年人审判工作。

12月20日，第十七届审判业务研讨会举办。

12月31日，院民三庭法官钟珍明被评为全省十佳“优秀调解能手”。

2014年

1月23—26日，区第十届人民代表大会第三次会议召开，院党组书记、院长吴军良参加会议并作法院工作报告。

2月26日，院首次在官方微博上对一起教育机构纠纷进行庭审直播。

2月，省高院发布新闻宣传工作榜单，院在全省基层法院中排名第五，办公室宣传员岑孟棒被通报表扬。

4月3日，院“天一商圈”消费者保护巡回法庭成立并举行揭牌仪式。

4月15日，召开开通微信公众号新闻发布会，党组成员、纪检组组长陈建国向媒体介绍院微信公众平台账号“宁波海曙法院”的定位和提供的服务及内容。中新网、新华网、央广网、人民网、浙江人民广播电台、《宁波日报》、《宁波晚报》、《东南商报》等媒体到场采访并报道，该微信公众号系宁波法院系统首家开通订阅号并通过微信认证的公众号。

4月18日，青年导师聘任仪式举行。

4月29日，省高院在院召开民事诉讼立案调查令制度重点调研课题开题会。

5月7日，省委党的群众路线教育实践活动督导组赴院调研指导党的群众路线教育实践活动第二阶段开展情况。

5月26日，院新的诉讼服务中心、执行接待大厅改建完成并投入使用。改造后的诉讼服务中心集合立案窗口、收退费窗口、导诉台、诉讼服务区、信访室、院长接待室等多个功能区域，采用“柜台式”“窗口式”开放办公模式。

5月，院刑庭被评为2013年度全国“青少年维权岗”荣誉称号，全省仅2家法院获此称号。

6月12日，最高人民法院民二庭副庭长刘竹梅到院调研保险纠纷诉讼与调解机制。

6月25日，最高人民法院副院长景汉朝到院考察，市中院党组书记、院长李泽明陪同。

8月11日，省级模范五好法庭考评小组在省高院管理处处长赵年国带领下，对院西郊法庭进行实地检查验收。

8月26日，省高院副院长高杰一行到院调研行政审判工作，市中院副院长王文燕陪同。

10月23日，最高人民法院执行局副局长俞宏武一行到院检查指导执行案件系统录入工作，省高院执行局副局长方椵风、市中院执行局局长吕宇陪同。

11月10日，省高院审监庭副庭长陈建勋一行到院调研审判监督工作。

12月4日，“国家宪法日”扎实开展各项活动，院围绕“学习宣传宪法、弘扬法治精神”主题，举办“法官向宪法宣誓”“法官进社区主题活动”“法院公众开放日”“天一商圈主题法治宣传”等系列活动，并邀请社区人民调解员和群众参观院诉讼服务中心、执行办事大厅，并观摩案件庭审。

2015年

1月26日，院首个运用录音录像方式庭审记录案件在民三庭试点完成。

1月27日，召开关于庭审记录录音录像改革、简式裁判文书适用和电子送达系统启用等三项工作推进会。

2月9日，第十八届审判业务研讨会举办。

2月，西郊法庭被授予全市“特色示范人民法庭”称号。

3月3日，院实施刑事案件被告人不穿囚服制度。

同日，院立案庭就一起劳动争议纠纷案件及一起医疗损害责任纠纷案件，首次组织最高人民法院远程视频接访，成功接访2名多年信访老户。

3月5日，民一庭在家事案件中首试“大陪审”模式。

4月17日，院借助宁波铁路南站曝光失信被执行人。

4月29日，省高院法警总队总队长陈中平一行到院调研司法警察队伍建设现状的调查与对策。

5月27日，院召开《迷途曙光》微电影首映式暨新闻发布会。

6月29日，区第十届人大常务委员会第二十一次会议，任命沈腾飞为区人民法院副院长、审判委员会委员、审判员。

8月，副院长王惠珍被任命为区人民法院党组副书记。

9月6日，党章党规党纪专题第五组第一次讨论会在院召开，区司法局、区检察院和院区管党员领导干部共23人参加讨论会。

10月22日，西郊法庭开展“法庭公众开放日活动”，邀请12名南雅社区居民代表参加活动。

10月28日，立案庭与浙江工商职业技术学院团委联合开展“法院公众开放日”活动。

2016年

1月27日，被市中院评为2015年度全市优秀法院并记集体三等功。

同日，院执行局被省高院记集体二等功；钟珍明被省高院记个人二等功。

1月，周黎被最高人民法院、人力资源和社会保障部授予“全国模范法官”称号。

2月1日下午，党组书记、院长吴军良在区第十届人民代表大会第五次会议上作法院工作报告。

2月26日上午，市委组织部副部长、市编委办主任李浙闽，副主任翁勤俭、刘骏，海曙、江东、江北三区编委办主任及各编委办工作人员共40余人到院旁听行政案件。

3月3日上午，大连市中级人民法院党组成员、执行局局长王远令、西岗区人民法院执行局局长李斌、庄河市法院执行局局长宋玉峰等一行8人到院考察执行办事大厅。

3月11日，张丽被省“青年文明号、青年岗位能手”活动组委会评为2015年度浙江省青年岗位能手。

3月22日，汪晓蕾被评为全省法院优秀政工干部。

3月，院被评为全省法院刑事审判工作先进集体。

4月11日，民四庭上报的中国音像著作权集体管理协会与宁波海曙普乐迪文化传媒有限公司侵害著作权纠纷调解案件入选省高院2015年十大知识产权调解案件。

5月12日，与市旅游局举行旅游纠纷诉调对接合作备忘录签约仪式暨新闻发布会。

5月20日上午，省高院党组书记、院长陈国猛到院考察并接见周黎。

5月，院“敬民调解室”正式挂牌成立；办公室增挂“研究室”牌子。

6月30日下午，民四庭全庭法官走访电子商务园区，庭长袁满君为园区企业就知识产权法律实务开展专题讲座。

7月26日，发布《宁波市海曙区人民法院司法体制改革实施方案》。

8月18日，市中院党组书记、院长李泽明到院调研。

8月24日，发布《宁波市海曙区人民法院法官入额考核（考试）办法（试行）》。

8月，院被最高人民法院政治部、人民法院新闻传媒总社评为2016年度在司法理论宣传工作中做出突出成绩的人民法院；周黎被省高院评为全省法院先进个人标兵。

10月，吕婷、任剑峰、董际峰被省高院授予G20杭州峰会维稳安保工作专项个人二等功。

11月8日，浙江省高级人民法院党组批复同意院任命33名入额法官人选。

11月21日，海曙区十届人大常委会第三十一次会议任命傅勇为代院长，海曙区十届人大常委会第三十一次会议任命傅勇为副院长、审委会委员、审判员。

11月28日，宁波市区划调整，省高院撤销鄞州区望春法庭、鄞江法庭，设立海曙区望春法庭、鄞江法庭。集士港、鄞江等七镇一乡一街道的案件正式纳入院管辖范围。

12月12日，院结案数当年突破一万件，为历史首次。

12月15日，省高院致信感谢院法警大队汪杰峰、樊卓玮在全国法院司法警察技能大比武活动中的优异表现。

12月27日，《宁波晚报》A07版对民三庭钟珍明法官的事迹进行报道。

同日，在省高院执行局与《浙江审判》编辑部联合开展“黄岩杯——基本解决执行难”征文比赛中，院课题组撰写的《关于执行办事大厅的调研报告》荣获二等奖。

12月，最高人民法院授予王惠珍、陈东曙、张频波“荣誉天平奖章”。

2017年

1月6日，因行政区划调整，院政法专项编制增加36个，共计147个；事业编制增加14个，共计34个。

1月，院被省委政法委、省人力资源和社会保障厅评为2015—2016年度全省政法系统先进集体。

2月25日上午，市中院党组书记、代院长周招社一行到院考察指导全省法院“基本解决执行难”现场会的准备工作。

2月27日上午，望春法庭开展揭牌仪式暨“看见海曙法院”主题公众开放日活动。同日下午，鄞江法庭开展“看见海曙法院”主题公众开放日活动。

3月1日，院党组书记、代院长傅勇在全省法院“基本解决执行难”现场会上介绍执行办事大厅工作经验。同日下午，省高院党组书记、院长陈国猛一行到院考察执行办事大厅。

3月6日，区第十一届人民代表大会第一次会议上，傅勇当选区人民法院院长。

3月6—10日，仙居县、丽水市莲都区、武义县、杭州市富阳区及绍兴市越城区等5家法院先后到院参观学习执行办事大厅。

3月7日，副院长张丹丹被海曙区第十一届人民代表大会第一次会议选举为市人大代表。

4月27日，执行指挥（集控）中心启用仪式举行。

4月28日，区第十一届人大常委会第二次会议任命任啸雷、曹建波为区人民法院副院长、审判委员会委员、审判员。

4月，刑庭被团中央、最高人民法院评为2015—2016年度全国青年文明号。

5月11日下午，省高院党组成员、副院长何鑑伟一行到院督查“三大机制”建设。

5月26日下午，与市旅游监督管理所联合召开“游法可依”研讨座谈会暨旅游纠纷典型案例新闻发布会。

6月17日下午，院党组书记、院长傅勇在全省法院基本解决执行难攻坚竞赛第一次擂台赛优胜法院表彰会和第二次攻坚竞赛交流视频会议上作汇报发言。

6月29日，院图书室改造完毕。

7月24日，全市率先引入执行悬赏保险机制助力破解“执行难”。

8月19日，27名法官参加浙江全省法院第二批法官入额考试。

9月17—24日，党组书记、院长傅勇随中院考察团赴俄罗斯、芬兰考察交流。

9月22日，撤销院内设监察室，由区纪委、区监委派驻纪检监察组统一履行纪检、监察职能。

11月18日，助力宁波大学法学院的参赛作品《家事调查官在行动：家事纠纷综合治理的“海曙模式”》获得第十五届“挑战杯”全国大学生课外学术科技作品竞赛一等奖。

12月1日，团区委批准院团支部建制升格为团委。

12月4日，向区编办争取到编外用工95名，其中司法雇员30名。

12月10日，院累计收案20248件，突破20000件关口。

12月31日，全年收案21952件，办结19464件，同比分别上升92.7%和79.3%。

第一章　组织机构

1978年9月，境内建立宁波市海曙和镇明两区人民法院。1984年，两区人民法院合并成立海曙区人民法院（简称区人民法院）。区人民法院与公安、检察机关密切配合，依法处置杀人、抢劫、强奸、重大盗窃等破坏社会秩序和危害人民生命财产的犯罪分子和犯罪集团。同时，对审判方式进行一系列改革，各项审执制度日臻完善，最大限度地保障当事人权益，为维护“平安海曙”，推动经济和社会发展做出贡献。2005年，被评为省级文明单位；2009年，被评为2009年度全国应用法学研究先进单位；2013年，被评为全国维护妇女儿童权益先进集体，2013年度在司法理论宣传工作中做出突出成绩被最高人民法院通报表扬；2015年，被评为省级阳光司法优秀法院；2016年，被评为2016年度在司法理论宣传工作中做出突出成绩的人民法院，2017年，被评为2015—2016年度全省政法系统先进集体。

第一节　机构沿革

1978年9月，宁波市海曙、镇明、江东、江北4个区改为市辖区一级政权建制后，在辖区内建立海曙区人民法院和镇明区人民法院。1979年6月1日，两区人民法院正式挂牌对外办公。海曙区人民法院地址在永丰路9号，其管辖范围是西郊、孝闻、苍水3个街道，法院内设机构为办公室、刑事审判庭、民事审判庭3个部门。1980年12月，设立审判委员会，1981 年 10 月，建立中共宁波市海曙区人民法院党组。法院建立时，共有干警 6 人，1983 年底增加到 21 人。镇明区人民法院地址在大梁街 57 号（原镇明区人民政府内），后迁至法卿巷 11 号，其管辖范围是湖西、县学、仓桥、江厦、天封 5 个街道，法院内设机构为办公室、刑事审判庭、民事审判庭 3 个部门。1980 年 3 月设立审判委员会，但未设党组。法院建立时有干警 7 人，1983 年底增加到 26 人。

1984 年 3 月，经浙江省人民政府决定并报国务院批准，宁波市区区域变动，海曙、镇明两区合并为海曙区，两区人民法院也随之合并为新的宁波市海曙区人民法院。两院合并工作于 1984 年 4 月 12 日开始，7 月 7 日完成。合并后法院地址在永丰路 9 号，管辖范围是西门、孝闻、苍水、湖西、县学、仓桥、江厦、天封 8 个街道和西郊乡、段塘镇（1984 年 8 月，增加新建立的马园街道，1987 年 4 月增加新建立的高塘街道，上述 10 个街道 1992 年合并改称西门、南门、鼓楼、月湖、灵塔五个街道）。法院内设机构为办公室、刑事审判庭、民事审判庭 3 个部门。两院合并时，共有干警 47 人。1984 年 7 月，建立合并后的区人民法院党组，建立区人民法院经济审判庭、执行庭。9 月，建立区人民法院审判委员会。1988 年 3 月，建立区人民法院段塘镇人民法庭，6 月，建立区人民法院告诉申诉审判庭。1989 年 5 月，建立区人民法院行政审判庭，1990 年 8 月，建立区人民法院政工科。1996 年 1 月，建立少年案件审判庭、西郊人民法庭。1998 年 10 月撤销政工科，设立政治处，建立司法警察大队。1999 年 12 月，在告诉申诉庭挂牌设立立案室。2000 年 10 月，撤销告诉申诉庭、段塘镇人民法庭，建立立案庭、审判监督庭。2002 年 8 月 5 日，区委批准区人民法院机构改革方案，新建监察室，民事审判庭改为民事审判第一庭，经济审判庭改为民事审判第二庭。

2003 年 11 月 26 日，法院搬迁至环城西路北段 200 号新建审判办公大楼，新大楼占地面积 15 亩，建筑面积约 13000 平方米，拥有 15 个审判法庭。2003 年底，区人民法院设政治处、办公室、监察室、立案庭、刑事审判庭、民事审判第一庭、民事审判第二庭、行政审判庭、执行局（庭）、审判监督庭、司法警察大队等内设机构 11 个，下辖西郊法庭，共有干警 77 人，管辖范围为西门、南门、鼓楼、月湖、江厦、白云、望春、段塘 8 个街道。12 月 26 日，举行新审判办公大楼落成暨法官宣誓仪式。2005 年 7 月，成立院下属事业单位审判保障服务中心。2008 年 3 月，成立区人民法院纪检组，10 月，增设执行裁决科、执行实施科和执行监督科。2010 年 4 月，成立民事审判第三庭和司法行政科。2011 年 6 月 8 日，"审判监督庭"增挂"审判管理办公室"牌子。同年 9 月 30 日，设立民事审判第四庭、审判管理办公室。2016 年 5 月，办公室增挂"研究室"牌子。同年 11 月 28 日，宁波市区划调整，浙江省高级人民法院撤销鄞州区望春法庭、鄞江法庭，设立海曙区望春法庭、鄞江法庭。集士港、鄞江等七镇一乡一街道的案件正式纳入院管辖范围。2017 年因行政区划调整，经过数轮人员变动后，区人民法院最终确定在编人员 153 人，并调整明确部门、法庭职能和领导分工。9 月 22 日，撤销法院内设监察室，由区纪委、区监委派驻纪检监察组统一履行纪检、监察职能。

海曙区人民法院历任院长一览表

表 1

姓　名	任职时间	备　　注
高瑞森	1978 年 11 月至 1984 年 5 月	海曙区人民法院院长
叶亚康	1978 年 11 月至 1984 年 7 月	镇明区人民法院院长
叶亚康	1984 年 7 月至 1987 年 6 月	院　长
陈顺兴	1987 年 6 月至 1993 年 1 月	院　长
崔盛钢	1993 年 1 月至 1997 年 9 月	1993 年 1 月至 1993 年 3 月为代理院长
李伟铭	1997 年 9 月至 2002 年 11 月	1997 年 9 月至 1998 年 3 月为代理院长
张宏伟	2002 年 11 月至 2006 年 12 月	2002 年 11 月至 2003 年 3 月为代理院长
孙卫华	2006 年 12 月至 2011 年 12 月	2006 年 12 月至 2007 年 2 月为代理院长
吴军良	2011 年 12 月至 2016 年 11 月	2011 年 12 月至 2012 年 2 月为代理院长
傅　勇	2016 年 11 月起	2016 年 11 月至 2017 年 3 月为代理院长

海曙区人民法院历任副院长一览表

表 2

姓　名	任职时间	备　　注
应后兴	1978 年 11 月至 1984 年 5 月	海曙区人民法院副院长
王洪花	1978 年 11 月至 1980 年 10 月	镇明区人民法院副院长
李光星	1981 年 5 月至 1984 年 7 月	镇明区人民法院副院长
李光星	1984 年 7 月至 1990 年 6 月	副院长
朱大成	1984 年 7 月至 1985 年 12 月	副院长
吴银奎	1987 年 6 月至 1997 年 10 月	副院长
崔永芳	1990 年 8 月至 1995 年 4 月	副院长
崔盛钢	1992 年 12 月至 1993 年 1 月	副院长
曹建华	1995 年 4 月至 2008 年 7 月	副院长
施耀枫	1997 年 10 月至 2006 年 12 月	副院长
王惠珍	2002 年 6 月起	副院长
张宏伟	2002 年 11 月至 2002 年 11 月	副院长
周家骥	2008 年 7 月起	副院长
张丹丹	2010 年 4 月起	副院长
沈腾飞	2015 年 6 月至 2016 年 7 月	副院长
任啸雷	2017 年 4 月起	副院长
曹建波	2017 年 4 月起	副院长

审委会专委任职情况一览表

表 3

姓　名	任职时间	职　　务
潘美元	2009 年 10 月至 2013 年 10 月	专　委
蒲巧俊	2009 年 10 月起	专　委
戎　波	2013 年 10 月起	专　委

历任院长助理、巡视员、调研员任职情况一览表

表 4

姓　名	任职时间	职　　务
周家骥	2008 年 1 月至 2008 年 7 月	院长助理
张丹丹	2008 年 7 月至 2010 年 4 月	院长助理
叶亚康	1987 年 6 月至 1989 年 10 月	巡视员
陈顺兴	1993 年 1 月至 1996 年 8 月	巡视员
李光星	1993 年 4 月至 1995 年 9 月	调研员
吴银奎	1997 年 10 月至 2002 年 6 月	调研员
曹建华	2008 年 7 月至 2013 年 5 月	调研员
施耀枫	2010 年 4 月至 2015 年 1 月	调研员
周家骥	2014 年 8 月起	调研员
贺汉培	2011 年 2 月至 2011 年 4 月	副调研员
王国平	2012 年 5 月至 2012 年 7 月	副调研员
潘美元	2013 年 10 月起	副调研员

机构演变一览表

表 5

<table>
<tr><th>时　间</th><th colspan="2">机构名称</th><th>备　　注</th></tr>
<tr><td rowspan="6">20 世纪 70 年代</td><td rowspan="3">宁波市海曙区人民法院
（1979 年 6 月成立）</td><td>办公室</td><td>1979 年 7 月设</td></tr>
<tr><td>刑事审判庭</td><td>1979 年 7 月设</td></tr>
<tr><td>民事审判庭</td><td>1979 年 7 月设</td></tr>
<tr><td rowspan="3">宁波市镇明区人民法院
（1979 年 6 月成立）</td><td>办公室</td><td>1979 年设</td></tr>
<tr><td>刑事审判庭</td><td>1979 年 7 月设</td></tr>
<tr><td>民事审判庭</td><td>1979 年 7 月设</td></tr>
</table>

续表5

时　间	机构名称	备　　注
20世纪80年代海曙法院与镇明法院两院合并为新的海曙法院（1984年7月7日完成）	办公室	—
	刑事审判庭	—
	民事审判庭	—
	经济审判庭	1984年7月设
	执行庭	1984年7月设
	段塘镇人民法庭	1988年3月设
	告诉申诉庭	1988年6月设
	行政审判庭	1989年5月设
20世纪90年代	办公室	—
	政工科	1990年8月设
	刑事审判庭	—
	民事审判庭	—
	经济审判庭	—
	行政审判庭	—
	执行庭	—
	少年案件审判庭	1996年设
	告诉申诉庭	2000年10月撤
	立案室	1999年12月挂牌
	司法警察大队	1998年10月设
	段塘镇人民法庭	2000年10月撤
	西郊人民法庭	1996年1月设

续表5

<table>
<tr><th>时　间</th><th colspan="2">机构名称</th><th>备　注</th></tr>
<tr><td rowspan="19">2000年以后</td><td colspan="2">办公室</td><td>—</td></tr>
<tr><td colspan="2">政治处</td><td>—</td></tr>
<tr><td colspan="2">监察室</td><td>2002年8月设</td></tr>
<tr><td colspan="2">立案庭</td><td>—</td></tr>
<tr><td colspan="2">刑事审判庭</td><td>—</td></tr>
<tr><td colspan="2">民事审判第一庭</td><td>2002年8月设</td></tr>
<tr><td colspan="2">民事审判第二庭</td><td>2002年8月设</td></tr>
<tr><td colspan="2">民事审判第三庭</td><td>2010年4月设</td></tr>
<tr><td colspan="2">民事审判第四庭</td><td>2011年9月设</td></tr>
<tr><td colspan="2">行政审判庭</td><td>—</td></tr>
<tr><td rowspan="3">执行局（庭）
2003年11月挂牌</td><td>执行裁决科</td><td>2008年10月设</td></tr>
<tr><td>执行实施科</td><td>2008年10月设</td></tr>
<tr><td>执行监督科</td><td>2008年10月设</td></tr>
<tr><td colspan="2">审判监督庭</td><td>2000年10月设</td></tr>
<tr><td colspan="2">审判管理办公室</td><td>2011年9月设</td></tr>
<tr><td colspan="2">司法警察大队</td><td>—</td></tr>
<tr><td colspan="2">司法行政科</td><td>2010年4月设</td></tr>
<tr><td colspan="2">审判保障服务中心（下属事业单位）</td><td>2005年设</td></tr>
<tr><td colspan="2">西郊人民法庭</td><td>—</td></tr>
<tr><td rowspan="11">2017年行政区划
调整后</td><td colspan="2">办公室（研究室）</td><td>—</td></tr>
<tr><td colspan="2">政治处</td><td>—</td></tr>
<tr><td colspan="2">立案庭</td><td>—</td></tr>
<tr><td colspan="2">刑事审判庭</td><td>—</td></tr>
<tr><td colspan="2">民事审判第一庭</td><td>—</td></tr>
<tr><td colspan="2">民事审判第二庭</td><td>—</td></tr>
<tr><td colspan="2">民事审判第三庭</td><td>—</td></tr>
<tr><td colspan="2">民事审判第四庭</td><td>—</td></tr>
<tr><td colspan="2">行政审判庭</td><td>—</td></tr>
<tr><td colspan="2">未成年人案件综合审判庭</td><td>—</td></tr>
<tr><td colspan="2">审判监督庭</td><td>—</td></tr>
</table>

续表5

时　间	机构名称		备　　注
2017年行政区划调整后	执行局（庭）	执行实施科	—
		执行裁决科	—
		执行监督科	—
	审判管理办公室		—
	司法警察大队		—
	司法行政科		—
	审判保障服务中心（下属事业单位）		—
	西郊法庭		—
	鄞江法庭		—
	望春法庭		—

第二节　审判机构

一、立案庭

1988年6月，区人民法院设告诉申诉庭，职责是受理和审查刑事、民事、经济案件申诉，受理指定管辖的请求和请示，受理有关告诉的来信来访，监督和指导派出法庭的告诉申诉工作，办理区委、区人大常委会和本院领导交办的告诉申诉案件和其他事项，办理非诉来信来访。1999年12月23日在告诉申诉庭挂牌设立立案室，至2000年10月19日撤告诉申诉庭，成立立案庭，相关审监职能划归审判监督庭。

告诉申诉庭庭长、副庭长任职情况一览表

表6

姓　名	任职时间	职　　务
谢德裕	1988年7月至1993年4月	庭　长
杨金香	1993年4月至1998年10月	庭　长

续表6

姓　名	任职时间	职　　务
柴　军	1998 年 10 月至 2000 年 10 月	庭　长
贺汉培	1993 年 4 月至 1998 年 10 月	副庭长

立案庭庭长、副庭长任职情况一览表

表 7

姓　名	任职时间	职　　务
柴　军	2000 年 10 月至 2004 年 8 月	庭　长
戎　波	2004 年 8 月至 2008 年 10 月	庭　长
陆　萍	2008 年 10 月至 2011 年 10 月	庭　长
檀丹霞	2011 年 10 月至 2013 年 12 月	庭　长
董际峰	2013 年 12 月起	庭　长
余雅美	2008 年 10 月至 2014 年 10 月	副庭长
吕　婷	2014 年 10 月至 2017 年 2 月	副庭长

二、刑事审判庭

1979 年分设镇明区人民法院刑事审判庭和海曙区人民法院刑事审判庭，1984 年两区合并后法院合并设立新的海曙区人民法院刑事审判庭，职责是依法审判除未成年庭以外的各类刑事案件；结合审判工作参与社会治安综合治理；办理院里交办的其他审判工作事宜；机动审判其他案件。

刑事审判庭庭长、副庭长任职情况一览表

表 8

姓　名	任职时间	职　　务	备　　注
朱秀干	1978 年 11 月至 1984 年 4 月	庭　长	原海曙区人民法院刑事审判庭庭长
周永高	1979 年 1 月至 1984 年 9 月	庭　长	原镇明区人民法院刑事审判庭庭长

续表8

姓　名	任职时间	职　　务	备　　注
朱大成	1984年9月至1984年12月（兼）	庭　长	—
吴银奎	1985年8月至1987年8月	庭　长	—
王国平	1987年9月至1998年10月	庭　长	—
吴巧新	2000年10月至2005年10月	庭　长	—
张丹丹	2005年10月至2008年10月	庭　长	—
陈东曙	2008年10月起	庭　长	—
吴银奎	1984年9月至1985年8月	副庭长	—
毛天峰	1982年9月至1984年9月	副庭长	—
陈国德	1984年9月至1992年5月	副庭长	—
杨金香	1985年8月至1993年4月	副庭长	—
胡圣良	1993年4月至1996年1月	副庭长	—
柴　军	1992年5月至1996年1月	副庭长	—
宋亦农	1996年1月至1997年12月	副庭长	—
吴巧新	1998年10月至2000年10月	副庭长	—
王亚光	2002年10月至2004年5月	副庭长	—
陈东曙	2005年10月至2008年10月	副庭长	—
王旭东	2008年10月至2013年12月	副庭长	—
王彦波	2013年12月起	副庭长	—
叶　丹	2013年12月至2014年10月	副庭长	—
丁洁蓉	2017年2月起	副庭长	—

三、民事审判庭

1. 民事审判第一庭

1979年分设镇明区人民法院民事审判庭和海曙区人民法院民事审判庭，1984年两区合并后法院合并设立新的海曙区人民法院民事审判庭，

2002年8月民事审判庭改为民事审判第一庭，职责是依法审判三个法庭辖区外的婚姻、家庭纠纷、财物损害赔偿等民事案件（除民三庭办理的案件外）；以及全区的与房屋、建设工程合同相关联的案件；办理院里交办的其他审判工作事宜。

民事审判第一庭庭长、副庭长任职情况一览表

表9

姓　名	任职时间	职　　务	备　　注
李琪君	1978年11月至1984年9月	庭　长	原海曙区人民法院民事审判庭庭长
邬素扬	1978年11月至1984年9月	庭　长	原镇明区人民法院民事审判庭庭长
崔永芳	1985年8月至1990年8月	庭　长	—
盛仲飞	1990年11月至2000年10月	庭　长	—
陈　辉	2000年10月至2002年6月	庭　长	—
江　锋	2002年10月至2005年10月	庭　长	—
张频波	2005年10月至2011年10月	庭　长	—
袁满君	2011年10月至2013年12月	庭　长	—
刘海珍	2013年12月至2014年10月	庭　长	—
袁永达	2014年10月起	庭　长	—
谢德裕	1982年9月至1984年9月	副庭长	—
盛仲飞	1988年7月至1990年11月	副庭长	—
周妥桥	1984年9月至1987年9月	副庭长	—
王武昌	1984年9月至1998年10月	副庭长	—
徐良章	1993年4月至1996年1月	副庭长	—
戎　波	1996年1月至1998年10月	副庭长	—
江　锋	1998年10月至2002年10月	副庭长	—
陆　萍	2002年10月至2008年1月	副庭长	—
周　黎	2005年10月至2008年10月	副庭长	—

续表9

姓　名	任职时间	职　　务	备　　注
袁永达	2008 年 10 月至 2011 年 10 月	副庭长	—
董际峰	2008 年 10 月至 2011 年 4 月	副庭长	—
朱淑君	2011 年 4 月至 2013 年 12 月	副庭长	—
昌　晖	2011 年 10 月至 2014 年 8 月	副庭长	—
张　丽	2013 年 12 月至 2014 年 10 月	副庭长	—
刘先霞	2014 年 10 月起	副庭长	—
葛艳君	2014 年 10 月起	副庭长	—

2. 民事审判第二庭

1984 年 7 月设立经济审判庭，2002 年 8 月改为民事审判第二庭，职责是依法审判三个法庭辖区外的合同纠纷等商事案件；以及全区的票据、破产及与公司相关联的案件；办理院里交办的其他审判工作事宜。

原经济审判庭庭长、副庭长一览表

表 10

姓　名	任　　期	职　　务
周永高	1984 年 9 月至 1987 年 6 月	庭　长
毛天峰	1984 年 9 月至 1996 年 1 月	庭　长
谢裕德	1984 年 9 月至 1988 年 7 月	副庭长
王文荣	1990 年 12 月至 2002 年 10 月	副庭长
翁岳文	1993 年 4 月至 1998 年 10 月	副庭长

民事审判第二庭庭长、副庭长任职情况一览表

表 11

姓　名	任职时间	职　　务
毛天峰	1984 年 9 月至 1996 年 1 月	庭　长

续表11

姓　名	任职时间	职　务
王文荣	1996年1月至2002年10月	庭　长
张频波	2002年10月至2005年10月	庭　长
江　锋	2005年10月至2008年1月	庭　长
楼力力	2008年10月至2010年4月	庭　长
庄立敏	2010年4月至2014年5月	庭　长
朱淑君	2014年10月起	庭　长
谢德裕	1984年9月至1988年7月	副庭长
王文荣	1990年12月至1996年1月	副庭长
翁岳文	1993年4月至1998年10月	副庭长
王惠珍	1996年1月至1998年10月	副庭长
戎　波	1998年10月至2000年10月	副庭长
张莉珠	2000年10月至2002年10月	副庭长
张丹丹	2002年10月至2005年10月	副庭长
蒲巧俊	2003年5月至2004年8月	副庭长
楼力力	2005年10月至2008年10月	副庭长
陈　斌	2008年10月至2011年10月	副庭长
叶光明	2010年4月至2013年12月	副庭长
董际峰	2011年4月至2013年12月	副庭长
朱淑君	2013年12月至2014年10月	副庭长
张　丽	2014年10月起	副庭长
叶　丹	2014年10月起	副庭长

3. 民事审判第三庭

2010年4月，成立民事审判第三庭，职责是依法审判三个法庭辖区外的人身损害赔偿、劳动争议、人事争议案件；望春法庭、鄞江法庭辖区外的机动车交通事故案件；全区医疗纠纷案件；办理院里交办的其他审判工作事宜。

民事审判第三庭庭长、副庭长任职情况一览表

表 12

姓　名	任职时间	职　　务
周　黎	2010 年 4 月至 2011 年 10 月	庭　长
袁永达	2011 年 10 月至 2014 年 10 月	庭　长
刘海珍	2014 年 10 月起	庭　长
朱淑君	2010 年 4 月至 2011 年 4 月	副庭长
俞　洁	2011 年 10 月至 2014 年 10 月	副庭长
孙怡芸	2014 年 10 月起	副庭长
苏廷文	2014 年 10 月起	副庭长

4. 民事审判第四庭

2011 年 9 月，设立民事审判第四庭，职责是依法审判知识产权民事、刑事、行政案件（三审合一）；机动审判其他案件。

民事审判第四庭庭长任职情况一览表

表 13

姓　名	任职时间	职　　务
陈　斌	2011 年 10 月至 2013 年 12 月	庭　长
袁满君	2013 年 12 月起	庭　长

四、行政审判庭

1989 年 5 月，设立行政审判庭，职责是依法审判各类行政案件；审查行政机关申请强制执行案件；办理行政赔偿案件；司法救助案件；办理院里交办的其他审判工作事项；机动审判其他案件。

行政审判庭庭长、副庭长任职情况一览表

表 14

姓　名	任职时间	职　　务
周妥桥	1989 年 4 月至 1998 年 10 月	庭　长
潘美元	2000 年 10 月至 2010 年 3 月	庭　长
楼力力	2010 年 4 月至 2011 年 10 月	庭　长
陆　萍	2011 年 10 月起	庭　长
陈秀娟	1994 年 10 月至 1998 年 10 月	副庭长
张莉珠	1998 年 10 月至 2000 年 10 月	副庭长
刘海珍	2005 年 10 月至 2006 年 8 月	副庭长
陆　萍	2008 年 1 月至 2008 年 10 月	副庭长
周春莉	2008 年 10 月至 2010 年 1 月	副庭长
张静霞	2010 年 4 月至 2011 年 10 月	副庭长
毛建军	2011 年 10 月至 2014 年 10 月	副庭长
贾丰荣	2014 年 10 月起	副庭长

五、未成年人案件综合审判庭

1996 年始设少年案件审判庭，后称未成年人案件综合审判庭。职责是审理涉及一方当事人为未成年的所有刑事、民事、行政案件；机动审判其他案件。

原少年案件审判庭负责人一览表

表 15

姓　名	任职时间	职　　务
柴　军	1996 年 1 月至 1998 年 10 月	庭　长

未成年人案件综合审判庭负责人一览表

表 16

姓　名	任职时间	职　　务
王旭东	2014 年 10 月起	庭　长

六、审判监督庭

2000 年 10 月设审判监督庭，初期与审判管理部门合署办公。2014 年 1 月 1 日，审判监督庭与审判管理部门人员、办公场所分离。2017 年 3 月 23 日，审判监督庭除办理原职能范围内审判监督程序案件、执行异议之诉案件之外，机动审理其他民商事案件。职责是审判不服本院生效裁判的各类再审案件；审判区人民检察院抗诉的再审案件；负责本院各类案件质量检查工作；提出有关司法建议；督查、督办有关领导、人大、政府交办案件；办理其他有关审判工作事项；机动审判其他案件。

审判监督庭庭长、副庭长任职情况一览表

表 17

姓　名	任职时间	职　　务
张莉珠	2002 年 10 月至 2004 年 8 月	庭　长
柴　军	2004 年 8 月至 2005 年 10 月	庭　长
蒲巧俊	2005 年 10 月至 2010 年 3 月	庭　长
袁满君	2010 年 4 月至 2011 年 10 月	庭　长
陈　斌	2013 年 12 月起	庭　长
戎　波	2000 年 10 月至 2002 年 10 月	副庭长
蒲巧俊	2004 年 8 月至 2005 年 10 月	副庭长
袁满君	2005 年 10 月至 2008 年 10 月	副庭长
陈露露	2017 年 2 月起	副庭长

七、执行局（庭）

1984 年 7 月，设立执行庭，2003 年 11 月挂牌，改为执行局（庭），负责依法应由本院执行的刑事附带民事案件、刑事财产案件、民事案件和行政案件；指导人民法庭执行工作，负责开展与执行综合事务相关的其他工作。

执行局（执行庭）庭长、副庭长任职情况一览表

表 18

姓　名	任职时间	职　　务
周永高	1984 年 9 月至 1987 年 6 月	庭　长
周妥桥	1987 年 6 月至 1989 年 4 月	庭　长
潘梅成	1989 年 4 月至 1996 年 1 月	庭　长
孙晓宁	1996 年 1 月至 1997 年 8 月	庭　长
翁岳文	1998 年 10 月至 2007 年 10 月	庭　长
戎　波	2008 年 10 月至 2013 年 10 月	庭　长
周　黎	2013 年 10 月至 2016 年 12 月	庭　长
沙　军	2017 年 4 月起	庭　长
贺汉培	1992 年 4 月至 1993 年 4 月	副庭长
孙晓宁	1993 年 4 月至 1996 年 1 月	副庭长（主持工作）
张定云	1993 年 4 月至 1998 年 10 月	副庭长
周妙方	1994 年 10 月至 1998 年 10 月	副庭长
周家骥	1998 年 10 月至 2002 年 10 月	副庭长
戎　波	2002 年 10 月至 2004 年 8 月	副庭长
庄立敏	2005 年 10 月至 2008 年 10 月	副庭长
刘海珍	2006 年 8 月至 2008 年 10 月	副庭长
张静霞	2008 年 10 月至 2010 年 4 月	副庭长

2008 年设执行实施科，负责执行案件的具体办理工作；对被执行人及其财产进行查控；制作执行法律文书及送达。

执行实施科任职情况一览表

表 19

姓　名	任职时间	职　　务
刘海珍	2008 年 10 月至 2010 年 4 月	科　长
王颂君	2011 年 10 月至 2014 年 10 月	科　长
韦甬军	2014 年 10 月起	科　长
王颂君	2010 年 4 月至 2011 年 10 月	副科长

2008 年设执行裁决科，负责审查仲裁裁决、公证债权文书等是否准予执行；审查处理案外人异议、执行异议；对执行过程中变更追加被执行主体以及变更执行标的等行为作出裁决；对执行过程中的罚款、拘留行为作出裁决；对需要拍卖标的物的案件作出拍卖裁决；对案件的暂缓执行、中止执行、终结执行作出裁决。

执行裁决科任职情况一览表

表 20

姓　名	任职时间	职　　务
周　黎	2008 年 10 月至 2010 年 4 月	科　长
韦甬军	2011 年 10 月至 2014 年 10 月	科　长
毛建军	2014 年 10 月起	科　长
韦甬军	2010 年 4 月至 2011 年 10 月	副科长

2008 年设执行监督科，负责部署监督、检查本院的执行工作；办理被上级机关或其他部门监督的执行案件，负责执行信访接待处理工作。

执行监督科任职情况一览表

表 21

姓　名	任职时间	职　　务
袁满君	2008 年 10 月至 2010 年 4 月	科　长
顾财祥	2010 年 4 月起	科　长

八、审判管理办公室

2011年9月，设立审判管理办公室。职责是负责审判执行案件的流程监管；组织开展案件质量评查督查和庭审评查；承担审判绩效管理工作；组织协调各审判庭、综合部门及各审判环节之间的关系，保障审判执行工作高效运行；承办党组和审委会交办的其他工作。

审判管理办公室任职情况一览表

表22

姓　名	任　期	职　务
刘海珍	2011年10月至2013年12月	主　任
王旭东	2013年12月至2014年10月	主　任
张静霞	2014年10月起	主　任

九、西郊法庭

1996年1月，在宁波市海曙区民丰街75号成立西郊法庭，法庭占地面积2997平方米，建筑面积1380平方米，辖海曙区所属的白云街道和段塘街道。2000年，原段塘镇法庭的业务管辖并入西郊法庭。2005年7月，西郊法庭行政级别调整为副处级。2017年，有法庭干警11名，其中员额法官2人，书记员3名，法警1名。法庭设党支部，有书记1名、副书记1名，党员共5名。法庭有数字审判法庭、立案信访室、调解室兼当事人休息室、人民调解室以及办公室、会议室。受理案件的范围主要为白云、段塘街道辖区内争议标的金额200万元以下民商事案件（除已明确由民三庭受理案件外），及争议标的金额200万元以下金融借款合同纠纷案件。其中，商事案件排在前三位的案由分别为民间借贷、金融借款合同、买卖合同纠纷，民事案件排在前三位的案件分别为物业服务合同纠纷、离婚纠纷、房屋租赁纠纷。

法庭成立后，通过庭前会议固定案由、固定当事人、固定诉讼请求和固定基本事实的庭前“四固定”工作；在庭前会议阶段明确案件争议焦点、分配各方当事人举证责任；推进庭审改革、适用简式裁判文书等举措，使庭审的节奏、效率提升，缩短审理期限，确保审判质量。法庭受理的民商事案件简易程序适用率均在80%左右，调撤率均在70%左右，平均审理天数为43.22天，上诉率低于4%。

法庭坚持开展开放日活动，邀请普通群众参观法庭、旁听庭审；结合社区法官活动，深入社区开展普法讲座、现场法律咨询，每周定期入驻段塘街道巡回法庭及段塘街道华兴社区、丽园社区和白云街道南雅社区巡回审判点，通过采取定时值班与非工作时间办案相结合的方式，以西郊法庭为依托，以巡回审判庭、站为辐射的便民审判网络，“零距离”服务诉讼群众，使当事人能够不出社区就可在第一时间参加调解。此外，对行走不便或到庭诉讼有特殊困难的当事人，办案法官利用午休、晚间及周末等非工作时间开展预约立案、上门调解。利用巡回法庭，安排当地群众旁听具有一定典型性的赡养、抚养及相邻纠纷等案例。对典型案例在报纸上加强宣传。扩大法治宣传范围和效果，达到审结一案、教育一片的示范教育目的。

法庭参与社会治理，完善纠纷源头预防机制。与辖区内的人民调解员建立定期联络机制，每月指派法官到社区指导人民调解员开展调解工作，同时通过讲座、观摩庭审、个案指导等方式对人民调解员进行业务培训，提升其法律素养和工作水平。对于疑难、复杂或重大纠纷，法官均能到现场进行示范调解，促使其提高调解技能。

西郊法庭庭长、副庭长任职情况一览表

表23

姓　名	任职时间	职　　务
张频波	1996年1月至2002年10月	庭　长
周家骥	2002年10月至2008年1月	庭　长
江　锋	2008年1月起	庭　长
徐良章	1996年1月至1998年10月	副庭长
顾财祥	2002年10月至2010年4月	副庭长

续表23

姓　名	任职时间	职　务
王亚光	2004年4月至2008年10月	副庭长
檀丹霞	2008年10月至2011年10月	副庭长
张频波	2011年10月至2014年10月	副庭长
张静霞	2011年10月至2014年10月	副庭长
王颂君	2014年10月起	副庭长
俞　洁	2014年10月起	副庭长
卓黎黎	2017年2月起	副庭长

附1：近五年质效数据

宁波市海曙区西郊法庭质效数据表

表24

年份	收案数（件）	结案数（件）	结案率	简易程序适用率	调撤率	当庭宣判率	平均审理天数	上诉率	改判发回瑕疵率
2012	892	920	97.35%	83.48%	74.13%	9.26%	42.58	3.80%	0.00
2013	681	666	94.33%	88.45%	79.73%	96.85%	23.98	1.82%	0.00
2014	806	787	93.03%	81.14%	71.28%	100%	40.83	2.20%	0.00
2015	1021	939	86.64%	79.52%	64.98%	100%	49.07	2.86%	0.00
2016	832	827	84.99%	74.39%	56.67%	100%	59.64	2.55%	0.00

附2：有关年份办案质效

2013年共受理民、商事案件681件，其中民事案件的案由主要为离婚纠纷、房屋租赁合同纠纷、物业服务合同纠纷等，商事案件的案由主要为金融借款合同纠纷、民间借贷纠纷、买卖合同纠纷等，与2012年同期比，民、商事案件收案数同比下降23.65%。审结民、商事案件666件，同比下降27.61%。审结的民、商事案件中，简易程序适用率为88.45%，调撤率为79.73%；平均审理天数为23.98天。未结案40件，同比上升

60%，其中公告案件15件，占全部未结案37.50%。全年共举办庭审开放日6次，上网裁判文书83篇，上诉率为1.80%，同比下降52.63%。深入社区街道开展巡回审判，做到司法便民，尽力在诉前化解纠纷。全年共开展巡回审判44次，巡回审判各类案件108件，调撤率达100%。巡回法庭诉前化解纠纷156件，分别为：物业服务合同纠纷98件，财产损害赔偿纠纷16件，买卖合同纠纷10件，承揽合同纠纷8件，房屋买卖合同纠纷6件，相邻关系纠纷7件，离婚纠纷7件，继承纠纷3件，金融借款合同纠纷1件。当事人同意先行委托调解案件118件，成功调解107件，调解成功率90.68%。

2014年受理各类案件806件，办结787件，同比分别上升18%，未结案59件，同比上升48%。西郊法庭被省高院列入拟表彰第五批"省级模范五好法庭"公示名单，并在市10个法庭中排名第三位。2014年以来，共开展巡回审判48次，诉前化解纠纷20件，巡回审判各类案件160件，调撤率100%。2014年以来，共上门预约立案8件，在休息时间共上门调解案件10件，处理"小巷法官"法律咨询电话20余个，获得当事人认可和好评。西郊法庭上网公布裁判文书229篇，案件庭审录音录像率达100%，案件当庭宣判率为100%，二审改判发回率为0%，上诉案件平均移送天数为6.03天，上诉率仅2.19%，连续三年无超18个月未结案。会同辖区街道协调化解段塘街道辖区资金链断裂引发的群体性隐患纠纷20余件，办结涉拆迁改造引发的房屋租赁、继承等案件8件，推动辖区建设发展。推进物业纠纷多元化解。全年共化解物业服务合同纠纷案件160件，自动履行率达100%。创造性化解漏水纠纷。全年办结漏水纠纷9件，为当事人节省鉴定费用约1.35万元，该做法得到省高院党组书记、院长齐奇的批示肯定。

2015年上半年受理各类案件565件，办结475件，受理民事案件218件，办结民事案件199件，受理商事案件347件，办结商事案件276件，同比分别上升38.8%、35.3%，商事案件未结案数119件，同比上升54.55%。新收民间借贷纠纷案件82件，同比上升28.12%。

2016年受理各类民商事案件974件，办结986件，未结案129件。

在审结的986件案件中，判决429件，调解325件，撤诉219件，调撤率为55.4%。全年受理案件中，金融借款374件，占38.40%，民间借贷171件，占17.56%，物业服务合同87件，占8.93%，婚姻家庭类80件，占8.21%，买卖合同68件，占6.98%，涉租赁合同类纠纷38件，占3.90%，劳动争议类纠纷19件，占1.95%，其他民商事案件137件，占14.07%，其中受理特别程序案件2件。审结的986件案件中，适用简易程序审结627件，简易程序适用率为75.05%，适用普通程序审结245件，普通程序适用率为24.95%，平均审理天数60.12天。案件上诉率仅为2.75%，上诉案件平均移送天数13.56天。连续五年无超18个月未结案。全年判决案件当庭宣判率达100%。全年开展巡回审判95次，诉前化解纠纷106件，巡回审判各类案件180件。全年上门预约立案10件，上门调解案件10件。全年化解物业服务合同纠纷案件87件，自动履行率达100%。妥善办结漏水纠纷10件，为当事人节省鉴定费用约2.5万元。

2017年全年共受理各类民商事案件1662件，办结1572件，未结案219件，办结的案件中，判决333件；调解279件、撤诉857件，调撤率为72.26%；终结程序88件、驳回起诉8件、移送6件、裁定不予受理1件。与往年相比，收、结案量均有大幅上升。2017年所受理的案件，含各类案由共计64种，主要集中在：物业服务合同、民间借贷、买卖合同、金融借款合同、申请支付、婚姻家庭、小额借款合同、劳动纠纷、车辆租赁合同等纠纷。2017年共开展巡回审判48次，化解矛盾纠纷134起。协同化解物业等各类民事纠纷100余件。运用与宁波市81890求助服务中心建立的邻里漏水纠纷快速评估机制，全年妥善办结漏水纠纷5起，为当事人节省鉴定费用约1.3万元。

附3：段塘镇人民法庭

1988年3月成立段塘镇人民法庭，受理段塘镇辖区四个行政村以及南门街道部分辖区发生的民事、经济案件。1994年被评为省级五好人民法庭。2000年，根据最高人民法院《五年改革纲要》规定在年内撤销城区内的人民法庭的要求，为将有限的审判资源集中起来，形成审判规模效应，迎合审判改革，使人民法庭建设走上规范化、规模化的道路，撤销段塘镇人民法庭，业务管辖并入西郊法庭。

段塘镇人民法庭庭长、副庭长任职情况一览表

表 25

姓　名	任职时间	职　　务
李康年	1988 年 1 月至 1998 年 10 月	庭　长
胡圣良	1992 年 7 月至 1993 年 4 月	副庭长
张频波	1993 年 4 月至 1996 年 1 月	副庭长
陈　辉	1996 年 1 月至 1998 年 10 月	副庭长
潘美元	1998 年 10 月至 2000 年 10 月	副庭长

十、鄞江法庭

2016 年 11 月 28 日，因宁波市区划调整，浙江省高级人民法院撤销鄞州区人民法院鄞江法庭，设立海曙区人民法院鄞江法庭，地址位于宁波市海曙区鄞江镇四明东路 69 号，距离宁波城区 20 多千米，辖区面积为 346 平方千米。鄞江镇有“山水小城，风情古镇”的美称，该镇历史悠久，又有“四明首镇”之称。鄞江法庭驻地建于 2001 年，法庭占地面积 3492 平方米，建筑面积 1798 平方米。法庭管辖包括石碶街道、洞桥镇、鄞江镇、龙观乡、章水镇在内的民商事案件（标的额在 2000 万元以下）和海曙交警大队栎社中队、鄞江中队处理的交通事故案件。截至 2017 年底，有在编干警 7 人，其中员额法官 3 人。

2017 年，法庭收案类型主要有：民间借贷纠纷、买卖合同纠纷、机动车交通事故责任纠纷、离婚纠纷、合同纠纷、健康权纠纷、保险人代位求偿权纠纷、劳动争议、加工合同纠纷、提供劳务者受害责任纠纷、劳动合同纠纷、承揽合同纠纷等。

鄞江法庭庭长任职情况一览表

表 26

姓　名	任职时间	职　　务
陈增宏	2017 年 2 月起	庭　长

十一、望春法庭

2016 年 11 月 28 日，因宁波市区划调整，浙江省高级人民法院撤销鄞州区人民法院望春法庭，设立海曙区人民法院望春法庭，地址位于宁波市海曙区集士港镇菖蒲路 198 号。辖区面积 272 平方千米，常住人口 20 万人，流动人口 16 万人，辖区内共有各类企业 6000 余家。现使用法庭办公楼为 2015 年 2 月正式投入使用，占地面积 7792 平方米，建筑面积 3806 平方米，内设一个集立案、信访接待于一体的综合性诉讼服务窗口、4 个审判庭。在撤销鄞县建制归宁波市管辖期间，受理案件范围为集士港镇、高桥镇、古林镇、横街镇、望春工业园区的民商事案件以及集士港中队、高桥中队处理的交通事故案件。截至 2017 年底，现有在编干警 15 人。2017 年，望春法庭被共青团宁波市委员会与宁波市中级人民法院授予“青年文明号”称号。

望春法庭成立以来，指派法官定期列席各镇的综治会议，通报各类敏感、涉稳案件情况，主动参与协调镇、辖区企业反映的潜在性群体事件。建立法庭与镇的联络机制，指定法官加入乡镇综合治理 QQ 群、微信群，随时了解、掌握并协助解决矛盾动态。走访辖区各镇企业，收集企业关于司法服务需求，为企业提供精准化法律服务。

定期参加乡镇的经济工作会议和各类协调会议，了解辖区内各村镇的工作情况，并将案件审理中涉及的有关部门或企业存在的问题和风险及时反馈给村镇党委政府，提出处理的意见和建议，建言献策，为乡镇行政部门的依法行政及企业的合法经营做好参谋工作。并实行行政、司法、基层组织联动机制，建立常态化的沟通平台。法庭领导分别作为相对固定的联络员对应每个乡镇，并在相应的乡镇司法所内照片上墙，以便联络和沟通。如高桥镇的浙海商业广场的房屋租赁系列案件，由于诉调对接与司法确认前期摸排，促成双方当事人达成庭外和解，保证当事人的合法权益。多次应镇政府邀请提供法律意见并参与协调。在新的法律法规、司法解释或有关政策意见发布后，法庭及时打印送至辖区各调解组织，使调解人员能够及时了解和掌握。

望春法庭任职情况一览表

表 27

姓　名	任职时间	职　　务
石银山	2017 年 2 月起	副庭长
何金伟	2017 年 2 月起	副庭长

附：有关年份办案质效

2017 年全年共受理各类民商事案件 3143 件，办结 2687 件，未结案 515 件。在审结的 2628 件案件中，判决 1179 件，调解 876 件，撤诉 557 件，其他 16 件，调撤率为 54.53%。执保案件收案 330 件，结案 330 件。网上立案 2399 件，跨法庭立案 28 件，通过在线法院网上调解 5 件。受理的案件中，涉及案由达 78 种，民间借贷纠纷 679 件，占 21.60%；信用卡纠纷 441 件，占 14.03%；金融借款合同纠纷 410 件，占 13.04%；买卖合同纠纷 314 件，占 9.99%；劳动争议类纠纷 299 件，占 9.51%；机动车交通事故责任纠纷 206 件，占 6.55%；婚姻家庭类纠纷 204 件，占 6.49%；服务同纠纷 122 件，占 3.88%；追偿权纠纷 101 件，占 3.21%；其他民商事案件 367 件，占 11.68%。

截至 2017 年 12 月，望春法庭网上立案 2399 件，占总立案数的 76.33%，跨法庭立案 28 件，午间立案 273 件，对突发案件以及群体案件开通绿色通道的案件数量分别为 26 件和 297 件。

第三节　行政部门

一、办公室

1979 年分设镇明区人民法院办公室和海曙区人民法院办公室，1984 年两区合并后法院合并设立新的海曙区人民法院办公室，职责是协助院领导组织、协商、处理司法公务；负责院务会、院长办公会等会议事务，起草综合性文件、报告；协调本院各部门工作；组织综合性会议，组织办理区人大代表、政协委员的提案和建议；负责编印本院工作简报；负责文秘、文印、信息资料、档案、收发、机要、保密、新闻宣传和办公信息化、自动化管理等工作；做好院领导交办的其他工作。

海曙区人民法院历任办公室主任、副主任任职情况一览表

表 28

姓　名	任职时间	职　　务
许承庚	1979 年 6 月至 1984 年 9 月	负责人
顾亚琴	1979 年 6 月至 1984 年 9 月	负责人
许承庚	1984 年 9 月至 1990 年 8 月	主　任
施耀枫	1990 年 11 月至 1992 年 7 月	主　任
胡圣良	1996 年 1 月至 1998 年 10 月	主　任
陈　辉	1998 年 10 月至 2000 年 10 月	主　任
盛仲飞	2000 年 10 月至 2005 年 10 月	主　任
陈建国	2008 年 10 月至 2013 年 10 月	主　任
叶光明	2014 年 10 月至 2017 年 5 月	主　任
阎笃平	1984 年 9 月至 1986 年 12 月	副主任

续表28

姓　名	任职时间	职　　务
潘梅成	1984 年 9 月至 1989 年 4 月	副主任
顾亚琴	1988 年 6 月至 1992 年 7 月	副主任
施耀枫	1989 年 4 月至 1990 年 11 月	副主任
徐良章	1992 年 7 月至 1993 年 4 月	副主任（主持工作）
陈秀娟	1992 年 7 月至 1993 年 4 月	副主任（主持工作）
周妙方	1993 年 4 月至 1994 年 10 月	副主任（主持工作）
胡圣良	1994 年 10 月至 1996 年 1 月	副主任（主持工作）
吕维共	1996 年 1 月至 1998 年 5 月	副主任
蒲巧俊	1998 年 10 月至 2003 年 5 月	副主任
徐琦雄	2002 年 10 月至 2005 年 10 月	副主任
陈建国	2005 年 10 月至 2008 年 10 月	副主任（主持工作）
欧益民	2008 年 10 月至 2009 年 8 月	副主任
叶光明	2013 年 12 月至 2014 年 10 月	副主任
张晓静	2015 年 10 月起	副主任（主持工作）

二、政治处

1990 年设立海曙区人民法院政工科，1998 年撤销政工科设立政治处，职责是协助院党组、院党总支开展法院队伍的思想政治教育工作；办理上级有关部门的表彰奖励工作；完成上级法院下达和本院部署的干警培训任务以及本院干警报考研究生、专升本等有关工作。负责办理院党组决定的有关干部组织工作事项；负责法官等级、法警警衔以及其他职称评定的申报工作，做好本院干警的考察考核及职级调整工作；办理本院向区人大常委会提请人事任免的有关事项；做好其他干部管理工作。负责做好本院新进人员的考察考核和接收工作，办理本院其他人事调动和人员退休退职等工作事宜；负责法院增编补员的审核工作；办理本院的劳动工资、保险福利、考核奖惩、计划生育、人事档案管理工作等有关工作事项。负责政工方面的综合调研工作，起草政工类的综合性文件、报告；负责全院人事统计工作及其他综合性工作事项。负责本院的党群工作。

海曙区人民法院政治处（政工科）任职情况一览表

表 29

姓　名	任职时间	职　　务
施耀枫	1990 年 11 月至 1998 年 1 月	科　长
陈义红	1993 年 4 月至 1998 年 10 月	副科长
舒传芳	1992 年 5 月至 1994 年 10 月	纪检监察员
陈义红	1994 年 11 月至 1998 年 10 月	纪检监察员
王惠珍	1998 年 10 月至 2002 年 6 月	政治处主任
胡圣良	1998 年 10 月至 2002 年 10 月	纪检监察员
王文荣	2002 年 10 月至 2005 年 10 月	政治处主任
吴巧新	2005 年 10 月至 2007 年 10 月	政治处主任
张莉珠	2008 年 10 月至 2015 年 2 月	政治处主任
檀丹霞	2016 年 1 月起	政治处主任
叶光明	2008 年 11 月至 2010 年 4 月	政治处副主任
吕　婷	2011 年 10 月至 2014 年 11 月	政治处副主任
汪晓蕾	2014 年 11 月起	政治处副主任

三、司法警察大队

1998 年 10 月建立司法警察大队，职责是负责本院司法警察警务工作；负责警卫、值庭、看管、押解犯罪嫌疑人、被告人；负责武器、车辆、服装等专项物资的管理工作，送达有关法律文书；配合审判庭和执行局执行有关案件；执行强制措施；维护本院机关秩序；组织法警业务技能训练。

司法警察大队大队长、副大队长、教导员任职一览表

表 30

姓　名	任职时间	职　　务
张定云	1998 年 10 月至 2008 年 3 月	大队长
秦关勇	2008 年 3 月起	大队长
韩卫东	2008 年 3 月至 2011 年 4 月	副大队长
夏寿彬	2011 年 10 月起	副大队长
王程生	2017 年 12 月起	副大队长
韩卫东	2014 年 10 月起	教导员

四、司法行政科

2010 年 4 月，设立司法行政科，职责是日常财务管理，案款系统管理，不动产维护、固定资产管理，车辆、食堂、服装、物品等后勤保障。

司法行政科任职一览表

表 31

姓　名	任职时间	职　　务
蒲巧俊（兼）	2010 年 4 月至 2011 年 4 月	科　长
韩卫东	2011 年 4 月至 2014 年 10 月	科　长
王程生	2013 年 12 月至 2017 年 12 月	副科长
吕　婷	2017 年 2 月起	副科长（主持工作）

五、审判保障服务中心

2005 年 7 月 5 日，设立审判保障服务中心。区人民法院审判保障服务中心为海曙区人民法院下属科级全民事业单位，主要职能在于为全院

的审判执行等工作提供后勤服务保障。具体职责为：负责庭审速录、执行辅助、计算机信息维护和网络管理、文秘、财务、档案管理等有关事宜。审判保障服务中心经费形式为财政全额拨款，编制数 34 名，其中管理人员 25 名、专业技术人员 9 名。

审判保障服务中心任职一览表

表 32

姓　名	任职时间	职　　务
吴爱智	2017 年 4 月起	副主任

第二章　党群组织

第一节　党组织

1978 年，镇明区人民法院和海曙区人民法院成立后均建立了中共党支部。1981 年 10 月，原海曙区人民法院建立中共宁波市海曙区人民法院党组，原镇明区人民法院未设党组，至 1984 年两区合并后，于当年 7 月建立新的海曙区人民法院党组。

其主要任务是：宣传和执行党的路线、方针、政策；领导海曙法院各项工作；讨论和决定本单位的重大问题；做好干部管理工作；团结党外干警，完成党和国家交给的任务。

海曙区人民法院历任党组成员任职一览表

表 33

区　划	姓　名	任职时间	职　　务
镇明、海曙两区合并前	高瑞森	1981 年 10 月至 1984 年 3 月	海曙区人民法院党组书记
	应后兴	1981 年 10 月至 1984 年 4 月	海曙区人民法院党组成员
	李琪君	1981 年 10 月至 1984 年 4 月	海曙区人民法院党组成员

续表33

区　划	姓　名	任职时间	职　　务
海曙区人民法院	叶亚康	1984年7月至1987年6月	党组书记
	陈顺兴	1987年6月至1993年2月	党组书记
	崔盛钢	1993年2月至1997年10月	党组书记
	李伟铭	1997年10月至2002年11月	党组书记
	张宏伟	2002年11月至2006年12月	党组书记
	孙卫华	2006年12月至2011年11月	党组书记
	吴军良	2011年11月至2016年11月	党组书记
	傅　勇	2016年11月起	党组书记
	陈顺兴	1987年4月至1987年6月	副书记
	崔盛钢	1992年12月至1993年2月	副书记
	施耀枫	2003年4月至2006年12月	副书记
	王延斌	2007年8月至2013年5月	副书记
	王惠珍	2015年8月起	副书记
	李光星	1984年7月至1990年8月	党组成员
	朱大成	1984年7月至1985年12月	党组成员
	吴银奎	1987年6月至1997年10月	党组成员
	崔永芳	1990年8月至1995年4月	党组成员
	施耀枫	1995年4月至2003年4月	党组成员
	曹建华	1995年4月至2008年7月	党组成员
	王惠珍	2001年6月至2015年8月	党组成员
	王文荣	2003年11月至2005年12月	党组成员
	周家骥	2008年1月起	党组成员
	张丹丹	2008年7月起	党组成员
	张莉珠	2008年10月至2015年2月	党组成员
	陈建国	2013年10月至2017年1月	党组成员
	檀丹霞	2016年1月起	党组成员
	陈章君	2017年2月起	党组成员
	任啸雷	2017年4月起	党组成员
	曹建波	2017年4月起	党组成员
	沙　军	2017年4月起	党组成员

一、机关党的建设

区人民法院一直高度重视机关党的建设，并将其作为确保法院坚持正确工作方向、顺利完成司法审执使命的根本政治保障来抓紧抓好。

1983 年 10 月，根据《中共中央关于整党的决定》，院党组按照区委要求，组织学习文件，按照动员学习、对照检查、深入整改、党员登记和组织处理四个阶段进行整党。通过整党达到“三个显著”，党员思想上、政治上和精神状态上显著进步，党员全心全意为人民服务的自觉性显著提高，党员与群众的关系显著改善。年底，全院中共党员（以下简称党员）39 名，预备党员 1 名。在继续开展声势浩大的“严打”斗争中，院党组组织全院党员、干警，紧紧依靠党的领导，发扬不怕疲劳、连续作战的作风，办结成倍于以往同期审结的各类刑事案件，党员起到了模范带头作用。

1985 年，全院党员干警学习党的有关文件，进行理想纪律教育。

1986 年，院党组组织开展坚持四项基本原则、反对资产阶级自由化的教育，党的理想与宗旨教育，党的路线方针政策教育，党风党纪教育，组织党员和干警认真阅读《坚持四项基本原则，反对资产阶级自由化》、邓小平《建设有中国特色的社会主义》，加强党风建设，在思想上、行动上与党中央保持一致。

1987 年 8 月，成立院党总支，下设 4 个支部。中共十三大召开后，院党总支组织全院党员干警学习中共十三大文件，着重学习和讨论社会主义初级阶段理论和党的基本路线，以及关于经济发展战略两个专题。

1988 年，紧紧围绕以经济建设为中心，坚持两个基本点，进行理想、纪律、职业道德教育，开展党员考评工作，以党小组为单位对党员理想宗旨、完成任务、组织纪律、党性修养、联系群众等五大方面的十项内容进行自评和互评，以激励先进，鞭策后进，加强党的自身建设。

1989 年 9 月 23 日党总支换届改选。10 月，组织全院党员干警学习中共中央总书记江泽民发表的国庆讲话。

1990 年 3 月，院党组组织全院党员、干警学习中共中央总书记江泽民、国务院总理李鹏在全国第十五次法院工作会议上的重要讲话，加强纪律作风建设。8月，经济、执行、行政三庭设党支部，民庭、段塘庭设党支部，刑庭设党支部，办公室设党支部，为加强政治思想工作，同年11月设立政工科。

1991年10月，党总支改选。同月，院党组向每个干警发放一套《毛泽东选集》，并要求全院干警通读学习一遍《毛泽东选集》。

1992年，院党组组织全院干警认真学习邓小平南方谈话精神和党的十四大文献，开展为经济建设服务的大讨论，进一步明确在体制转轨的形势下，审判工作必须适应社会主义市场经济的要求，增强服务意识，保证改革开放和经济建设的顺利进行。党总支和所属支部党员干部较好履行职责，发挥作用，在各自岗位上，勤勤恳恳，为保证全院各项工作顺利完成作出贡献。全年上76次党课，观看4次教育录像片，安排78次组织生活会，吸收2人加入党组织。严格党费收缴及管理。

1993年6月，各支部所辖庭室调整，支委会改选。1993年度，院总支、支部两级党组织，围绕党的基本路线和本单位的中心工作，努力发挥机关党组织的服务和保障作用。认真抓好学习，提高政治素质，做好经常性思想政治工作。开展以“十要十不要”为主题的无违法违纪单位创建活动。

1994年，区人民法院党组把组织干警学习党的十四大、十四届三中全会文件和《邓小平文选》作为头等大事来抓，结合审判工作实际，开展“争当人民公仆、争做合格法官”活动，增强为人民服务的宗旨信念，树立法官对外的公正形象。同年9月24日，党总支换届改选。

1995年7月，增设退休老干部党支部，叶亚康为支部书记，后由李光星任书记。

1996年1月，组织全体干警学习中共中央总书记江泽民关于领导干部要讲政治的讲话精神。3月，院党总支下设12个党支部，新成立的党支部召开选举大会产生新一届支委。4月上旬至10月上旬，组织开展争先创优系列活动，开展“创建文明庭室，争做文明标兵”活动，做好“三严”，即严格依法办事、严格工作秩序和严格工作纪律；树立“三风”，即秉公执法的审判作风、求真务实的工作作风和文明健康的生活作风；执行“三文明”，即文明办案、文明接待和文明工作。10月中旬至12月上旬，组织开展“敬业在法院，奉献在岗位”活动。

1995年、1996年院党总支主要抓了三个方面工作：一是抓教育，充分发挥激励导向作用；二是抓廉政，强化公仆意识；三抓组织建设，提高党员素质。时有党员63人，其中在职党员54人，设12个支部。坚持四项工作制度：一是每月一次的党日活动制度；二是党员民主评议制度；三是党员的组织生活会制度。四是新党员发展制度。取得三个明显成效：一是有效激发和调动广大党员和干警工作积极性，有力促进各项审判工作；二是讲学习，讲政治，讲正气，队伍的凝聚力、向心力有了进一步增强；三是强化了廉洁自律意识。

1997年3月，院党总支换届改选。院党组组织开展评选优秀法官和争创文明庭室活动，要求干警树立公正不偏、讲理求实、执法如山、清正廉洁、嫉恶如仇的形象。深入开展“奉献于事业，服务于人民”主题教育。先后组织全体干警参加全区机关干部职业道德大讨论活动，听先进事迹报告，看教育录像，交流学习心得，座谈讨论，组织开展职业道德演讲比赛，建立完善错案追究责任制、院长告诫等制度，设立廉政举报箱，进一步健全内部监督机制，严肃查处法院内部不廉洁的人和事。

1998年，全面贯彻党的十五大精神，进一步深化改革，建设高素质队伍，树立清正廉洁、秉公执法的法官和法院形象。为造就一支高素质的干警队伍，要求广大干警具体做到“三个结合”：一是结合争创“文明机关、文明单位”活动，开展形式多样的思想政治教育和业务培训，努力提高干警政治业务素质；二是结合纪律作风集中教育整顿和司法评议整改、构筑、完善内外监督制约机制，实行以制度管人；三是结合开展中层干部选任和一般干部聘用活动，在人事管理中引入竞争机制。

1999年，开展“争创人民满意的好法院，争当人民满意的好法官”活动。组织开展“假如我是当事人”大讨论活动，进一步明确审判工作指导思想。继续开展“创无违法违纪连续年”活动，加强廉政建设。重点抓好中层骨干建设，增强凝聚力和战斗力。组织各部门进行对照检查，制定、落实整改措施。开展业务培训和业务研讨，提高干警业务素质。

全年调研工作取得历年来最好成绩，共有10篇调研材料被中院调研专刊和《宁波审判研究》刊用，5篇被《浙江审判》刊用。开展争创人民满意单位活动，对加强法院队伍建设产生积极效果。一年共收到表扬信35封，锦旗26面。

2000年度，坚持“两手抓，两手硬”的指导思想，深入开展“争创人民满意的好法院，争当人民满意的好法官”活动。以加强班子建设为龙头，深入开展“三讲”教育活动，充分发挥院领导班子的战斗堡垒作用。全年共收到表扬信42封，锦旗13面。人民群众对院满意率达到98%。全院已连续三年没有发生违法违纪事件。当年又重新制定党组工作规则。

2001年，继续咬定“人民满意”这一目标不放松，不断强化对干警的教育监督，努力创建一支过硬的干警队伍。召开“三个代表”重要思想和江泽民总书记“七一”讲话学习心得交流会；开辟“学习园地”刊登交流文章；组织“七一”讲话知识测试活动；举办WTO知识讲座和国防知识讲座；组织干警到奉化滕头村参观学习，开展“法官职业道德教育、整顿领导班子、整顿审判纪律、整顿工作作风”的“一教育、三整顿”活动。对中层干部开展党性党风教育，使中层干部接受了一次深刻的党性党风教育。

2003年3月10日，院总支换届选举。全年继续把加强院、庭两级班子建设作为提高队伍整体素质的关键环节来抓。抓好党组中心组学习，强化中层以上干部讲政治、顾大局、服务中心意识，为全院干警作出表率。在全体党员中开展“三个四”活动，即进行四个教育，开展四个讨论，树立四种形象。进行宗旨教育，开展“权力是谁给的，用权为了谁”大讨论，树立勤政为民的公仆形象；进行党性党风教育，开展“当初入党为什么，现在应该做什么”大讨论，树立无私奉献的党员形象；进行“为谁执法，怎样执法”大讨论，树立执法如山的“包公”形象；进行艰苦奋斗教育，开展“和谁比，怎样比”大讨论，树立清正廉洁的清官形象。在中层干部中开展“如何当好实践‘三个代表’带头人”活动，带出一支政治坚定，作风过硬，清正廉洁，业务精通，有高尚职业道德情操的法官队伍。

2004 年，推进学习型法院建设。强化法院职业培训，不定期邀请相关专家到院授课，在内部局域网上开辟学习讨论园地，举办第八届审判研讨会，组织全院性业务考试，引导干警争做学习型法官。开展“新大楼、新作风、新形象”的专题教育活动。继续实施政工例会制度，及时发现、分析和解决廉政方面的苗头性、倾向性问题。

2005 年，以法官队伍职业化为目标，不断提高干警政治、业务素质。成立“保持共产党员先进性教育领导小组”和办公室。开展“如何加强审判机关党员先进性建设”主题征文活动、“争做新时期优秀党员”专题演讲比赛、“在省级文明单位的荣誉面前，党员做什么”主题大讨论等活动，为推进“两高、两区”和“平安海曙”的建设提供有力的司法保障。加强中层干部建设，通过自荐、互荐、竞职演说、民主测评、考试考核、公示等程序，选任 19 名中层干部。11 月，院党总支换届选举。

2007 年，为进一步加强作风建设，深入实践“公正司法、一心为民”工作指针，全面推进法院建设，努力提高审判、执行工作质量和效率，充分发挥人民法院职能作用，开展“作风建设年”活动，为构建社会主义和谐社会提供有力司法保障。

2008 年 2 月，院党支部合并，原政治处支部与审监庭支部合并，成立区人民法院第一支部；原法警大队支部与立案庭支部合并，成立区人民法院第二支部；原行政庭支部与民二庭支部合并，成立区人民法院第三支部；其他支部设置不变。

2010 年，在总结以往工作的基础上，制定《海曙区人民法院机关党组织工作职责》等规章制度，并严格贯彻执行。

2011 年，深入推进“发扬传统、坚定信念、执法为民”“人民法官为人民”主题教育，引导广大干警自觉树立公正、廉洁、为民的司法核心价值观。扎实开展“三思三创”主题教育，开展解放思想大讨论，组织全院干警针对“五找八问”，自省自查，找差距、树标杆、亮承诺，树立争创一流的竞争意识，形成了团结进取的合力。组织开展群众观点大讨论法官讲坛，加强群众观点教育。组织开展“部门学刑庭，干警学周黎”创先争优先进事迹表彰奖励等系列活动，迎接中国共产党成立90周年。追寻红色遗迹，重温革命激情，院第一支部、第三支部参观四明山革命烈士陵园。开展“三思三创”，即“思进思变思发展，创业创新创一流”主题教育。

2012年，创建“五型”机关，一是坚持不懈地抓好党员干部学习教育，积极创建学习型机关；二是注重引导党员干部，践行党的宗旨，积极创建服务型机关；三是着力加强党员干部作风建设，积极创建效能型机关；四是大力加强党风廉政建设，积极创建廉洁型机关；五是深入实施凝聚力工程，积极创建和谐型机关。组成第一届机关委员会。5月，区委宣传部举办以“思科学发展 谈核心价值”为主题的微型党课授课比赛，干警樊卓玮讲授的《宽为心 容为径》获三等奖。

2013年，为进一步加强和改进机关党组织建设，充分发挥“服务中心、建设队伍”的作用，创新求变、深化拓展，开展星级党支部评定工作，进一步发挥党组织和党员在推动发展、服务群众、凝聚人心、促进和谐中的先锋引领作用。通过无记名投票形式选举产生2个五星级支部、3个四星级支部及4个三星级支部。

2014年，扎实开展党的群众路线教育实践活动，认真查找“四风”问题，进一步强化宗旨意识和群众观念，开展“主动服务大局、强化诉讼服务、推进阳光司法、改进案件审理、加强案件执行”五大专项整治，解决“六难三案”问题。

2015年，制定《党组工作规则（试行）》《机关党建工作考核办法》。全年，院领导班子开展集中学习11次，院班子成员带头讲授专题党课6次，组织各支部开展专题党课21次，引导党员干警深刻领会开展“三严三实”专题教育的重大意义和深刻内涵。深化院领导联系街道、法官进社区活动。改变原先以单个法官逐一与社区结对模式，将院刑事、民事、商事法官组成22个社区法官小组，以组团的形式与72个社区分别结对，为社区群众提供优质法律服务。走访社区274次，参加座谈交流57次，开展法治讲座28次，开展法律咨询与指导166人次，电话联系180人次，化解矛盾92件，服务满意率达99.8%。继续开展法官进企业活动，以辖区商圈互动为亮点，为商圈企业法律护航。通过走访“启运86”微电影产业基地，参加天一商圈“服务进楼宇”现场咨询，应邀参加海曙鼓楼峰会活动等形式，深入调查研究、普及法律、化解矛盾，帮助解决实际困难，促进企业稳定发展。积极落实“时代先锋、并肩同行”开放式组织生活基地活动。进一步开展“社区法官”特色品牌活动，成立法律宣讲团，形成9个主题法律宣讲菜单，受众达300余人。加强普法宣传教育，开展法治进校园活动。积极探索巡回法庭机制，先后在段塘街道南雅社区和丽园社区设立3个巡回法庭，就地调解审理简易的婚姻家庭、物业等纠纷，同时与社区的人民调解组织进行诉调对接，尽可能将矛盾解决在基层。推进诉讼服务大厅、诉讼服务网、“12368”司法信息公益服务热线三位一体的诉讼服务中心建设。诉讼服务中心、执行接待大厅建设受到省高院、市中院的高度肯定。切实加强党支部建设，院13个党支部进行换届改选。召开全院党员大会6次。高度重视党员“锋领e家”系统管理运行工作。建立干警廉政档案。自觉接受省委第二巡视组监督指导。

2016年5月，召开“两学一做”学习教育专题党课暨动员部署大会。依托“时代先锋、并肩同行”开放式组织生活基地平台，与辖区其他16家党组织互动开展学习、参观。积极引导广大党员干警向“全国模范法官”“市十佳政法干警”周黎等先进典型学习。与宁波大学共建“法学创新实践基地”，依托“敬民调解室”平台，建立资深法官带教两名民商事部门青年法官的互动模式，切实提高干警综合素质。完成101名党员的党费自查补缴工作。深化“三会一课”等制度落实。院党组理论学习中心组学习讨论12次，院领导带头上党课8次，支部书记上党课12次，各支部组织专题讨论48次，每月召开一次党员大会，形成全体党员抓党建的浓厚氛围。认真落实组织生活日。院81名法官结对组成22个法官小组，为辖区72个社区提供组团式法律服务。全年结对社区法官走访社区603人次，参加座谈交流63次，开展法治讲座34次，开展法律咨询与指导302次，电话联系324次，化解矛盾纠纷176件。开展“我是党员亮身份”活动，通过党员佩戴党徽，制作荣誉展板、去向牌、电子滚动屏、支部园地等形式，引导党员“亮身份、亮承诺、亮作风、亮业绩”。

2017年，院机关党委以开展“两学一做”学习教育常态化制度化为抓手，按照“以党建带队建，以队建促审判”的工作思路，全面贯彻落实习近平总书记系列重要讲话精神，狠抓党建工作，在组织建设、队伍素质、机制载体等方面取得一定成效，为执法办案及其他各项工作顺利开展，提供有力的思想保障和组织保证。不断加强党员学习建设。定时在内网开辟的“两学一做”学习教育活动专栏上传学习资料，组织干警观看中共十九大开幕会、学习中共十九大报告原文，在内网发起“我最喜爱‘十九大报告’中的一句话”活动，发动全体党员在内网跟帖。开展特色党建活动，于5月、11月，组织开展“新海曙·心融合”之“走进鄞江、走进望春”红色主题党日活动。全年院领导带头上党课10次，支部书记上党课14次。积极推报党务工作者参加区委组织部、区直机关党工委组织的党建工作方面的培训，全年共推报参加培训13人次，不断提升党建工作能力和水平。为切实加强党组织建设，三区调整人员融合后，及时向区直机关党工委请示增设望春、鄞江两个法庭党支部，并指导各党支部开展支委会改选工作，完善党组织建设。开展党组织和党员基本信息采集工作，核对下属15个党支部、159名党员信息，并指派党务工作者完善、维护全国党员信息管理系统。加强党员“锋领e家”系统管理。创新思路，创新服务平台，打造“海法闪烁”品牌，大力推进党员志愿服务项目。区人民法院被区委组织部评为2016年度党员志愿者活动先进单位，院“海法阳光”青年突击队被区文明办评为2017年度海曙区最佳志愿者服务团队，第一支部吕益键被区文明办评为2017年度海曙区优秀志愿者。各党支部充分利用自身审判资源，真正做到党建与审判工作“两相促”，发挥“党建+审判”“党建+服务”在党务工作中的引领作用。组建由刑事、民商事及执行等不同领域资深法官组成的法律保障团队，走访座谈宁波太平鸟时尚服饰股份有限公司、博宏恒基集团有限公司等几十家辖区重点企业，为企业排忧解难。借助“社区法官”活动，走入社区，走近群众，让法官成为社区居民最贴心的法律咨询服务者。

二、党风廉政建设

区人民法院十分重视党风廉政建设，坚持纳入党组重要议事日程，经常抓在手上，做到警钟长鸣，确保了队伍的整体纯洁性，为审判执行工作提供了可靠的纪律保证。

1987 年，为进一步搞好党风，贯彻执行党的十一届三中全会以来的路线、方针、政策，发挥“保护人民，打击敌人，惩罚犯罪，服务四化”的审判职能作用，党员领导干部分工负责，一级抓一级，一级带一级，从我做起，作出表率。

1988 年，开展“清正廉洁执法如山”教育、职业道德教育，严格执行“八个不准”教育，制定五条廉政措施，定期检查落实。全院干警全年拒礼拒贿 44 人次，价值 3000 余元，拒请吃 18 人次。

1989 年，院党组制定五条措施：1. 把廉政建设作为党组、总支、支部和各级领导干部、党员干部一件大事来抓，做到四个坚定不移：为改革开放，繁荣经济服务，坚定不移；秉公执法，依法办事，坚定不移；保持廉洁，反对腐败，坚定不移；全心全意为人民服务，自觉接受监督，坚定不移。2. 严守党纪国法，自觉执行党和国家的各项方针、政策和规定。做到两个反对：反对弄虚作假，凭“想当然”办事；反对和抵制各种不正之风，违反规定的“我不办”。3. 全面从严治党，加强教育，做到有理想守纪律，把廉洁奉公作为考察使用干部的重要条件之一，对不廉洁的，应严肃教育和及时处理。4. 从严治院，自觉遵守法院干警“八个不准”，依法秉公办案，做到当事人请吃我不去，当事人送礼（钱）我拒收，当事人递烟我不接，受到表扬我不骄傲，受到批评从严律己，不泄气，不发牢骚，有则改正，无则加勉，不计恩怨。处事遇到不同意见我再思，正确的采纳，不对的耐心解释。5. 加强制度建设，办事应依法公开，切忌随意性。综合治理，反腐蚀斗争中，经受住严峻的考验，起先锋模范作用，比服务、工作上的克己奉公的贡献，比团结协作、互相学习方面的进步提高。面向社会公布《关于审判工作“七个公开，七个监督”的公告》。“七个公开”：收受告诉案件的条件、程序、收费公开；诉讼活动中，当事人依法享有的权利、应履行的义务公开；主动回避、申请回避的条件、程序公开；审判程序制度公开；宣告判决后，当事人不服有权提起上诉公开；审判纪律和职业道德公开。“七个监督”：审判监督、群众监督、工作监督、舆论监督、制约监督、法律监督、权力机关、纪律检查机关监督。

1990年，加强院廉政建设，聘请24位市、区人大代表为监督员。这些监督员都是不脱离原单位工作，对院廉政和干警队伍建设进行群众性的监督，是院联系群众、接受群众监督的桥梁和纽带，是增强院审判工作透明度的一种新途径。开展“贤内助”“廉内助”活动。

1991年，制定“关于加强党的纪律的六条措施”：1. 执纪必严，做到“四要”；2. 遵守法院干警“八个不准”，同各种消极现象作斗争；3. 自觉遵守党的“七项纪律”；4. 坚持纠正行业不正之风，做到“十个不一”；5. 从严治院，严格执行十项规章制度；6. 加强领导，定期检查。作出《关于认真抓好党纪教育的安排》，开展系统的党纪教育。

1992年，及时认真总结经验教训，制定《关于加强党风责任制的规定》《关于纪检监察工作的若干规定》《关于开展廉政、执纪执法检查和行风评议工作的实施意见》，狠抓规章制度落实。开展每季一次的“四查四看”活动，即查思想，看有无违反党的政策；查工作，看有无违章违纪；查执法，看有无徇私枉法；查作风，看办案办事是否拖沓。建立纪检监察工作网络，邀请人民代表作为廉政建设监督员，制定《关于纪检监察工作的若干规定》，大力开展廉政、执纪执法检查和行风评议活动。

1993年，印发《关于积极投入反腐败斗争的实施意见》。院党组成员重点对照检查：1. 对照宪法和法律，检查是否真正做到了有法必依、执法必严、违法必究，是否存在执法不严、裁判不公的现象；2. 对照《人民法院诉讼费收费办法》，检查本院在诉讼中收取费用是否严格按照法律和规定进行，有无超标准收取不合理费用；3. 对照中纪委提出的县处级以上领导干部必须做到的廉洁自律五条规定，检查是否均已严格执行；4. 对照“实事求是、依法办案、刚正不阿、铁面无私”的职业道德要求，检查工作、思想、作风、纪律等方面还存在哪些问题和不足；5. 对照

“从严治警，从严治院”的要求，检查是否坚持“一手抓审判业务工作，一手抓干警队伍建设”的“两手抓”方针，还存在哪些薄弱环节。全院干警重点对照检查：1. 在办案中是否严格执行实体法和程序法的规定，以事实为根据，以法律为准绳，秉公执法；2. 有无利用手中的审判权谋取经济利益或利用职权为配偶、子女和亲友经商办企业提供便利条件，有无从事第二职业或有偿中介活动；3. 有无在审判工作和其他工作中以权谋私、徇情枉法、吃请受礼，违反院党组提出的“十要十不要”以及廉政建设的有关规定。院党组重申全体干警必须严格遵守下列规定：不准索贿受贿，吃请受礼；不准违法创收，经商牟利；不准直接或变相从事第二职业；不准买卖股票和购买未经国家批准发行的高利率企业证券；不准徇私枉法，偏袒一方当事人；不准泄露国家秘密和审判机密。

1994 年，利用每周半天的政治学习时间，先后组织全体干警学习“人民法院工作人员手册”和法院系统先进模范人物事迹，观看“惩腐倡廉”专题录像片，举行有全体干警参与的以“惩腐倡廉”为主题的演讲比赛。院党组召开民主生活会，进行自我检查；各庭科室进行自查自纠。在全体干警中开展“做合格法官，争做优秀法官”活动，要求全体干警做到勤政为民、廉洁奉公、一身正气、两袖清风。开展“天平在我心中”系列活动。举办“惩腐倡廉”演讲比赛。

1995 年，印发《关于开展廉洁自律教育的实施意见》。根据区委要求，结合本院实际，开展廉洁自律教育。同年，开展干部思想作风建设、作风纪律教育整顿。制定“争先创优”目标和措施并狠抓落实，努力在全院营造一种“团结、勤奋、务实、开拓”的工作氛围，机关思想作风建设取得较为明显成效。

1996 年，在全院开展党纪、政纪和审判纪律教育。通过教育，干警在潜移默化中提高了政治素质，强化了忠于事实、忠于法律、文明司法、敬业爱业的意识。同年，院党组提出 1996 年度反腐倡廉三项措施：进一步加强政治学习和思想教育，抓规章制度落实，严肃查处各类违法违纪事件。

1997 年，认真纠正不正之风，查处违法违纪问题，坚决清除地方和部门保护主义，加强廉政建设教育，建立完善错案追究责任制、院长告诫制等制度，设立廉政举报箱，进一步健全内部监督机制，查处违纪干警1人。

1998年，聘请部分人大代表和有关部门同志担任本院廉政建设的监督员。开展纪律作风集中教育整顿专题活动。大力弘扬“宁波政法精神”、树立“人民法院为人民”的崇高形象。举行家属座谈会，开展评选“贤内助”活动。加强对干警“八小时外”情况管理。坚持一级抓一级“一岗双责”制度，建立起院庭齐抓共管的新机制。

1999年，印发《一九九九年纪检监察工作计划》，继续开展“创无违法违纪连续年”活动，全年未发生违法违纪事件，是第二个无违法违纪连续年。全年收到表扬信35封、锦旗26面，社会各界和当事人在总体上对院法院工作予以肯定评价。

2000年，印发《党风廉政建设责任制实施意见》《关于开展党风廉政教育活动的实施意见》。学习邓小平党风廉政建设理论和党中央关于反腐败的重要论述。抓好党内法规和国家法律法规的学习及党风廉政建设责任制落实，运用先进典型进行正面教育引导，剖析近年来法院系统违法违纪案例进行警示教育。开展“创无违法违纪连续年活动”。

2001年，向区编委提交设立监察室的请示。印发对干警实行八小时外管理意见。继续执行“一岗双责”制、党风廉政建设责任制和政工例会制，实行干部任前公示制度。全年，无一件违法违纪事件发生。群众反映干警办案中存在问题的来信来访仅20件次，比2000年下降64.3%。反映干警秉公廉洁执法的表扬信和锦旗比2000年均有所增加。

2002年，开展“创无违法违纪连续年”活动成效明显，连续五年无重大违法违纪案件发生，受到省高院党组书记、院长张启楣批示肯定。召开干警家属座谈会，40名家属参会，5名“贤内助”受到表彰。

2003年，召开政工例会，建立干警个人信用档案，落实党风廉政建设责任制、“一岗双责”等规章制度，加大对违法违纪行为惩处力度，构建廉政工作长效机制。连续六年无重大违法违纪案件发生，开展“创无违法违纪连续年”活动的做法和经验，在全市法院推广。召开干警家属座谈会，30名家属参会，5名“贤内助”受到表彰。西郊法庭推出廉政报告制度和台账制度。

2004年，认真落实党风廉政建设责任制、“一岗双责”制等规章制度，不断推进“创无违法违纪连续年”活动，努力构建廉政工作长效机制。开展纪律作风专项教育整顿活动。制定廉政建设奖惩办法，建立分管院长和部门领导廉政工作连带责任制度。强化廉政教育，增强廉政警示教育针对性。扎实开展机关效能建设，开展“新大楼、新作风、新形象”和“效能建设，重在行动”专题教育活动，坚持“五个倡导，五个反对”，进一步改进工作作风、改善服务态度。定期召开效能建设汇报会，督促落实各项措施。制定“五个严禁”，颁布五条禁令，加大对违纪行为查究力度。落实报告个人重大事项制度，实施20条便民举措，公布监督举报电话，主动接受各界人士对法院工作进行明察暗访。连续七年未发现廉政方面的违法违纪事件。

2005年，认真落实党风廉政建设责任制，不断推进“创无违法违纪连续年”活动，努力构建审判工作保廉机制。完善干警信用档案和个人重大事项报告制度，规范法官职务行为；加强与廉政监督员联系，强化对干警业外活动监督。院连续八年未发现廉政方面的违法违纪事件。西郊法庭被评为全市政法系统“一岗双责”示范单位。牢记紧箍咒，绝不踩红线。要求全体干警时刻铭记浙江政法干警“七个绝不允许”：1. 强化思想政治建设，绝不允许不讲政治、不顾大局；2. 强化司法能力建设，绝不允许出现冤假错案、损害公平正义；3. 强化廉政建设，绝不允许以权谋私、贪赃枉法；4. 强化作风建设，绝不允许违反中央八项规定、“四风”问题反弹回潮；5. 强化纪律观念，绝不允许有令不行、有禁不止；6. 强化宗旨意识，绝不允许漠视人民利益、违背以人民为中心的基本原则；7. 强化改革意识，绝不允许拖改革后腿、当改革的绊脚石。遵守浙江法院“五条纪律”：1. 严禁冷横硬推；2. 严禁说情泄密；3. 严禁吃拿卡要；4. 严禁徇私枉法；5. 严禁姑息纵容。弄清宁波法院“四个明白”：一是明底线，知敬畏。明底线就是不踩黄线，不越红线，不触高压线；知敬畏就是敬畏组织、敬畏权力、敬畏人民。二是明时变，知事制。明时变就是把握大势，顺应趋势，把握胜势；知事制就是因地制宜，以改革破难题，让创新蔚然成风。三是明精察，知笃实。明精察就是实事求是，把握工作节奏，把握工作规律；知笃实就是三严三实，踏踏实实做事，老老实实做人。四是明大小，知轻重。明大小就是去小知而获大知，不要小聪明而懂得大智慧，懂得大格局，拥有大眼界；知轻重就是懂得孰轻孰重，懂得轻重缓急，懂得舍轻取重。

2006 年，以“创无违法违纪连续年”活动为载体，认真落实党风廉政建设责任制，构建廉政工作长效机制。坚持预防为主，改进和拓展廉政教育形式，提高干警自律意识。实施政工例会制度，定期分析干警思想动态，一有倾向性、苗头性问题，即予谈话提醒，诫勉警示。严格落实回避制度，依法规范审判人员与当事人、律师之间的关系。连续九年未发现廉政方面的违法违纪事件，做法和经验在全市法院予以推广。

2007 年，坚持依靠制度管人，抓好监督体系、责任体系建设。实行个人重大事项报告制度，建立内容全面的干警廉政档案。聘请新一届 13 名廉政监督员。召开廉政建设大会，全面推行作风建设年活动，认真落实党风廉政建设责任制，严肃处理违法违纪人员，2 名干警因违法违纪被依法查处，1 名干警被开除公职和党籍。

2008 年，成立纪检组，制定纪检组工作职责、工作制度，坚持把廉政摆在队伍建设的突出位置，签订责任状，层层落实党风廉政建设责任制。召开党风廉政建设大会，安排布置全年党风廉政工作。加强廉政警示教育，开展“我为廉政建设献一策”活动，坚持每周廉政短信提醒和每月廉文荐读工作，营造崇廉尚廉氛围。建立廉情联络员队伍，定期收集、分析队伍廉洁自律情况。出台《关于大标的案件保廉工作若干规定》，对标的额在 400 万元以上的案件，由监察室全程监督，保障司法权的廉洁运行。

2009 年，严格执行最高法院“五个严禁”规定，将“五个严禁”和举报方式随受理通知书和应诉通知书送达当事人及其代理人，设置举报邮箱，开通 24 小时录音举报电话。坚持教育为先，组织干警参观望春监狱、观看《海纪说党纪》宣教片、阅读《法官警示录》，做到警钟长鸣。

开展“我为廉政献一策”活动。强化制度建设，落实“一岗双责”、大标的案件保廉、干警廉情登记等制度。拒礼拒贿20人次，拒礼金额5.94万元。建立部门廉情月报制度，设立部门廉政监察员。开展百名律师评法官活动，着力规范法官和律师关系。开展廉政谈话月活动，做到防微杜渐。注重司法形象建设。认真开展“处事要严谨、讲话要亲和、办案要公正、为人要清廉”的浙江法官职业“四要”教育。以规范司法礼仪为重点，实行首问责任制、一次性告知制、服务承诺制等制度，树立文明服务形象。

2010年，召开党风廉政建设大会，组织干警观看《警钟长鸣》《海纪说党纪》等廉政录像。开展“学《准则》、记《条例》、保廉洁”专题教育活动，营造崇廉尚廉氛围。倡导家庭助廉，向干警家属发送助廉信和廉政教育光盘，筑牢家庭廉政防线。把职业道德教育与作风建设结合起来，严格责任追究。全年共开展各类巡查51次，通报批评40人次。强化制度建设，制定《大标的案件监督管理工作若干规定》，由监察室对500万元以上大标的案件进行全程监督。全年对100件大标的案件进行廉政回访。院被评为全省法院系统纪检监察工作先进集体。

2011年，开展“守《准则》、用《规范》、树形象”专题教育活动。出台《关于规范外出办案的若干规定》《岗位廉政风险防范管理实施办法》等规定，开展作风建设十项巡查活动。落实大标的案件廉政回访等措施，对69件大标的案件进行廉政回访。加大对各类规章制度落实情况的检查处理力度，通报批评各类违反规章制度情况19起，促进纪律作风进一步严明，全年收到感谢信10封、锦旗5面。陆续推进纪检监察与审判监督相结合，有效开展违纪投诉与涉诉投诉相结合，继续强化内部监督与外部监督相结合，落实警示教育与心理调试相结合，坚持廉政文化建设与凝聚力工程相结合。每季出版本院刊物《金天平》，拓展廉政文化宣传平台。构建“1234”廉政教育格局。抓好廉政专题教育、警示教育、作风纪律教育和廉洁自律教育，构建“十廉”教育平台，即发送廉政短信、开展廉文荐读、安装廉政屏保、添置“独角兽”石雕、开辟廉政文化走廊、组建廉政监察员队伍、建立廉政档案、组织廉政谈话、举办廉政知识竞赛、创办廉政刊物。重点抓好“五个一”，即开展一次党组理论学习中心组专题学习会，全院各部门组织一次专题学习讨论，每位干警撰写一篇廉洁司法心得体会，举办一次廉政知识竞赛，组织全院干警进行一次考试，把好“四关”，即立案关、审限关、流程关、廉洁关。出台《岗位廉政风险防范管理工作实施办法》，积极构建具有人民法院特色的岗位廉政风险防范管理机制。加强警车管理，制定《车辆管理办法》。

2012 年，坚持“为大局服务、为人民司法”工作主题，围绕“公正、廉洁、为民”的司法核心价值观主线，努力在增强廉洁意识、健全防控机制、改进工作作风、提升司法能力上下功夫，积极探索纪检监察新模式。强化廉政教育，筑牢拒腐防变思想防线。开展反腐倡廉学习教育，落实党风廉政建设各项制度，自觉遵守个人因公（私）出国（境）管理规定。加大纪律效能监察力度，扎实开展审务督察工作。抓好三个“继续”，继续推进违纪投诉与涉诉投诉相结合、纪检监察与审判监督相结合；继续深入开展作风建设十项巡查和庭审巡查活动，严格责任追究；继续加大纪检信访投诉的调查处理力度，切实防止人情、关系对公正办案的不当影响。继续推进“阳光互动”活动，开展律师（律所）评议法官活动。

2013 年年初，启动“廉洁司法教育周”活动。出台《审务督察工作实施办法》，全年组织各类检查 43 次。深化法官与律师阳光互动，认真听取意见建议，规范司法行为。廉政短信促廉洁，每逢周一向干警发送廉政短信。

2014 年，开展“廉洁司法、感悟尊荣”廉政教育活动，通过廉洁司法教育周、作风建设专题教育月、廉政知识测试、廉洁过节专项教育等方式，强化干警廉洁自律意识。落实党风廉政建设主体责任和监督责任，强化“一岗双责”。建立廉政约谈制度，对存在苗头性、倾向性问题的干警及时提醒警示。强化监督管理，对 153 件 500 万元以上的大标的案件及 157 件评估鉴定案件进行跟踪监督。建成法官勤廉评价系统，随案向当事人发放廉政监督卡，自觉接受当事人监督。召开部门廉政监察员会议。积极引导干警“八小时外”健康生活。完善疗休养制度。

2015 年，出台纪律作风建设连带问责办法。组织学习新修订的《中国共产党廉洁自律准则》和《中国共产党纪律处分条例》，制作《法官业外活动行为指引》微动画，引导法官管好自己“生活圈”“社交圈”“娱乐圈”。持之以恒开展正风肃纪和审务督查。坚持每周院领导带队明察暗访，全年未发生干警违法违纪事件。召开 2015 年度党风廉政建设大会。院党组书记、院长吴军良以“为己为人 守心守行”为题，为全院干警上了一堂党风廉政建设专题党课。持续开展“勤廉司法、修身养正”主题教育。

2016 年，召开党风廉政建设大会。院党组书记、院长吴军良为全体干警上了一堂题为“勤廉司法 风清气正”的党课。坚持把纪律挺在前面，强化权力制约监督，持续深化作风建设，不断推动党风廉政建设取得新进展新成效。抓实日常警示，树立廉政新风。坚持每日播放一句廉政格言、每周发送一条廉政短信、每月发布一篇廉文，倡导廉洁理念；坚持家庭助廉，春节前通过寄送廉政慰问信，筑牢家庭廉洁防线；坚持节前预警提醒、苗头问题约谈提醒，时刻警醒干警防止腐败现象发生，增强廉洁自觉。及时传达各类违纪违法反面典型通报，切实用“身边人”“身边事”教育干警，增强警示教育效果。加强廉政文化建设，建成院本部及西郊法庭廉政文化长廊，购置廉政书籍设立廉政书架，进一步弘扬清风正气。制定《党风廉政建设主体责任和监督责任追究若干规定》。开展“坚持抓早抓小，深化廉洁司法”活动。选任 15 名资深法官担任部门廉政监察员。拓宽监督渠道，制定《受理处理律师投诉办法》。开展法官勤廉情况第三方评价。紧盯年节假期，坚持节前短信提醒警示，防止公款吃喝、滥发补贴等问题反弹。全年开展巡查 56 次，制发通报 46 期，通报不规范行为 7 人次，干警工作作风得到明显好转。全年向 3369 件民商事案件的当事人及其代理人发送信息，互动平台后台接收反馈 2216 条，满意率为 97%。全年受理各类投诉 24 件，其中来信投诉 15 件、来访投诉 4 件、来电投诉 2 件、举报网站投诉 3 件。

2017 年，召开党风廉政建设大会。院党组书记、代院长傅勇为全体干警讲廉政党课，从“正确认识自我，做到防微杜渐”“坚持权为民用，牢记奉公守法”“正确处理人际关系，坚守法治信仰”三个方面分析当前党风廉政建设工作中存在的隐患、苗头和问题，教育引导干警要正确认知自我、科学评价自我、严格约束自我、时刻反省自我，树立正确的权力观、纪律观、人际观，以“零容忍”的态度抓好党风廉政建设工作。全体干警集体收看反腐专题教育片《永远在路上——人心向背》。组织干警参观宁波市威远清风廉政文化教育基地。抓廉政教育不放松。出台《关于重新构建岗位廉政风险防控机制的实施方案》，结合司改后审判执行权力运行机制发生结构性改变的实际，全面排查办案法官及其他人员面临的廉政风险点，制定切实有效的防控措施；出台《关于加强对外合同审核的规定》，明确法院对外合同须经审核后方可签订。抓内外监督“零容忍”。重新选任18名各庭室副职担任廉政监察员，并召开会议部署工作任务，重新聘请20位人大代表、政协委员等为特邀廉政监督员。

三、历任党组织成员

原镇明区人民法院第一届党支部由王洪花任书记（王洪花书记调离后由叶亚康为书记），邬素扬、周永高为支委。第二届党支部由李光星任书记，潘梅成、陈翠英、谢德裕、周永高为支委。

原海曙区人民法院第一届党支部由高瑞森任书记，应后兴、李琪君为支委。第二届党支部由应后兴任书记，崔永芳、阎笃平为支委。

原镇明、海曙两区人民法院合并后，新海曙区人民法院于1984年7月7日成立支部，李光星任书记，毛天峰为副书记，潘梅成、崔永芳、阎笃平为支委。

1984年年底，共有正式党员39人、预备党员1人，名单如下：叶亚康、朱大成、应菊芳、陈翠英、李琪君、邬素扬、吴银奎、胡圣良、潘梅成、谢德裕、陈国德、王国平、杨建国、盛仲飞、崔永芳、王武昌、徐良章、吴东风、阎笃平、顾亚琴、毛天峰、王文荣、周妥桥、任裕章、孙剑峰、钟珍明、孙晓宁、周妙方、李康年、张智民、周永高、许承庚、汪桂甫、尹中升、舒传芳、杨光珠、陈义红、杨金香、陈敏龙、翁岳文（预备党员）。

1984 年，区党代会代表：叶亚康、李光星（列席）。

1986 年 7 月 1 日党支部换届改选，由李光星任书记，毛天峰为副书记，潘梅成、吴银奎、崔永芳为支委。全院有党员 38 名。

1987 年 8 月 22 日，成立法院党总支，下设 4 个支部。李光星为总支书记，潘梅成为总支副书记，崔永芳、毛天峰、王国平为总支委员。四个支部的委员会由下列人员组成，刑庭支部：王国平（书记）、杨金香、陈国德；民庭支部：崔永芳（书记）、尹中升、李康年；经济庭、执行庭支部：毛天峰（书记）、谢德裕、周妥桥；办公室支部：潘梅成（书记）、许承庚、陈翠英。当年新吸收入党有柴军、陈德良，全院有党员 37 名。

1987 年，区党代会代表：陈顺兴、汪桂甫、叶亚康（列席）。

1988 年新吸收入党有王惠珍、宋亦农。

1989 年 9 月 23 日，党总支换届改选。李光星为总支书记，毛天峰为总支副书记，施耀枫、王国平、崔永芳为总支委员。当年新吸收入党有张频波、张莉珠、余雅美。

1990 年 8 月，李光星工作变动，补选毛天峰为总支书记，施耀枫为总支副书记，王国平、盛仲飞、崔永芳为总支委员。经济、执行、行政三庭党支部：毛天峰（书记）、周妥桥、潘梅成。民庭、段塘庭党支部：崔永芳、盛仲飞（先后任书记）、李康年、尹中升。办公室党支部：谢德裕（书记）、施耀枫、顾亚琴。

1990 年，区党代会代表：陈顺兴、毛天峰。

1991 年 10 月 19 日，党总支改选，毛天峰为总书记，施耀枫为总支副书记、盛仲飞、王国平、李康年为总支委员。下属 4 个支部：民庭、段塘庭支部：盛仲飞（书记）、尹中升、李康年；刑庭支部：王国平（书记）、杨金香、柴军；政工科、办公室、告申庭支部：谢德裕（书记）、施耀枫、顾亚琴；经济庭、行政庭、执行庭支部：毛天峰（书记）、周妥桥、贺汉培。

1992 年，新吸收入党有陈辉、江锋。

1993 年 6 月 26 日，各分支部所辖庭室调整，支委会改选，经济庭、行政庭支部：王文荣（书记）、毛天峰、周妥桥；刑庭、执行庭支部：王国平（书记）、张定云、柴军；政工科、办公室、告申庭支部：施耀枫（书记）、贺汉培、陈秀娟；民庭、段塘庭支部：盛仲飞（书记）、吴东风、李康年。当年新吸收入党有陈东曙、汤青、吕维共。

1993年，区党代会代表：崔盛钢、毛天峰。

1994年9月24日，党总支换届改选，上届总支委员全部连任。当年新吸收入党有王文斌、蒲巧俊、戎波、周家骥。

至1995年底，有党员57人，名单如下：崔盛钢、吴银奎、曹建华、陈顺兴、施耀枫、陈义红、胡圣良、潘梅成、吕维共、杨金香、陈国德、谢德裕、贺汉培、余雅美、王国平、柴军、宋亦农、杨建国、陈东曙、王凤国、盛仲飞、王武昌、徐良章、吴东风、刘耕、王惠珍、江锋、毛天峰、王文荣、翁岳文、杨光珠、潘美元、张莉珠、陈辉、周妥桥、钟珍明、任裕章、陈秀娟、汤青、孙晓宁、张定云、李芸芳、周妙方、李康年、张频波、张智民、王文斌、蒲巧俊、戎波、周家骥、叶亚康、李光星、舒传芳、尹中升、陈翠英、应菊芳、李琪君。

1996年3月，院党总支下属支部设置变动，新设立12个支部，即11个庭科室各自建立党支部，退休老干部建立党支部。各支书记调整为：政工科施耀枫、办公室胡圣良、告申庭杨金香、行政庭周妥桥、少年庭柴军、段塘镇法庭李康年、西郊法庭张频波。刑庭由王国平（书记）、杨建国、宋亦农组成支委会；民庭由盛仲飞（书记）、吴东风、王武昌组成支委会；执行庭由李芸芳（书记）、周妙方、张定云组成支委会；经济庭由翁岳文（书记）、王文荣、王惠珍组成支委会。老干部支部书记为叶亚康。1996年新吸收入党的有吴巧新、王颂君、陆金华、励德民、李泓5人，新转入预备党员张静霞。至1996年底共有党员63人，其中预备党员6人，退休党员9人。

1997年3月，党总支换届改选，施耀枫为总支书记，盛仲飞、王国平、李康年、翁岳文为总支委员。1997年新吸收入党的有陈莉萍、满武、刘海珍、张丹丹、周黎、钱哲人6人，新转入党员李伟铭、毛建军，转出党员崔盛钢。党员1人死亡，1人被开除党籍。至1997年底共有党员68人，其中预备党员6人，退休党员9人。1997年7月，团支部改选，陈义红为书记，陈建国、何诗昂为支委。

1998年新吸收入党的有杨志明、吕国平、王亚光、庄立敏、楼力力、唐俊伟6人，至1998年底共有党员72人，其中预备党员6人，退休党员9人。

1999年新吸收入党的有韦甬军、韩卫东、陈建国、顾财祥、陆萍、徐琦雄6人，党员王武昌病故。至1999年底共有党员77人，其中预备党员6人，退休党员10人。

2000年，党员钱哲人病故。至2000年底共有党员76人，其中退休党员10人。

至2001年底共有党员75人，其中退休党员9人。

至2002年底共有党员78人，其中退休（含离岗退养）党员14人。

2003年3月10日，经全院党员大会选举产生新一届院总支委员会：书记施耀枫、副书记兼组织委员王文荣、宣传委员张频波、青年委员刘海珍、纪检委员翁岳文。各支部改选后，有政治处支部：书记王文荣；办公室支部：书记盛仲飞；刑庭支部：书记吴巧新，组织委员王凤国，宣传委员余雅美；执行局（庭）支部：书记戎波，组织委员陈东曙，宣传委员陈建国；立案庭支部：书记柴军；民二庭支部：书记张频波，副书记张丹丹；民一庭支部：书记江锋，组织委员周黎，宣传委员陆萍；审监庭支部：书记张莉珠；行政庭支部：书记潘美元；法警大队支部：书记张定云；西郊法庭支部：书记周家骥，副书记顾财祥；退休支部：书记李光星，副书记吴银奎，宣传委员陈顺兴，组织委员舒传芳，纪检委员杨金香。12月经区直属机关党工委审查，同意接收董际峰、陈斌、袁满君为中共预备党员。7月，袁玮玮党组织关系转入本院。8月，干贤安（合同制法警）、叶兴瑞（临时工）党组织关系转入本院。至2003年底共有党员83人，其中退休（含离岗退养）党员14人，预备党员3人。

2004年7月董际峰转正，8月陈斌、袁满君转正，10月李友义转正，7月12日接收阎玲玲为中共预备党员，11月石丽峰、卓叶、吴海龙参加入党积极分子培训。至2004年底共有党员86人（含预备党员1人），其中退休（含离岗退养）党员14人。

2005年11月，经党员大会换届选举，施耀枫、吴巧新、翁岳文、刘海珍、张频波当选新一届党总支委员会委员。分工如下：书记施耀枫，副书记兼组织委员吴巧新，宣传委员张频波，纪检委员翁岳文，青年委员刘海珍。2005年7月阎玲玲转正。7月12日接收石丽锋为中共预备党员，9月檀丹霞、林波、王旭刚党组织关系转入，预备党员陈绍峰组织关系转入。11月陈杨、欧益民参加入党积极分子培训。至2005年底共有党员90人（含预备党员2人），其中退休党员15人。

2006年3月，接受卓叶为中共预备党员，接收吴海龙（合同制人员）为中共预备党员。5月，党员刘耕病逝。6月，陈绍峰转正，孙怡芸（合同制速录员）党组织关系转入。7月，石丽峰转正。8月，王琴（合同制人员）组织关系转入。9月，曾娇艳、叶光明党组织关系转入。10月，秦关勇党组织关系转入。11月，吕婷党组织关系转入。12月，孙卫华组织关系转入，张宏伟、施耀枫、李友义（合同制法警）组织关系转出，方薇、任剑峰参加入党积极分子培训。至2006年底党员95人（含预备党员2人），其中退休党员15人。

2007年1月28日，卓叶按期转正。3月3日，吴海龙按期转正。8月，王延斌党组织关系转入。9月，林波、袁玮玮党组织关系转出。10月，吴巧新党组织关系转出。12月，王程生、夏寿彬、曹再富、贾丰荣党组织关系转入。至2007年底共有党员95人，其中退休党员17人，1人被开除党籍。

2008年2月，党总支召开总支委员会会议，研究决定，原政治处支部与审监庭支部合并，成立区人民法院第一支部；原法警大队支部与立案庭支部合并，成立区人民法院第二支部；原行政庭支部与民二庭支部合并，成立区人民法院第三支部。其他支部设置不变。4月，朱淑君党组织关系转入。5月，1人被开除党籍。6月，接受方薇（合同制速录员）、任剑峰（合同制法警）为中共预备党员。8月，陈伶（合同制人员）参加入党积极分子培训。9月，张菁菁、尹晓艳党组织关系转入。10月，岑孟棒党组织关系转入。10月，党总支同意由李康年、潘梅成、杨金香、杨建国、徐良章5人组成退休干部支部新一届支部委员会，由李康年任书记，潘梅成任副书记，杨金香任纪检委员，杨建国任组织委员，徐良章任宣教委员。11月，葛艳君、张丽党组织关系转入。王旭刚党组织关系转出。12月22日，根据海机党〔2008〕24号文件，张莉珠任区人民法院机关党总支副书记。至2008年底共有党员100人（98名正式党员和2名预备党员），其中退休党员17人。

2009年4月，陈晓峰党组织关系转入。6月，任剑峰、方薇按期转为正式党员。7月，应建波参加入党积极分子培训。10月，汪晓蕾转正。11月，汪晓蕾、张寅党组织关系转入。12月，褚一彬党组织关系转入。至2009年底有党员104人，其中退休党员20人。

2010年2月，周春莉党组织关系转出。4月，昌晖党组织关系转入。5月，施耀枫、刘先霞党组织关系转入。6月，陆晖党组织关系转入；鲍洪峰、乐晔参加入党积极分子培训。7月，陈绍峰党组织关系转出。11月，何解放、樊卓玮党组织关系转入。12月，邹丽华、刘辉党组织关系转入；毛如芳、何雪伟、陈冲参加入党积极分子培训。至2010年底共有党员110人（108名正式党员），其中退休党员22人。

2011年1月，应建波、陈伶被批准入党（预备期1年）。6月，叶丹党组织关系转入。10月，何解放、樊卓玮转正。11月，曾娇艳党组织关系转出。12月，吴军良、宓琼凯、张严、张晓静、单慧慧、陈泉鑫党组织关系转入。孙卫华党组织关系转出。陈露、汪杰峰、张英娟参加入党积极分子培训。至2011年底有党员116人（114名正式党员），其中退休党员26人。

2012年1月，应建波、陈伶转正。2月，楼力力党组织关系转出。3月，胡思思党组织关系转入。6月，张科士转正。8月，胡孟欣、丁辰、吕栋党组织关系转入。9月，郑超党组织关系转入。12月，黄卓娅党组织关系转入。汪东瀚参加入党积极分子培训。至2012年底党员121人（117名正式党员），其中退休党员26人。由周黎、王延斌、陈东曙、张丽珠、陈建国、袁永达、张频波组成第一届机关委员会，王延斌任书记，张丽珠、周黎任副书记，张频波任组织委员，陈建国任宣传委员，陈东曙任青年委员，袁永达任群众委员。

2013年3月，陈泉鑫党组织关系转出。4月，王禹辰党组织关系转入；胡孟欣转正。5月，王延斌党组织关系转出。7月，张菁菁党组织关系转出。9月，陈巧、沈静妃党组织关系转入。10月，王诚、陈珍玲、金晶、张习、张碧莹、王儒渊、杜姝璇、王振科党组织关系转入；陈伶党组织关系转出。10月，王诚转正。11月，吕栋党组织关系转出。至2013年底共有党员125人（123名正式党员），其中退休党员26人。

2014年1月，叶兴瑞党组织关系转出。2月，庄立敏党组织关系转出。6月，张碧莹转正。10月，罗书君党组织关系转入，岑孟棒党组织关系转出。11月，金瑞福、国媛媛、郑珺党组织关系转入，王儒渊党组织关系转出。至2014年底共有党员124人（123名正式党员），其中退休党员25人。王惠珍补选为机关党委委员，并任机关党委书记。

2015年2月，张莉珠党组织关系转出。7月，杨晨炯（预备）、孙平平、张姝、江岚组织关系转入。8月，汪杰峰转为预备党员。9月，沈静妃组织关系转出，伍金清组织关系转入。10月，张维琼组织关系转入，吕益键、包丽君组织关系转入。12月，陈珍玲组织关系转出。共有党员127人（124名正式党员），其中退休党员26人。

2016年3月24日，选举王惠珍、檀丹霞、周黎、江锋、陆萍、叶光明、袁永达为新一届机关党委委员，其中王惠珍任书记、檀丹霞任副书记、周黎任组织委员、江锋任保卫委员、陆萍任宣传委员、叶光明任青年委员、袁永达任群众委员；选举周黎、刘海珍、陈斌为机关纪委委员，其中周黎任书记、刘海珍任副书记。11月，吴军良关系转出。12月，陈建国关系转出。共有党员125人（123名正式党员），其中退休党员26人。

2017年4月，江东法院曹建波、任啸雷等17人转入，鄞州法院陈增宏、周晔等19人转入。10月，伍金清转出。共有党员159人（157名正式党员），其中退休党员29人。

第二节　群众团体

一、工会

海曙区人民法院工会是单位职工自愿结合的群众性组织，在院党组的领导和区总工会的指导下开展活动。基本职责是维护职工的合法权益，开展对职工的思想政治教育，引导职工弘扬新风尚，遵守职业道德，做好本职工作，组织职工开展丰富多彩文体活动，增强身心健康，组织职工参加各项救灾、募捐等献爱心活动，关心职工生活，解决职工困难，开展职工互助活动，为职工谋福祉。

1989年，成立机关工会委员会，所有干警均入会。

第一届工会委员会主席：尹中升，委员：王文荣、柴军，经费审查委员：孙晓宁。

1991年10月，改选第二届工会委员会。

第二届工会委员会主席：胡圣良，委员：柴军、周妙方，经费审查委员：徐良章。

1994年9月，改选第三届工会委员会。

第三届工会委员会主席：胡圣良，委员：陈义红、宋亦农，经费审查委员：杨光珠。

1989年至1995年10月，工会组织27名干警参加疗养。

1999年3月，改选第四届工会委员会。

第四届工会委员会主席：陈辉，委员：胡圣良、张莉珠，经费审查委员：蒲巧俊、杨光珠。

2003年3月，改选第五届工会委员会。

第五届工会委员会主席：盛仲飞，委员：张莉珠、庄立敏，经费审查委员：陈莉萍。

2006年，改选第六届工会委员会。

第六届工会委员会主席：盛仲飞，委员：张莉珠、庄立敏，经费审查委员：李泓。

当年，院工会获海曙区 2006 年度“党建带工建‘三级联创’先进基层工会”称号。

2007 年，院工会被评为合格“职工之家”“三级连创”先进基层工会。

2011 年，改选第七届工会委员会。

第七届工会委员会主席：张莉珠，委员：陆萍、庄立敏、岑孟棒、韩卫东，经费审查委员会主任：韩卫东。

2015 年，向区总工会提交《关于召开海曙法院工会第八次会员大会的请示》。确定今后五年区人民法院工会工作的目标任务，规范设置机关新一届工会委员会、经费审查委员会和女职工委员会组织，以“活力基层工会”创建为载体，把区人民法院工会建设成为深受职工群众信赖的学习型、服务型、创新型职工之家。

2015 年，改选第八届工会委员会。

第八届工会委员会主席：王惠珍，副主席：檀丹霞，委员：陆萍、王程生、汪晓蕾。经费审查委员会主任：王程生，委员：汪晓蕾、吕程。女职工委员会主任：王惠珍，委员：檀丹霞、陆萍。

2016 年，院工会工作紧紧围绕审判工作，服务全院干警主线，发挥“桥梁纽带，帮助服务，活跃凝聚，参与维护”作用，增进干警身心健康，营造和谐团结、积极向上的文化氛围，广泛开展“干警之家”建设，推进各项工作顺利进行。主要抓了三项工作：一是加强理论学习，提高政治素养；二是坚持以人为本，履行工会职责；三是夯实组织基础，提高服务水平。3 月，院机关工会新建的妈咪暖心小屋在院机关 804 室亮相，该小屋布置了冰箱、整理柜、布艺沙发、婴儿健康护理宣传辅导资料等软硬件设施，为哺乳期女性提供一个干净整洁、舒适温馨的私密空间，为年轻妈妈构筑爱的驿站。

2017 年，组织 200 余名干警分 6 批到湖州、舟山、金华开展工会疗休养。

二、共青团

院党组十分重视共青团工作，充分发挥党的助手和后备军作用，为审判事业健康顺利发展作出贡献。

镇明区人民法院与海曙区人民法院合并前，区人民法院与检察院为同一个支部，两院合并后，法院单独成立团支部。

1987 年有团员 10 名，建立一个支委会，由党总支负责领导，由宣传委员负责联系，团支部通过采取适合青年的活动形式，来加强对团员的思想政治引领，寓教育于活动之中，激发他们朝气蓬勃的革命热情，启发他们奋发向上的进取精神。对优秀共青团员，有意识地引导他们加入党组织。注重抓好团员的思想工作，发挥青年团员的积极作用。

1991 年王文斌被评为区级优秀团员。

1992 年 3 月 14 日召开全院团员大会，进行换届选举，会议选举江锋、陈东曙、周家骥为团支部委员，其中江锋任书记，陈东曙任组织委员，周家骥任宣传委员。

1995 年机关团支部被评为区级先进团支部，叶晶伟被评为区级先进团员。

1997 年 7 月共青团海曙区委作出《关于同意共青团海曙区人民法院支部委员会改选结果报告的批复》。经团区委研究决定，同意由陈义红、陈建国、何诗昂组成区人民法院支部委员会；同意由陈义红任区人民法院支部委员会书记，陈建国任副书记。

2000 年 4 月 6 日，由朱飞龙、何诗昂、袁永达组成新一届支部委员会，朱飞龙任支部书记，何诗昂任组织委员，袁永达任宣传委员。

2004 年，为引导青年干警爱岗敬业、无私奉献、诚实守信、开拓创新、锐意进取，树立新时代青年法官新形象，确定刑庭为区“青年文明号”创建庭室，成立领导小组，组长张宏伟，副组长曹建华，成员王文荣、吴巧新、刘海珍。

2005 年，提交创建省级“优秀青少年维权岗”申请。院刑庭在审理未成年人犯罪案件中，通过创造性地开展审判工作，积极营造有利于未成年人成长的良好司法环境，在维护未成年人的合法权益上取得了优异的成绩。刑庭多次被评为区级综治先进集体，连续3年被评为院级先进集体，庭内先后有2人被授予“人民满意好法官”，立三等功3人次。

2006年，为了引导青年干警爱岗敬业，树立新时期青年法官的良好形象，经研究决定，确定刑庭为宁波市“青年文明号”创建部门，并成立领导小组，组长曹建华，副组长吴巧新、张丹丹、陈东曙。

2011年5月4日，为激励青年干警继承和弘扬五四精神，院组织召开35周岁以下青年干警座谈会。会议先由区人民法院团支部总结汇报近年来青年工作情况。与会的32名青年干警踊跃发言，畅谈对法院工作的认识和收获，并为法院建设建言献策。出席座谈会的各党组成员分别寄语法院青年，联系自己工作经历和人生感悟，畅谈本人的人生观、价值观和对法律职业的看法，语重心长地对青年提出殷切期望。

2012年3月16日，团区委书记张明到院调研共青团工作。在听取院团支部工作汇报后，张明对院团工作所取得的成绩表示充分肯定，认为法院团工作在党政领导的高度重视下，组织健全、成效明显，并对法院下一步开展好共青团工作提出了四点要求：一要围绕中心当先锋，二要立足实际创品牌，三要注重学习提素质，四要健全机制强基础。

2014年11月19日，院“E法护航青年队”应新星商圈联合党委、工会联合会邀请，联合区其他单位赴宁海县桑洲镇团结村开展“携爱同行”志愿服务送基层活动。活动主要内容包括现场服务和入户走访。院“E法护航青年队”作为现场服务团队，定点设摊，为百余名群众耐心解答常见的婚姻家庭、财产继承、相邻纠纷、人身损害等法律问题；同时精心制作并广泛发放《交通事故维权手册》。“E法护航青年队”还与桑洲镇团结村就在团结村建立法律服务站达成共识。该工作站定期开展送法下乡活动，作为当地群众与法院进行沟通联系的平台，促使院送法下乡活动接地气、常态化。12月5日国际志愿者日，院民二庭年轻法官应郎官社区邀请为社区居民提供义务法律咨询。

2015年5月，共青团宁波市海曙区委员会批复同意组成共青团海曙区人民法院支部第二届委员会，由张晓静、丁辰、樊卓玮、张科士、张碧莹、胡孟欣、郑珺等7人组成共青团海曙区人民法院第二届委员会，由张晓静担任团支部书记，樊卓玮、丁辰担任团支部副书记。8 月 24 日下午，院团支部采取创新形式，以“青年干警的成长”为主题，邀请 4 位优秀青年干警与团员青年面对面分享自己的工作经验和生活感悟，与团员青年共同探讨青年干警成长困惑；在活动互动环节，团员青年们围绕如何看待司法改革、如何对待信访当事人等热点问题向受邀嘉宾提问，受邀嘉宾均一一作出回答，并就如何成为一名优秀青年干警向团员青年提出意见和建议。9 月 12 日上午，院团支部联合天一青年读书会举办“走进海曙法院”青年交流活动，院部分团员青年及 20 余名来自社会各界的青年朋友参加此次活动。9 月 24 日，院举行青年干警中秋茶话会。院党组书记、院长吴军良，院党组成员、纪检组组长陈建国，审委会专委戎波以及 32 名青年干警参加茶话会，活动由院团支部书记张晓静主持。12 月 1 日至 2 日，干警张晓静、张科士作为团代表参加共青团海曙区第十三次代表大会。

2016 年印发《2016 年度团支部工作意见》，以理想信念教育为核心，加强团的思想政治工作；以提升能力素质为重点，助力法院审执中心工作；以建立健全制度为载体，规范团支部的运转机制。到广安养怡院开展“携爱同行——圆梦微心愿”活动，将 11 个支部认领的 30 个微心愿合计 1500 元公益款转交给广安养怡院的职工，帮助他们实现微心愿。开展“开讲啦”2016 年第二期活动。参加“鼓楼有约”志愿者活动。组织实习生开展法院开放日活动。召开法律实习生座谈会议。“E 法护航青年队”成员袁永达、刘海珍、张丽参加区“鼓楼有约——公检法机关党员志愿者服务日”活动。

2017 年，组织召开“五四”青年座谈会，关注青年干警成长；7 月以庆祝中国共产党成立 96 周年为主题，团支部开展“海法好声音”活动，唱响党歌；深入社区组织开展服务群众、法治宣传活动，培养青年干警实践能力；开展“海法阳光”爱心捐赠藏族学校活动。团支部创建“海法阳光”志愿服务团队。通过引导全院干警定向捐赠和陪伴结对的方式，重点关爱空巢老人、农村留守儿童、贫困山区学校学生等群体，并与之建立长期帮扶关系，积极为其排忧解难。除在特定节日开展集中帮扶行动、开学前物资捐赠、暑期成长看护行动以及“书信助成长”等帮扶活动外，还对特殊群体开展定向捐赠。5月、8月，“海法阳光”志愿服务队两次组织发起向四川甘孜藏族自治州炉霍县朱倭九年一贯制学校定向捐赠物资、书籍活动，共募集现金和书籍、文具、书包、衣物、鞋子等价值数千元物资。刑庭被团中央、最高人民法院评为2015—2016年度全国青年文明号；望春法庭被共青团宁波市委、宁波市中级人民法院评为市级青年文明号。民三庭被团区委评为区级青年文明号，民二庭、立案庭被评为2013—2015年区级青年文明号，团支部被团区委评为区级五四红旗团支部。12月1日，区团委批准院团支部建制升格为团委。

三、妇女工作

妇女工作是全社会关注和支持的一项事业。基层妇女工作的主要任务是：团结、动员妇女投身改革，参与和促进单位事业建设发展；教育、引导广大妇女，增强自尊、自信、自立、自强精神，全面提高素质，促进妇女人才成长；代表妇女参加协商对话，参与民主管理、民主监督，参与有关妇女儿童规章制度的制订，维护妇女儿童合法权益，为妇女儿童办实事、办好事。海曙区人民法院虽未成立妇联组织，但党组一直重视妇女工作，组织上关心，工作上支持，较好发挥了女干警的工作积极性。

2004年，为激励女干警文明执法，进一步提高职业道德和业务水平，确定民一庭为海曙区“巾帼文明示范岗”创建庭室，并成立领导小组，组长张宏伟，副组长王惠珍，成员王文荣、江锋、陆萍、周黎、陈莉萍。

2005年，民一庭围绕“四项重点”争创市级“巾帼文明示范岗”，以“公正高效，司法为民”为宗旨，以“外塑形象，内强素质，展巾帼风采，创文明岗位”为目标，认真开展争创“巾帼文明示范岗”活动。并成立领导小组，组长王惠珍，副组长张频波、陆萍、周黎。狠抓四项重点：一抓审判，二提素质，三精服务，四树形象。

2006年，民一庭成功获评“市级巾帼文明示范岗”。

2013年，被中华全国妇女联合会、全国维护妇女儿童权益暨平安家庭创建协调组评为“全国维护妇女儿童权益先进集体”。与区妇联联合出台《关于进一步加强妇女儿童权益保护的实施意见》，切实开展妇女儿童权益保护工作。

工会曾设有女工委员，负责女干部工作。先后任工会女工委员的有柴军、陈义红、王惠珍、檀丹霞、陆萍等。陈义红任第四届区妇联执委，顾亚琴任第五届区妇联执委，柴军任第六届区妇联常委、市妇女问题研究会会员。

第三章　立案信访

海曙区人民法院坚持“一手抓办案，一手抓信访，一手抓源头，一手抓善后”的工作模式，做好立案工作，有效防范化解涉诉越级上访、缠访和闹访，开创了良性循环的涉诉信访工作。多次荣获省、市、区涉诉信访工作先进单位、文明窗口等荣誉。

第一节　立　　案

1988 年 1 月 21 日，为方便群众的来信来访、反映情况，向区编制委员会提交《关于建立告诉申诉庭的报告》，6 月，成立告诉申诉庭。受理和审查刑事申诉、民事申诉、经济申诉，受理指定管辖的请求和请示，受理有关告诉的来信来访。2000 年，撤销告诉申诉庭，改设立案庭。

2006 年，围绕“现代化”“便民化”“规范化”“全局化”要求，推进立案接待大厅规范化建设，科学设置大厅格局，使之成为集立案咨询、信访接待、诉讼指导、庭前调解、传递材料等功能于一体的“一站式”诉讼服务窗口。简化立案手续，为行动不便的老人、残疾人等当事人提供口头立案、预约立案等服务，允许外地当事人以信件、传真等形式立案。探索以远程立案、巡回立案等方式依法及时受理群众诉求。加强诉讼指导，设立导诉台和业务庭接待室，发放诉讼须知、举证通知书以及诉讼风险告知书等材料，引导当事人正确诉讼。提供各项辅助性便民服务，设立当事人休息区，配置桌、椅、笔、纸、复印机、饮水机、报刊栏等设施。保障困难群众权益，建立“绿色诉讼通道”，依法为弱势群体当事人行使权利提供便利。对追索劳动报酬、赡养费、抚养费等案件快立、快审、快结、快执。在交警部门设立巡回法庭，对交通事故案件实行就地审理，保障交通事故受害方权益。降低诉讼门槛，对生活确有困难的当事人，依法准予缓、减、免交诉讼费，体现司法的人文关怀。

2009 年，共预约立案 137 件，开庭审理 30 次。交通案件巡回法庭就地审结交通事故案件 787 件。加大司法救助力度，对经济确有困难的 239 名当事人依法缓、减、免收诉讼费 20.2 万元，对 13 名申请人依法发放司法救助基金 19 万元，经济困难群众打不起官司的问题，在法院诉讼收费环节基本得到解决。2011 年，交通巡回法庭审结交通事故案件 1376 件。全年共为 864 件经济确有困难的当事人减、缓、免交诉讼费 11.85 万元，为生活困难当事人发放救助金 9.9 万元。

2015 年 5 月 1 日实行立案登记制以来，坚持有案必立、有诉必理。全年共登记立案 4564 件，当场立案率达 98.3%。20 件材料不齐的案件一次性告知补正，30 件不符合起诉条件的案件出具不予受理裁定并说明理由。对 20 类常见案件起诉材料进行标准化提示，为当事人提供立案指引。减、缓、免诉讼费 18.1 万元，确保经济有困难的当事人打得起官司。做好配套衔接，充分发挥多元化纠纷解决机制功能，诉前成功化解纠纷 1628 件。防范虚假诉讼风险，推行当事人、证人诚信诉讼当庭承诺，在检察机关协助下以测谎方法辅助判断，促使 16 名原告主动撤诉或改变陈述。处理不诚信诉讼行为，对 1 名伪造证据的当事人作出罚款并拘留处理。落实“诉访分离”，建立律师参与化解和代理申诉案件制度，制定涉法涉诉信访事项导入司法程序工作规定。

2017 年，推进网上立案、跨域立案，以“一次也不用跑”为目标，推广网上立案。在门户网、微信等平台建立网上立案链接，通过电话联系、寄送宣传手册等形式，向辖区银行、物业公司、律师事务所、保险公司等“大客户”介绍网上立案优势；在律师服务室配置 2 台网上立案专用电脑、扫描仪等设备，推动重点人群全部实行网上立案；建立“网上立案专用咨询微信群”，即时解答律师及当事人操作疑问；对于律师诉讼服务平台使用中存在的问题，及时收集、集中上报，进一步完善网上立案功能。全年共通过网上立案渠道对8829件民商事案件进行登记立案，占同期民商事案件总数的69.74%，位列全市第一。重点推介跨域立案，全年共计跨域立案191件，位列全市第一。继续加强立案指导，做好释明工作。全年向当事人一次性口头告知391次，出具一次性书面补正材料通知书共24份。立案庭通过微信送达方式送达受理通知书。探索“251三层过滤”繁简分流机制，并配合调解中心做好案件的分案和移送工作。全年立案庭共登记引调字案件2435件，登记立预字案件114件。坚持落实“跨法庭立案”，全年共计跨法庭立案2797件，其中立案庭登记立案跨法庭案件2637件。

第二节　信　　访

1997年，建立院长信访接待日制度，宗旨是紧密联系群众，接受群众监督，严肃执法、公正司法和文明执法，端正审判作风，改进工作不足，提高执法水平，树好法院和法官的形象。确定每月15日（逢节假日顺延）为院长信访接待日，由院长、副院长、调研员轮流接待，接待联络等具体事项由告申庭负责。院长接待信访事项的办理实行集中登记、专人办理、一事一报。

2006年，加强涉诉信访工作，建立健全信访处理机制，为群众排忧解难，引导群众通过正当途径解决纠纷。高度重视初信初访接待，实行领导包案、判后答疑、限时办结等制度，处理各类来信来访，把问题解决在萌芽状态。加强信访动态分析，通过来信来访摘报、案件回访、大要案报告等办法，分析信访走向，排查苗头信息，做好应对工作，解决重复上访、越级上访问题。密切与群众的联系，变上访为下访，开展法庭干警联系基层社区等活动，定期上门为群众解难答疑。全年处理来信463件，接待来访1027人次，信访案件处结率达100%。

2007年，共处理来信46次，来访134人次。利用耐心疏导，及时消除不稳定因素，全年未发生越级上访事件，受理的涉诉信访件同比下降 88.5%。

2008 年，开展重信重访排查化解活动，对排查出的上访案件实行领导包案，逐案研究分析，采取判后答疑、公开听证、司法救助等灵活多样的方式处理，确保社会稳定。规范信访接待、信访工作操作规则，对信访登记、分流、督办、反馈等各个环节实行动态管理。健全院长接待意见反馈和落实制度，强化业务部门联合接访，提高信访的有效解决率。注重从源头上解决信访问题，对一些矛盾容易激化的案件，耐心细致地做好教育工作，坚持稳妥审理，避免机械执法、就案办案。全年，涉诉信访总量明显下降，共受理来信 32 件、来访 79 人，同比分别下降 30.4% 和 41.1%。院被评为市涉法涉诉信访工作先进集体。

2009 年，稳妥处置涉诉信访。完善院长接待日、判后答疑、信访专职人员接待等制度，推行法院班子成员及中层干部每周轮流接访，确保信访工作有序开展，力求息诉罢访。开展涉诉信访案件排查化解工作，全面排查不稳定因素，耐心进行疏导，最大限度止争息访。处理群众来信来访 103 件次。开展涉法涉诉无理访甄别工作。做好重信重访化解工作，通过领导包案、带案下访，充分运用教育、救济、协调等手段解决涉诉信访难题，妥善化解省高院督办的信访难案。

2010 年集中清理涉法涉诉信访积案，坚持把疏导矛盾和为群众排忧解难相结合，实行院长接待日、中层干部每周轮流接访、跟踪督办、判后答疑等措施，最大限度地止争息访。全年共处理来信 133 件，接待来访 129 人次。对省委政法委交办和市中院督办的 20 件信访积案，逐案确定包案领导、责任部门和责任人员，逐案研究分析，充分运用教育、救济、协调等手段解决涉诉信访难题。妥善化解信访难案 17 起，化解率达 85%。立案庭被评为全省法院立案信访工作先进集体。解决现有的 16 件涉诉信访案件，真正实现“案结事了，息诉罢访”的清理目标。

2011 年加强涉诉信访工作源头治理，制定出台《案件信访风险预防评估工作规定》，根据纠纷起因、背景、当事人情绪等案件信息确定风险等级，加强立、审、执各部门间的协调配合，及时采取预防和化解措施。

联合区司法局在立案大厅设立涉诉纠纷人民调解室，共委托调解纠纷 87 起，标的额达 448 万余元。创新医疗纠纷处理机制，通过诉前引调、诉前鉴定、庭前证据交换等方法，缩短医疗纠纷的审理周期。与物业、劳动等有关部门组建联合调解中心，指派法官深入中心参与调解纠纷，有效促进了矛盾化解。

2012 年全年来信来访 103 件，其中初信初访 43 件，重信重访 60 件。涉民事、刑事、行政和执行的各信访数分别为：民（商）事 40 件，占 38.8%；刑事 4 件，占 3.9%；行政 5 件，占 4.8%；执行 54 件，占 52.5%。2012 年全年民（商）事收案数 3662 件，刑事收案数 801 件，行政收案数 51 件，执行收案数 1518 件。总收案数 7494 件。全年案访比为 1.37%。全年共受理各类案件 7494 件，办结 7559 件，同比分别上升 1.9%和 1.1%，未结案 408 件，同比下降 13.7%，收结案呈“两升一降”良好态势，办案质量、效率、效果等各项主要指标均位于全省法院前列，被省高院授予“全省优秀法院”荣誉称号。全年，处理因轨道交通、旧村改造、鼓楼步行街升级改造等引发的安置补偿、房屋腾退等民事案件 72 件；稳妥执结涉铁路宁波站、月湖西区、鄞奉路片区等地块的强制搬迁案件 56 件，经协调当事人自动搬迁的达 52 件。

2014 年后，重视初信初访办理工作，落实由导诉台、立案窗口、信访室、立案庭庭长咨询点、业务庭接待室和院、庭长接待日组成的六级导诉答疑机制，提示诉讼风险，加强法律释明，促使当事人自觉接受裁判结果。对初信初访案件逐一建立档案，整理信访人信访材料，逐案登记造册。信访接待人员在接待过程中对当事人细致耐心、释法明理。处理问题立足公心、取信于民。对于已受理的初信初访，坚持做到百分之百处理、百分之百回复。完善办案质量和效率监控机制，把审判、执行各环节都纳入流程管理，建立审限预警、催督办、质量评查、审判绩效月通报、错案责任追究等制度，对案件实行全程跟踪。树立信访工作“一盘棋”思想，加强立、审、执阶段的信访风险预警和评估，建立院务会、信访工作分析会、重大疑难案件沟通协调会议制度，实行财产集中保全制度，加强各工作环节衔接配合，着力建立立、审、执兼顾工作机制，做到案件处理法律效果与社会效果相统一，从源头减少信访案件。在法院门户网站上设立院长信箱、投诉举报、网上信访3个栏目，对于当事人的反映或投诉均在7个工作日内进行调查核实并予以明确回复。每月将裁判文书上网公布。通过座谈走访、发放测评意见表等形式向人大代表、政协委员和当事人、律师等征求意见，查找问题，改进不足。开展法院公众开放日、民商事法官进社区、进企业等活动，宣传法律知识，解答群众疑难，做好教育疏导工作。建立院领导联系街道和法庭联系社区制度，定期、定点联系走访街道社区，做到结对法官公布一个工作邮箱，每月到社区走访一次，每季度开展一次法治课堂，每半年通报一次法院工作情况，及时收集民意。建立企业涉稳信息周报制度。针对特定类型的案件，协调公安、城管、社保、民政等有关部门，建立配合衔接机制。

附：诉讼服务中心

2014年5月，区人民法院新的诉讼服务中心、执行办事大厅升级改造完成并投入使用。建成后的诉讼服务中心集合立案窗口、导诉台、诉讼服务区、执行办事大厅、信访室、院长接待室等多个功能区域，采用“柜台式”“窗口式”开放办公模式，为群众提供全方位、多层次、规范便捷的一站式服务，极大提高诉讼便捷性。执行办事大厅设两个告知室，安装LED电子公告屏，用滚动播放方式告知当事人执行权利和义务，并安排专职人员负责点对点查询工作，大大提升区人民法院司法便民服务水平。为方便群众办理执行事宜，开通“12368”司法信息公益服务热线，提供案件信息查询、在线业务办理、诉讼流程咨询、投诉举报受理等服务。

第四章　审判业务

第一节　刑事审判

“严打”刑事犯罪

1978 年 12 月，区人民法院恢复正常的工作秩序。1979—1982 年，区人民法院审结各类刑事犯罪案件 100 件，从重从速惩办了一批放火、抢劫、强奸、爆炸、流氓以及其他严重危害社会的犯罪分子。1983 年，区人民法院与公安、检察等部门配合，在全区范围内开展严厉打击严重刑事犯罪活动的斗争（简称“严打”），依法从重从快判决一批罪恶深重的刑事罪犯，“严打”锋芒对准七类犯罪（杀人犯、放火犯、爆炸犯、投毒犯、劫机劫船犯；抢劫犯、强奸犯；流氓犯罪集团首要分子；人贩子、制毒贩毒犯、教唆犯；重大的贪污犯、盗窃犯、投机诈骗犯、受贿索贿犯、走私贩私犯；重大流窜犯；反革命分子、特务间谍分子和反动会道门头子）。1984 年相继召开严厉打击刑事犯罪活动宣判大会，判处一批大案和社会影响大的恶性案件。

1985—1987 年的“严打”斗争，依法判处各类刑事犯罪分子 423 人，召开公判大会 8 次，旁听 1 万余人次。1989 年刑事案件数量大幅上升，其中恶性案件不断发生，大案要案明显增多。区人民法院根据“打击严重刑事犯罪分子的决心要再大一些，行动要再快一些，声势要再猛一些”的指示，抓紧大案要案审理，受理各类刑事案件 225 件，审结 224 件。判决的 304 名被告人中，处 10 年以上有期徒刑 13 人。1991 年开展反盗窃斗争，把打击严重盗窃犯罪作为“严打”的重要内容，在判处的20件27人重大盗窃犯罪案件中，被处10年以上有期徒刑10人。1992—2000年，区人民法院投入以打击团伙犯罪为重点的“三打一禁”（打黑除恶、打击整治盗窃“三车”违法犯罪、打击传销，禁毒）案件，严惩一批抢劫、盗窃团伙和卖淫嫖娼等严重犯罪分子。2006年，重点惩处杀人、抢劫、绑架、故意伤害等严重暴力犯罪，盗窃、抢夺等多发性侵财犯罪，毒品犯罪、赌博犯罪以及利用邪教组织破坏法律实施犯罪。2007年，区人民法院坚持“严打”方针，依法惩治破坏社会主义市场经济秩序犯罪，加大惩治腐败和治理商业贿赂工作力度，同时加强刑事司法领域的人权保障。

2010年，参与平安大区建设，依法惩处各类犯罪，审结“两抢一盗”、故意伤害、非法拘禁等危害公民人身财产安全犯罪案件347件522人，涉黄、赌、毒等妨害社会管理秩序犯罪案件117件197人。严厉打击非法吸收公众存款等严重扰乱金融市场秩序的犯罪活动，涉案金额总计达20.3亿元。2013年，会同检察机关建立简易程序案件“集中受理、集中审理、集中宣判”制度，共审结简易程序案件467件。2014年，盗窃、诈骗等侵犯财产型犯罪及危险驾驶等危害公共安全型犯罪增多，约占总结案数的67%。尤其危险驾驶案件上升幅度明显，为2013年同期的2.2倍。

2015年，危险驾驶、盗窃等轻微刑事案件下降明显，涉毒、诈骗类、销售假药类等疑难复杂案件继续增多，案件审理难度增大，简易程序适用率下降。2017年，全年判处罪犯1290人，其中因盗窃罪被判刑的为439人，数量最多，其次为诈骗罪和危险驾驶罪，分别为199人和148人，危害公共安全罪、侵犯财产罪、妨害社会管理秩序罪所占比重最大。

经济犯罪、贪污受贿案件审判

2000年后，经济犯罪、贪污受贿罪案件发案面广，形势严峻。贪污犯罪涉及各领域、各部门、各层次、各环节的人员，而且作案手段更狡诈诡秘，大都经过周密计划和充分准备，作案时力求不留蛛丝马迹，作案后千方百计地掩盖毁灭罪证，案发后又内外勾结，四处活动，打探案情，订立攻守同盟，给案件侦破增加了难度。共同作案犯罪增多，出现案犯同属一个单位或一个行业，案犯之间相互知情的情形。家庭成员联成一体共同参与贪污贿赂犯罪的现象也较普遍，并呈增多趋势。2006 年，运用包括财产刑在内的各种刑罚手段，严厉打击破坏市场经济秩序犯罪的经济犯罪，执结“澳洲联球公司”特大传销案。1993—2008 年，区人民法院贯彻全国人大常委会《关于严惩严重破坏经济犯罪的决定》和中共中央、国务院《关于打击经济领域中严重犯罪活动的决定》，严厉打击经济领域犯罪，共审结破坏社会市场经济秩序罪案件 103 件，挽回经济损失 1858. 78 万元。2011 年信用卡诈骗案件开始明显增多，2012—2013 年偷税漏税案件又急剧增加，经过一番打击，2014 年后各类经济犯罪急剧回落，至 2017 年都保持在低位数。

1979—2017 年区人民法院刑事案件审判情况表

表 34

年　度	受理刑事案件件数	审结件数	惩处罪犯人数	年　度	受理刑事案件件数	审结件数	惩处罪犯人数
1978—1982	248	248	317	2000	444	444	546
1983	75	75	90	2001	479	481	572
1984	86	86	103	2002	503	502	577
1985	100	103	135	2003	456	456	543
1986	130	116	144	2004	455	452	648
1987	138	141	160	2005	537	538	652
1988	152	152	175	2006	464	464	587
1989	225	224	304	2007	547	549	798
1990	202	208	301	2008	558	551	816
1991	193	183	210	2009	503	500	766
1992	199	205	250	2010	539	542	837
1993	250	250	348	2011	636	604	1013
1994	309	302	422	2012	739	790	1152
1995	311	318	380	2013	700	660	969
1996	364	364	490	2014	651	651	870
1997	334	334	506	2015	585	609	831
1998	283	283	446	2016	627	617	939
1999	374	378	554	2017	981	960	1290

1993—2017 年海曙区人民法院受理破坏社会市场经济秩序罪案件情况表

表 35　　单位：件

年　份	偷税漏税		合同诈骗		信用卡诈骗	
	收案	结案	收案	结案	收案	结案
1993	0	0	0	0	0	0
1994	1	1	0	0	0	0
1995	0	0	0	0	0	0
1996	1	1	0	0	5	5
1997	1	1	1	1	0	0
1998	0	0	1	1	2	2
1999	0	0	1	1	0	0
2000	3	3	3	3	3	3
2001	5	5	4	4	2	2
2002	12	12	2	2	1	1
2003	14	14	2	2	4	4
2004	13	13	2	2	2	2
2005	1	1	3	3	2	2
2006	0	0	2	2	2	2
2007	3	3	3	3	0	0
2008	0	0	2	1	3	3
2009	1	1	1	1	0	0
2010	0	0	0	1	1	1
2011	0	0	3	2	18	13
2012	17	14	3	4	15	20

续表35

年 份	偷税漏税		合同诈骗		信用卡诈骗	
	收案	结案	收案	结案	收案	结案
2013	44	45	1	1	9	8
2014	4	6	3	1	2	3
2015	4	4	0	2	1	1
2016	1	0	1	1	2	2
2017	1	2	1	1	1	1
合计	124	124	39	39	70	70

1993—2008 年，区人民法院贯彻中央关于加强反腐败斗争的决策和部署，把国家工作人员和公司企业从业人员利用职务之便进行贪污、受贿、侵占挪用单位资金犯罪行为作为重点打击对象，共审结贪污、受贿、挪用犯罪案件 196 件，涉案 201 人。经过严厉打击，2009—2010 年，贪污、受贿案件明显减少。在 2011 年受贿案件急剧增加后，从 2014 年起，贪污、受贿案件又明显回落。

1993—2017 年海曙区人民法院受理贪污受贿罪案件情况表

表 36　　单位：件

年份	贪 污		受 贿	
	收案	结案	收案	结案
1993	5	5	1	1
1994	9	9	15	15
1995	6	6	13	13
1996	7	7	11	11
1997	5	5	5	5
1998	1	1	5	5

续表36

年份	贪污		受贿	
	收案	结案	收案	结案
1999	7	7	5	5
2000	5	5	11	11
2001	5	5	9	9
2002	0	0	5	5
2003	1	1	9	9
2004	1	1	12	12
2005	3	3	10	10
2006	5	5	5	5
2007	1	0	7	3
2008	3	2	7	11
2009	2	4	2	1
2010	0	0	1	2
2011	1	1	10	10
2012	1	1	10	7
2013	2	0	10	9
2014	3	3	3	7
2015	0	1	5	1
2016	1	2	4	5
2017	1	1	1	4
合计	75	75	176	176

未成年人刑事审判

区人民法院认真贯彻、执行《中华人民共和国未成年人保护法》《中华人民共和国预防未成年人犯罪法》以及最高人民法院《关于办理少年刑事案件适用法律的若干问题的解释》等相关法律、法规和司法解释的规定，结合未成年人犯罪特点，在审判实践中坚持“寓教于审、惩教结合”的基本原则和贯彻“教育、感化、挽救”的方针，认真审理好未成年人犯罪案件，切实保障未成年人合法权益，并认真总结未成年人犯罪的心理特征和当前犯罪新动向，积极探索适合未成年被告人的审判方式，加强法治宣传与综治工作，努力营造有利于青少年健康成长的良好社会环境。

1. 提升涉未刑事审判合议庭的专职性和专业性

涉未刑事案件的特点，有以下几个方面：一是未成年人犯罪形势整体趋缓。2004年未成年人案件达到顶峰，后呈下降趋势。2016年，未成年人犯罪人数比2011年下降约6倍，2017年虽又有所增加，但整体犯罪人数较2012年前有较大减少。二是抢劫、盗窃等侵犯财产型犯罪和寻衅滋事、故意伤害与聚众斗殴等暴力型犯罪较为常见。其中抢劫、盗窃等侵犯财产型犯罪占到案件总数的79%，主要犯罪类型为“两抢一盗”。三是犯罪年龄低龄化、犯罪手段成人化。已满14周岁不满16周岁的罪犯在一些重大犯罪案件作案前有预谋，对作案时间、地点、犯罪对象、犯罪路线等进行周密策划、具体分工。四是犯罪突发性、随意性居多，团伙犯罪呈上升趋势。未成年人处于发育阶段，心理、生理尚未完全成熟，社会经验少，缺乏对复杂事物的判断能力，多数未成年人犯罪动机简单，有的是一时感情冲动，有的则是出于好奇、自我表现和寻求刺激。基于其生理特点，未成年人往往结伙成群、相互壮胆、相互依存。团伙性犯罪或者加入成年人团伙犯罪有增多趋势。常有在校生与社会不法分子相互结伙犯罪，其社会危害性更大。2007—2014年，未成年人犯罪中共同犯罪占未成年人案件总数的14.6%，三人以上共同犯罪12件。五是文化素质较低，法律意识淡薄。在未成年罪犯中，绝大多数被告人初中未毕业即辍学，有的小学都未读完。因文化素质低，是非观念、法治意识淡薄，意识不到自己行为后果的严重性。1988 年 7 月，区人民法院成立审理青少年犯罪的少年刑事审判庭，后归属刑庭，指定一个合议庭专职审理未成年人犯罪案件，挑选责任心强、审判经验丰富、工作耐心仔细、善做教育工作的女性担任合议庭审判长，聘请从监狱、学校退休的有青少年思想教育工作经验者担任陪审员。

2. 保障未成年被告人合法权益

程序上：依法指定援助律师，维护未成年被告人诉讼权利；通知法定代理人出庭参与诉讼，减轻庭审对未成年被告人造成的心理压力和心灵创伤，同时便于法定代理人了解案情；掌握不公开审判尺度，对 16 周岁以上不满 18 周岁未成年人犯罪案件，除特殊情况外均不予公开审理；专设的少年审判庭实行圆桌座位，消除审判人员与被告人之间的对立，审判人员言语平缓，态度亲切，气氛融洽，蕴涵司法人文关怀；注重被害一方未成年人权益保障，着重保护被侵害未成年人人身权利。实体上：对未成年人刑罚掌握从轻、减轻幅度，体现挽救政策，促使未成年被告人改过自新，对初犯、偶犯、犯罪情节较轻的未成年被告人尽量适用非监禁刑。2012 年 3 月刑事诉讼法修订后，非监禁刑比例进一步提高。

3. 教育为主、惩罚为辅、延伸帮教

庭审前，开展社会调查，了解未成年被告人成长经历、性格特点，为庭审及再教育作好铺垫。庭审中，在定罪量刑基础上，着重对未成年人进行法治教育和道德教育，感化被告人。判决生效后，教育被告人重树生活信心，安心改造。对家庭残缺、畸形、父母溺爱或教育方式简单粗暴而引发未成年人犯罪的，指出法定监护人在孩子教育中存在的不足，督促他们按照正确合理的方式抚养孩子，纠正其不良的教育习惯。区人民法院与公安、检察、司法、教育、关心下一代工作委员会等单位或机构联系配合，以审判为点、帮教为面，形成维护未成年人合法权益的完整体系。回访服刑的少年犯，了解他们的改造情况。对被判非监禁刑未成年犯，建立定期回访制，帮助他们走出犯罪阴影，达到感化、教育、挽救的目的。2004 年后，海曙区未成年人犯罪人数和比例呈逐年下降趋势。2007 年探索实行缓刑听证、社会调查员和心理鉴定制度，建立由宁波大学法学院师生和区关工委辅导员组成的调查员队伍，对未成年犯进行判前人格调查，完善符合少年心理特征的刑事审判机制，对12名被告人进行了缓刑听证，对22名被告人作了人格调查，为准确量刑提供了参考。联合社会力量做好未成年犯的判后帮教工作，聘请女律师担任社会关爱员，依托学校、社区、企业强化缓刑未成年犯帮教基地建设，帮助失足少年早日回归社会。当年，8名缓刑犯接受帮教。在完成帮教的5人中，1人考上大专，2人被留用，2人找到新工作。2008年，构建未成年人刑事审判工作的“海曙模式”：庭前实行社会调查员、心理鉴定制度，加深对未成年犯的了解；庭中设置专门的教育环节，从道德、法律层面对被告人进行帮助教育；庭后通过社会关爱员、家庭监管、基地帮教等措施落实个性化帮教，促使未成年犯重新做人。宁波市中级人民法院以现场会形式向全市法院推广区人民法院开展未成年人刑事审判工作的做法。2011年与区检察院、海曙公安分局联合印发《海曙区公益代理人参与未成年人犯罪刑事诉讼程序实施规程（试行）》。2012年，继续完善未成年人犯罪审判工作的“海曙模式”，会同区司法局、市城市管理义工协会在缓刑未成年犯中开展社会公益服务，到省少管所为未成年犯举行成人礼，引导未成年犯顺利回归社会。2013年，深化完善未成年人犯罪审判工作，与宁波大学合作建立全省首家曙光心理工作室，对未成年被告人进行心理测评，为案件审判和判后帮教提供参考依据。推行未成年人犯罪记录前科封存，全年为17名未成年犯封存犯罪记录，帮助他们无痕回归社会。2015年，未成年人案件综合审判庭围绕“让人民群众在每一个司法案件中感受到公平正义”目标，认真践行司法为民、公正司法，稳妥推进司法改革，完成《海曙法院未成年人刑事审判工作调研报告》《海曙法院健全少年审判心理评估与干预机制效果》等调研，并在《宁波法学》、省高院《刑事审判动态》、《浙江省高院简报》等刊物上刊登。2015年6月，院试行审判权改革，推行审判长负责制。2017年，与宁波大学共建法律专业研究生少年司法教育创新基地，共同做好少年司法人才培养工作。

2000—2017 年区籍未成年人犯罪比例情况表

表 37

年　度	未成年人犯罪人数	总犯罪人数	比例	年　度	未成年人犯罪人数	总犯罪人数	比例
2000	66	546	12. 09%	2009	35	766	4. 57%
2001	69	572	12. 06%	2010	32	837	3. 82%
2002	57	577	9. 88%	2011	37	1013	3. 65%
2003	83	543	15. 29%	2012	23	1152	2. 00%
2004	106	648	16. 36%	2013	3	969	0. 31%
2005	100	652	15. 34%	2014	16	870	1. 84%
2006	72	587	12. 27%	2015	9	831	1. 08%
2007	31	798	3. 88%	2016	6	939	0. 64%
2008	37	816	4. 53%	2017	25	1290	1. 94%

特色亮点

1. 建立全省首家曙光心理工作室

2013 年与宁波大学合作建立全省首家曙光心理工作室，深化完善未成年人犯罪审判工作，对未成年被告人进行心理测评，为案件审判和判后帮教提供参考依据。建立未成年人刑事案件心理干预常态机制，出台未成年人犯罪记录封存制度，推行未成年人犯罪记录前科封存，2013 年为 17 名未成年犯封存犯罪记录，帮助他们无痕回归社会。

2. 构建特色未成年人刑事审判工作机制

构建特色未成年人刑事审判工作机制，主要方法有：一是区别对待，判前调查形成制度化。二是以人为本，审理过程体现温情化。三是对症下药，判后帮教实现个性化。以上三点对保护未成年人合法权益、预防和减少未成年人违法犯罪有着明显效果。

3. 圆桌式审理

区人民法院刑事审判庭特设少年审判法庭，改革法庭审理方式，对庭审时未满十八周岁的被告人实行圆桌式审理。不同于普通审判模式，在圆桌审判中，参与诉讼的主体同处一个圆桌，审判长居中，两侧分别为控辩双方，对面为被告人，被告人两侧分别为辩护人及其近亲属。法官在审理过程中口气平和、态度和蔼，公诉人员在讯问被告人时态度温和。相较于普通审判模式，在圆桌审判模式中将原本高高在上的法台式审理改为圆桌式，减小法庭席位距离，改变席位间的高矮层次，有利于消除未成年被告人面对威严法庭产生的紧张和恐惧感，对查清案情，维护未成年被告人的合法权益有明显效果。

4. “海曙模式”白皮书

区人民法院严格贯彻“教育、感化、挽救”的工作方针，认真执行“寓教于审、惩教结合”的未成年人犯罪案件审判思路，自觉将未成年人刑事审判工作作为未成年人思想道德建设工作的重要组成部分，扎实做好未成年人刑事审判工作。

2007年以来，区人民法院在全省范围内率先推行未成年人刑事审判的“社会调查”“公益代理人”“心理测评和鉴定”“缓刑听证”“判后个性化帮教”等一系列新做法新机制，形成了独具特色的未成年人刑事审判“海曙模式”。这些做法吸引了全国各地多家法院前来参观和学习。区人民法院刑庭也被最高人民法院和团中央联合授予“全国青年文明号”“全国青少年维权岗”等荣誉称号。

2014年后，区人民法院为进一步完善和丰富未成年人刑事审判工作机制，整合梳理成未成年刑事审判“海曙模式”的特色机制，以2007年至2014年8月间审结的未成年人刑事案件为样本，制作了《未成年人刑事审判工作白皮书》。

第二节 民事审判

区人民法院坚持调判结合，妥善处理民事纠纷。按照“能调则调，当判则判，调判结合，案结事了”的原则，关注民生，化解群众生活和经济社会发展进程中出现的利益纷争。

民事审判在建院初期案件量多，承担任务重。

1989 年，区人民法院认真贯彻《中华人民共和国民法通则》，严格按照《中华人民共和国民事诉讼法》规定，注重研究新型典型案例，全年民事案件呈现收案多、未结存案多的特点，债务、著作权、名誉权等新型案件开始出现。1990 年离婚案件增多，在民事案件中占到 70%以上，其中 26—40 岁中青年离婚案件所占比重较大，成为一大社会问题。

1991 年，认真贯彻执行新的《中华人民共和国民事诉讼法》，抓紧审理 1991 年 4 月 9 日前受理未办结的各类民事案件。贯彻新《中华人民共和国民事诉讼法》的当事人举证责任，要求每位审判员（含助审员）在每个季度内的结案中有 2—3 件是在举证和查核证据结合上比较好的、典型的案例。学习贯彻第五次民事工作会议精神及最高人民法院《关于贯彻执行〈中华人民共和国民法通则〉若干问题意见》。

1992 年，认真贯彻执行《浙江省保护老年人合法权益若干规定》，做好综治工作，针对多数老年人与其亲属之间发生矛盾的特殊法律关系和特点，根据有利于安定团结、分清是非，化解矛盾等原则，依法处理一大批案件。据统计，区人民法院在 1990—1991 年，共受理审判涉及老年人合法权益案件 272 件，占全院民事案件总数的 20. 5%，老年人权益保护案件成为院重点关注案件。

1994 年，民事案件呈现“两多一少”特点，即“收案多、结案多、未结案少”，收案数和结案数分别比上年同期上升 1. 31%和 2. 5%，未结案数比上年同期减少 58. 1%。离婚案件、债务案件和房屋案件分占前三位，分别占收案总数的 62. 98%、10. 87%和 10. 13%。

1995 年，加强对新型案件的审判和调研，共办结名誉权纠纷案件 8 件、信用卡透支纠纷案件 16 件。组织力量对道路交通事故损害赔偿案件审判中出现的有关问题进行专题调研，撰写调研文章，文章先后被省、市法院所采用。继续推行大轮转分配案件办法，组织开展百日办案竞赛活动，全力清理民事未结案件，取得历年结案率最高、未结案最低的好成绩。努力缩短办案周期，注重提高办案质量。全年婚姻、债务、赔偿、房产纠纷四大类案件，占民事结案的86.82%。

1996年，全年债务案件上升较快，有234件，占收案总数的25.6%，其次是建筑工程承包合同纠纷和道路交通事故损害赔偿案件，劳动争议、信用卡透支和房屋纠纷案件所占比重比上年略有上升。

1997年，由于法治日趋完善，法院对房屋产权纠纷的审理，以依法保护公民的房屋所有权为原则，以农村土改确权和城市房产权登记作依据，同时考虑社会历史影响，对依法买卖，经过合法手续的，保护买卖双方的权利。

2001年，《中华人民共和国婚姻法》修订出台，法院在审理离婚、抚养、赡养、扶养、继承以及家庭财产分割案件中，依法对妇女、未成年人、老年人和婚姻关系中无过错方进行合理保护，过错方要承担更多责任。

2002年，出现互易合同纠纷、代位权纠纷、供水合同纠纷等新型案件，涉及环境污染、名誉权、肖像权、消费者权益等新型纠纷也不断出现。金融纠纷中，信用卡透支、按揭贷款等消费信用纠纷占了相当份额。

2003年，随着市场经济秩序的日趋规范，民事案件呈逐年减少趋势。同时，随着改革的深化，也出现一些新型案件，如农村出嫁女孩起诉村经济合作社管委会要求确认股权纠纷等案件，这些案件往往缺乏直接的法律依据，增加了审理难度。

2007年，推行立案调解、庭前调解等做法，建立贯穿案件审理全过程的调解机制。在审理涉及未成年子女抚养问题的离婚案件时，注重听取有表达意愿能力的未成年子女意见。

2009年，金融、涉企类纠纷增加较快。嘉和大酒店财产损害纠纷、天海物业服务合同纠纷等11批253件系列性案件，以及同和医院医疗事故纠纷案件等，成为当年典型案例。2010年，开通农民工欠薪案件司法救济绿色通道。妥善处理天一置业房屋买卖纠纷、西城农副产品市场职工劳动争议纠纷等系列性案件。

2012年，参与创建"无欠薪海曙"活动，审结追索劳动报酬、劳动争议案件403件。审慎处置涉及2269户的联南社区业委会诉新东方物业公司物业服务纠纷、"9·25"重大死亡交通事故人身损害赔偿纠纷等案件。

2013年，妥善处理涉易渡空间酒吧、国贸家电、新时代通成物流公司等群体性欠薪纠纷案件。与区民政局建立离婚信息通报机制，与区妇联共同出台《加强妇女儿童权益保护实施意见》，推行人身安全保护令。

2014年，深入基层协助源头治理。法官结对1—2个社区，定期联系，及时了解社区存在的不稳定因素，通过法律讲座、法律咨询、社区交流座谈等形式，增强社区民众法律素养，从源头化解矛盾纠纷。推进调解前移化解机制，对劳动争议、物业、相邻纠纷及争议较小的案件确立庭前调解机制，采取电话调解、邀请人民调解员调解等多种灵活措施，力争在庭审前就息诉止争。试行家事审判新模式，在诉讼服务中心二楼设立家事法庭，家事法庭采用客厅式布局，以沙发、茶几等居家的形式取代普通法庭的审判桌，并悬挂寓意家庭和睦的十字绣图案，促使婚姻家庭纠纷当事人在一个温馨平和的环境下接受调解，取得良好效果。探索家暴案件新机制，探索建立涉家暴案件绿色通道，立案时为可能遭受家暴的女性当事人发放人身保护令，审理时组建反家暴合议庭，合议庭中至少确定一名女性人民陪审员，着重解决因家庭暴力引发的婚姻财产、侵犯妇女儿童权益等纠纷。依法打击虚假诉讼，借助检察机关力量，运用测谎技术、侦查手段辅助事实判断。

2015年，推进家事审判改革，组建专门合议庭，引入社会观护制度。利用现代通信等科技手段实现诉讼便民，提高庭审质效。采用短信送达、微信送达等方式方便当事人，对年纪较大、行动不方便的当事人上门送达，上门调解。为提升庭审质效，缩短开庭时间，采取录音庭审等方式简化庭审流程。创新性地引入宁波“81890”求助服务中心第三方平台提供小额损失评估服务，高效解决房屋漏水等侵权纠纷。采用社区调解、庭前调解、与“宁静港湾”“银发护苗工作室”等共同调解的方式，各部门多元联动形成合力，注重以调解方式化解矛盾，全年民事案件调撤率达73.3%，位居全市法院第一、全省法院第三。

2016年，与宁波市旅游质量监督管理所共建旅游纠纷联动调处机制，建立省内第一家旅游纠纷诉调对接工作室，在市旅游质监所成立市首家旅游纠纷巡回法庭——宁波市海曙区旅游纠纷巡回法庭审判点，取得良好效果。建立健全家庭访视、社会调查、协助调解和跟踪回访等机制。严惩恶意欠薪行为，依法对2名拒不支付劳动报酬的行为人追究刑事责任。针对新出台的《中华人民共和国反家庭暴力法》，对涉及家庭暴力的行为主动干预。

2017年，稳妥处理涉预付式消费等系列纠纷。与市旅游质量监督管理所探索建立保险公司参与的三位一体旅游纠纷解决机制，全年巡回法庭协助质监所诉前调处21件旅游纠纷。民间借贷案件增幅较大，全年审结民间借贷案件2395件，涉诉金额8.9亿元，较上年增长近50%。

第三节　商事审判

1983年，海曙区人民法院和镇明区人民法院首次出现商事案件，随着经济发展，商事活动日益增多，问题也层出不穷。商事审判基本特点主要表现为“多、新、难、大”四个方面。一是经济纠纷案件大量增多。二是新类型案件不断出现，而且大多涉及原先所陌生的经济范畴和科学技术等新知识，如股票、期货、债券、融资、租赁、外汇汇率指数纠纷案件等。三是经济纠纷内容越来越复杂，经济行为的超前与经济立法滞后的矛盾日趋明显，加大部分案件的审理难度。四是经济纠纷案件牵涉面大，社会影响大，标的额普遍增大。

针对经济审判工作出现的新情况、新特点，区人民法院着重抓了以下几个方面：一是明确经济审判工作的指导思想，坚持严肃执法，坚持办案质量、效率和社会效果的统一，为辖区改革开放和经济发展，发挥了保障和促进作用。二是依法审理各类经济纠纷案件，发挥经济审判调节职能作用。审理商品流通领域中的纠纷案件，维护市场正常秩序。

1991年，区人民法院协助企业清理“三角债”，根据省高级人民法院《关于开展诉前催款专项服务活动的实施意见》，全院7个庭室向辖区内80家企业发送调查函和催款登记表，从53个债务单位催回债款447万元，29个单位制定了共计80余万元的还款计划。同时，在区属重点骨干企业中逐步建立经济司法联系员网络，帮助企业清理合同，健全经营、财务等规章制度，培训法律人才，为企业诉讼提供方便。

1993年，区人民法院成立经济纠纷调解中心，受理的27起经济纠纷全部办结并执行，结案标的额达627万元，平均结案时间为9.7天。全年接待专项来信来访500余件次。

1995年，区人民法院针对辖区金融单位借款合同纠纷案件大幅度上升的状况，加强经济审判职能，强化自审自执，办结借款合同纠纷案件196件，标的额5000余万元，当庭收回贷款3000余万元。

1997年，区人民法院改革审判方式，提高办案质量和办案效率，办结经济案件1301件。其中审结涉及大中型骨干企业借款、担保等案件789件，解决争议标的金额3.7亿元，审结购销合同纠纷案件328件，解决争议标的金额5300万元，审结票据、融资租赁案件11件。同时，加强对涉外、涉港澳台案件的审理，依法保护各方当事人的合法权益。区人民法院采取培训、授课等形式，向金融、企业等部门宣讲《中华人民共和国担保法》等法律，共培训企业有关人员150人次。通过审判，为金融部门收回逾期贷款1.3亿元。西郊法庭开展集中收贷工作，收回不良贷款300余万元。审查完善经济合同50余份，挽回损失1500余万元。

1998年，区人民法院调整审判重心，发挥经济审判调节社会经济关系的独特优势，共审结各类经济纠纷案件1451件，解决诉讼标的金额5.9亿元。其中，借款合同纠纷案件803件，解决争议标的金额4.48亿元；涉及企业改革的案件48件；购销合同纠纷案件430件，解决争议标的额5940万元；商标权等知识产权纠纷2件。

2000年，区人民法院在审理涉及国有企业改革的案件、各类金融纠纷案件中，对一些矛盾及风险较突出和广泛的群体性纠纷、集体诉讼案件，做到慎之又慎、妥善处置。如对反映银行按揭风险的银行诉百余名客户汽车销售贷款系列案等，做好说服教育工作，使这类案件能调解结案，化解矛盾，维护社会稳定。2001年，因企业改制而引发的借款等纠纷，以及推行信用清费过程中出现的按揭贷款、信用卡透支等纠纷成为审判热点。随着微观经济的日趋活跃，个人之间、个人与企业之间的买卖、借款合同纠纷有所增加。此外新类型案件也层出不穷，公司股东之间的出资纠纷、储户与银行之间的储蓄合同纠纷、股民与证券公司之间的证券结算纠纷、消费者与经营者之间的“买假索赔”纠纷等新型案件增多。区人民法院严格遵循公平、诚实信用、等价有偿的原则审理这些案件，同时尊重当事人的合法权益，保障交易安全，促进市场经济的健康发展。

2008 年，受宏观经济形势影响，金融、涉企纠纷大幅度上升，商事案件继续呈现井喷态势。

2010 年，面对金融、涉企类纠纷持续大幅上升趋势，及时研究出台《关于服务我区稳增长、促转型、惠民生、保稳定的实施意见》。发挥司法调节职能，保障企业创业创新发展。依法保护金融机构合法债权，积极防范和化解金融风险，审结借款、保险、票据、典当、信用卡等金融纠纷案件 1242 件。开展“法官进企业”活动，引导企业规范管理、依法经营。

2011 年，商事案件收案率下降 25.98%，同时加大知识产权保护力度，向最高人民法院争取到知识产权案件管辖权，成立民事审判第四庭，专司知识产权审判工作，依法制裁各类侵犯知识产权行为，保护自主品牌，激发企业创造活力。全年受理知识产权纠纷案件 133 件，审结 122 件，知识产权案件调撤率达 90.98%，并请求报请浙江省高级人民法院、最高人民法院授权院受理涉外商事案件的管辖权。

2012 年，参与创建“无欠薪海曙”，召开辖区金融机构交流会，发送金融商事审判情况分析报告，提供金融风险防范法律建议。全年审结追索劳动报酬、劳动争议案件 403 件。

2013 年，以调解、和解手段，依法帮扶涉案企业健康发展。全年受理商事案件 1397 件，审结 1402 件，同比分别下降 19.2%和 18.3%。解决诉讼标的额 20.1 亿余元，同比上升 16.8%。向外贸企业发放《出口风险防范及司法保护手册》，帮助防范法律风险。开展银行不良资产处置专项活动，审结金融纠纷案件 296 件，执结 267 件。依法适用特别程序，快速审结实现担保物权纠纷案件 41 件，平均审理天数仅为 10.7 天。审结知识产权案件 107 件，切实服务科技进步和自主创新。民二庭被评为全省法院商事审判工作先进集体。

2014 年，金融商事案件增多，同比上升 95.98%，金融借款合同纠纷、涉金融机构申请实现担保物权案件、涉金融机构追偿权纠纷、小额借款合同纠纷占案件总量的98.43%。

2015年，金融类案件在院商事案件中排列第一，金融借款合同纠纷较往年上升17.22%，担保物权案件数量有所下降，改变以往买卖合同纠纷作为传统商事案件龙头的地位。

2016年，审结金融借款纠纷案件556件，同比下降9.03%，涉案标的18.63亿元，同比下降3.37%。顺利调解一件最高人民法院指定管辖，曾经因管辖权、涉外等各种因素历时三年未结的侵害经营秘密、擅自使用他人企业名称纠纷。

2017年3月底起，截至2017年12月31日，新收商事案件210件，审结154件，商事案件审结率为73%。

1979—2017年区人民法院民商事审判情况表

表38　　单位：件

年　份	收案数	结案数	年　份	收案数	结案数
1979	283（镇明195）	203	1999	2680	2686
1980	288（镇明188）	314	2000	1451	961
1981	310（镇明197）	299	2001	1854	1171
1982	390（镇明212）	388	2002	1605	1607
1983	299（镇明139）	308	2003	1534	1573
1984	318（镇明91）	302	2004	2155	1975
1985	447	453	2005	2230	2145
1986	625	629	2006	2225	2196
1987	719	706	2007	2478	2218
1988	879	802	2008	3267	3155
1989	841	809	2009	4169	4439
1990	817	808	2010	5054	4862
1991	921	975	2011	4430	4972

续表38

年份	收案数	结案数	年份	收案数	结案数
1992	1015	1019	2012	4645	4692
1993	1156	1190	2013	3739	3772
1994	1351	1331	2014	4962	4861
1995	1380	1426	2015	6056	5850
1996	1940	1883	2016	6629	6398
1997	2168	2156	2017	13385	12357
1998	2684	2662	—	—	—

第四节　行政审判

中华人民共和国成立至1978年，国家行政机关在实施行政管理过程中的不当或违法行为，由党和政府依照政策或有关法规用行政手段处理，缺少法律约束，因此基本没有行政案件。1979年后，针对国家行政机关在实施行政管理过程中的不当或违法行为，国家陆续颁布法律、行政法规，虽规定当事人不服行政机关处理，可在一定期限内向人民法院提起诉讼，但无诉讼程序可依，行政诉讼不能正常开展。1982年实施的《中华人民共和国民事诉讼法（试行）》第三条规定："法律规定由人民法院受理的行政案件，适用民事诉讼法。"这标志着行政案件开始依法进入诉讼程序。1987年1月，《中华人民共和国治安管理处罚条例》颁布施行，人民法院开始受理公民不服治安行政机关的处罚或处理决定而起诉的案件。1989年实施《中华人民共和国行政诉讼法》，推进民主廉政建设，抵制以权谋私、滥用职权、任意处罚、失职渎职等腐败现象，为人民法院审理行政案件提供了法律依据和法律保障，行政审判工作被纳入规范化、制度化轨道。同年5月，区人民法院正式建立行政审判庭，行政案件审判有了专门审判机构。

1990—1995 年期间，公民、法人和其他组织寻求法律保护自身合法权益（尤其是财产方面的权益）的意识日益增强。行政审判受理的行政案件类别，除单一的治安行政案件外，增加了收容审查、劳动教养、卫生检疫、税务、劳教、房管、工商等部门，甚至还有涉及政府本身的案件。区人民法院帮助公民、法人和行政机关工作人员增强行政法律意识，正确运用法律武器来保护自己的合法权益和依法行使行政职权。在办案中，妥善处理保护公民、法人合法权益与维护行政机关依法行使职权的关系，客观公正地审查各类行政争议。区人民法院先后 9 次派员去机关、街道和企业单位上行政诉讼法制课，听课人数达 600 余人次。6 年中共受理行政审判案件 41 件，办结 39 件，判决撤销原行政行为的 7 件，维持或撤诉的 32 件。

1995—2000 年期间，行政庭等部门配合政府强化土地执法工作，依法督促和强制拆除非法占地违章建房 25 户、建筑面积 1200 余平方米，对“菜篮子”工程建设用地的君子街 8 号拆迁“钉子户”实施强制拆迁。其间，对依法应当受理的涉及公安、房管、土地、工商等行政执法部门的行政诉讼案件，不推不拖，坚决予以立案，支持行政机关合法的行政行为，监督纠正违法行为，保障公民、法人和其他组织的合法权益。

2001—2005 年期间，行政案件数量持续增加。区人民法院受理涉及房产管理、劳动监察、公安、环保、工商、卫生、药品监督等部门的行政诉讼案件 210 件，共审结 209 件。其中，判决撤销具体行政行为的 12 件，判决行政机关重新作出具体行政行为的 6 件，当事人撤诉或行政机关改变具体行政行为后当事人撤诉的 24 件。受理非诉审查执行案件 2386 件，审结 2386 件。强行拆迁 CBD（中央商务区）地块、镇明路等处“钉子户”共 15 户。在新星村、高塘新村等地拆除了违章建筑 1880.66 平方米。2003 年，在假山新村、汪弄新村、高塘四村、翠柏二里等小区和徐家漕村拆除违章建筑 2.1 万平方米。2005 年，在高塘、望春等区域拆除违章建筑 3.5 万平方米，对狮子街、冷静街地块住宅实行强制拆迁。区人民法院注重与政府有关部门沟通，研究制定最佳执行方案，妥善处理矛盾较为尖锐的案件，既保障行政行为的顺利实施，又注意维护行政相对人的合法权益。

2007年，受理行政诉讼和赔偿案件73件，涉及城市建设、土地征用、房屋拆迁、社会治安、社会保障、计划生育等多个领域，收案量创历史新高。审理这些案件时，区人民法院坚持以维护公民合法权益为本位，严格依照法律规定对具体行政行为进行合法性审查，妥善化解行政机关和行政相对人之间的矛盾。共审结74件，其中判决驳回诉讼请求25件，维持具体行政行为3件，撤销和确认违法5件，裁定驳回起诉7件。审理中落实行政审判协调机制，加强与相关部门的沟通，深入了解案件的历史成因和政策依据，通过协调会、组织和了解等途径，寻求当事人双方和解，取得良好效果。原告主动撤诉和被告改变具体行政行为后原告撤诉29件，占39.2%。同时还加强司法建议工作，及时分析指出行政机关在执法过程中存在的问题，督促和帮助行政机关依法行政。发送司法建议4份，均被采纳。2008年，加强非诉行政执行工作，严格审查行政机关申请执行的行政处罚、拆迁裁决等案件。

2009年，做好涉及市、区重点工程案件的司法保障工作，如吴家村、横河街房屋拆迁案件，经多次协调，多数拆迁户主动签订安置补偿协议并自行搬迁。组织梳理2007—2008年行政诉讼的案件特点、存在问题、典型案例等情况，出台《2007—2008年行政案件司法审查情况报告》。2010年，推动行政首长出庭应诉，全年行政首长出庭应诉6件。加强非诉行政执行工作，在区城管局和工商分局设立执法联络室，推进行政执法规范化。全年共审查执行城管、工商、环保等部门作出的行政处罚等案件142件。加强释法说理，发挥好协调作用，妥善执行土地征收、房屋拆迁等矛盾较尖锐的案件。共执结涉及鄞奉路、徐家漕等地块的房屋拆迁案件19件，经协调沟通，双方达成补偿协议自动搬迁的达16件，既维护了当事人合法权益，又保障了城市建设进程。院房屋拆迁执行工作受到宁波市政府的通报表彰。

2011年，推进行政诉讼简易程序试点工作，适用简易程序审理行政案件10件。加强非诉执行工作，与区工商分局联合成立的行政执法联络室，支持行政机关依法制裁破坏文明城市创建行为，共审查执行城管、工商、环保等部门作出的行政处罚等案件177件。加强国有土地上房屋征收与补偿案件执行工作的司法应对，执结涉省级重点工程铁路宁波站改建工程案件28件，执结涉市级重点工程月湖西区二期、鄞奉路片区二期等地块的强制搬迁案件13件，为省、市重点工程提供了有力的司法保障。健全司法与行政的互动机制，通过召开联席会议、举办法治讲座、邀请行政执法人员旁听庭审等方式，分析审判中发现的问题，并提出司法建议。共向行政机关反馈案件信息62份，发送司法建议5份，有力推动了依法行政。2014年，新类型案件增多，社会影响及审理难度加大，出现首起不服公安机关行政传唤行为、不服房屋拆迁行政强制行为等新类型案件。2015年，注重行政争议实质性化解，促成和解撤诉23件，推动落实行政机关负责人出庭应诉制度，辖区行政机关负责人参加庭审33人次，出庭率为84.4%。审理交叉管辖的异地被告行政诉讼案件59件。持续加大涉食品药品、劳动保障等重点领域案件的审查执行力度，审结非诉行政案件80件。发布行政案件年度司法审查报告，组织开展新《中华人民共和国行政诉讼法》集中宣讲，500余名行政执法人员参加培训。

2016年，诉讼案件除传统的社会保障、城管、公安、规划、交通、政府信息公开等领域外，首次受理涉及业委会管理、安监事故、政府采购等新类型案件。根据宁波中院有关在基层法院实行“异地交叉管辖”的规定，全年受理的行政诉讼案件被告涉及海曙、江东、鄞州、余姚、宁海县等地的行政机关，其中海曙本区32件、江东区39件、鄞州区49件、余姚市15件、宁海县1件，异地交叉率为76.5%。多次参与由区政府组织的兴宁桥站、柳西新村站、吴家塘等地房屋征收补偿方案论证会以及联合整治南站区域“黑旅馆”、咏归路菜市场、西城菜场等专项整治活动专题讨论会，就所涉及的法律文书合法性以及执法依据等法律问题进行分析，为政府在进行行政决策时提供法律方面的参考意见。广泛邀请行政机关旁听案件，对一起诉市国土局房屋登记案件，邀请市编办等市级机关工作人员旁听庭审，并通过新浪微博全程直播该案件。2017年，不动产登记类案件涌现，主要为农村地区征迁引发，公安行政处罚中系列案件增多，且多为异地交叉管辖案件。行政非诉审查类案件以国土积案为主，共计604件，占比94.5%。非诉执行案件主要为环保行政处罚和城管行政处罚，为13件，占比72.2%。

附：审判方式改革

改革审判组织，强化法官职责 改革前，对案件作出判决，先经院、庭领导研究讨论把关或由审判委员会讨论决定再进行判决。改革后，强化合议庭和法官职责，除个别重大疑难案件由审判委员会讨论决定外，其他案件均由合议庭和独任庭审理并作出裁判，发挥审判长、独任审判员在审判工作中的自主裁判能力，改变“审者不决，决者不审”的惯例。实行审判“六公开”（公开陈述、公开质证、公开辩论、公开论证、公开推理、公开裁决）制度，案件审理和调查取证分离，保持主审法官在庭审中的居中裁判地位。

完善审判效率管理，防止久拖不决 落实案件审结期限催办制，审限催办的内容包括立案期限、送达期限、排期开庭期限、案件审结、执结期限等。立案庭对当事人的起诉状及其他申请书，均应在收案之日进行审查，符合立案条件的，当日完成立案工作。重大、疑难案件需报院长或审判委员会讨论决定的，至迟不超过7天，刑事自诉案件不超过15天。民事案件未在规定时间审结的，由审监庭签发催办通知书催办。审监庭按月通报催办情况。推行便民措施，完善“一站式”立案。各窗口按相应的服务功能，依次完成案件材料的接受、审查、释明、受理、缴费、分案等全部立案手续。不符合立案条件的，立案人员按照案件类别作出裁定或通知，并负责送达当事人。

加强导诉服务，减少群众诉累 导诉员在立案大厅将要求查询、投诉、申诉、申请执行和递交诉讼材料的人员引导至相关的功能区域，方便群众少走弯路，减少周折。对来访群众的合理要求尽力提供便利，节省来访群众和当事人的时间和精力。到院进行法律咨询的，当场给予解答或指定他人专门解答。前来诉讼的转至立案大厅接待。来访反映问题的，转至信访接待室，由信访人员按信访流程制度处理。对来参加开庭的当事人和旁听群众引导进入安检区域，告知行走路线。帮助电话联系预约承办法官，传递必要的诉讼材料。帮助当事人使用电子触摸屏，复印诉讼材料。畅通诉讼渠道，全面推行繁简分流，扩大民商事案件速裁程序的使用范围，实现简案简审，降低诉讼成本，减少群众诉累。健全申诉和信访工作机制，把疏导矛盾与为群众排忧解难相结合，解决群众反映的问题。2005 年，区人民法院被评为全市涉法信访案件集中调处工作先进集体。

构建涉及弱势群体案件审理机制，缓解打官司难　开启“绿色诉讼通道”，对涉及弱势群体的案件优先立案、优先保全、优先审理和执行，为弱势群体当事人行使程序性权利提供便利。推行假日法庭、预约开庭，建立法庭干警定点联系基层社区制度。加大司法救助力度，减、免、缓生活困难当事人的诉讼费用。施行以来缓解了部分弱势群众打官司难的状况。

建立信息管理网络，实现管理科学化　建立法院局域网，配备合适的系统软件，形成网上办公、信息交流平台，建立办公信息和诉讼管理系统，建成审判流程网络管理机制。实现管理系统化，以内部局域网为管理平台，科学界定管理目标，合理分解管理环节，明确各部门的工作职责，对案件审理过程中的立案、排期、送达、保全、开庭、归档等各环节实施全面跟踪管理。实现管理规范化。做好“立、审、监”连接，实现互相协作、互相监督，减少案件在各环节滞留时间。

推进案件繁简分流，完善速裁制度　对民商事案件进行繁简分流，依法扩大民商事案件适用简易程序的范围，如民事案件中的婚姻纠纷，追索“三费”纠纷，损害赔偿纠纷（人身、财物），房屋租赁纠纷，民间借贷纠纷，物业等其他各类欠费纠纷，商事案件中的追索信用卡欠款纠纷，借款合同、买卖合同纠纷，保险代位求偿权纠纷，供用电、水、气合同纠纷，赠与、借用、居间合同纠纷，运输合同（运输欠款）纠纷等。实现简案简审，发挥分流案件、提升效率的作用。对一些事实清楚、法律关系相对简单的赡养费、抚养费、交通事故、劳动报酬等纠纷，简化程序快速审理，尽快处理好案件。

完成人民陪审制度，确保司法公正　提请区人大常委会任命人民陪审员，建立陪审员工作档案。依法保障人民陪审员独立行使审判权，消除陪而不审、合而不议的现象。确保司法公正，规范人民陪审员使用程序，陪审员随机抽签确定，最大限度地实现司法民主。

完善诉讼调解制度，实现诉调良性互动　加大调解力度，坚持能调则调，尽量以调解方式结案。处理好调解和判决的关系，争取多调少判，倡导庭前调解，创造和把握调解机遇。探索建立诉讼调解新体制，使调解贯穿于诉讼全过程，实现诉讼与人民调解的有机结合和良性互动。

第五章　执行工作

第一节　工作职责

执行工作是人民法院审判工作的一个重要组成部分，是诉讼程序中的最终阶段，是人民法院按照法定程序，运用国家的强制力量，依照裁判文书规定，强制民事义务人履行其所承担的义务，以保证权利人权利得以实现的诉讼程序。

1984 年 7 月，随着经济体制改革的深入和经济立法的日趋完善，需要人民法院执行的法律文书越来越多，加强执行工作变得极为迫切和重要，根据《中华人民共和国人民法院组织法》和《中华人民共和国民事诉讼法》规定，区人民法院建立执行庭，执行工作得到全面开展。执行工作中，区人民法院充实干部队伍，加大执行力度，制定和完善工作规章制度，使执行工作逐步得到规范和发展。办案中审判人员注重审执兼顾，加强审执配合，讲究执行方法。在执行中，加强法院之间司法协助和与有关部门配合，注意做好当事人的思想工作，促使其自觉履行。采取以点带面，全面展开，攻破难点，带动全盘，由领导带队，分片包干。对那些拒不执行的人，采取扣押财产、训诫、拘留、罚款等措施强制执行，保障当事人合法权益。

同时明确执行工作职责，在执法工作的实践中，主要抓住以下内容：一是将集中执行与日常执行相结合，二是将审判工作与执行工作相结合，三是积极清理外地法院委托执行案件，四是以教育疏导为主，五是积极组织力量搞好赴外执行，六是加强审执兼顾，七是强化组织协调发挥整体优势，八是教育与强制相结合，九是实行激励机制。

第二节　执行业务

1991年至1995年期间，区人民法院在认真总结1990年第一次执行大会战的基础上，加强执行工作，注意审执关系，做到审执并重。法院将执行工作的目标与要求列入岗位责任制，组织“执行周”“执行旬”等突击执行活动。《中华人民共和国民事诉讼法》颁布实施后，区人民法院采用以会代训等多种形式组织干警学习，完善执行工作制度。市、区两级法院从1991年10月3日起到11月下旬止开展第二次执行大会战，在各级党委和政府的领导和支持下，在有关部门的大力协作和密切配合下，干警共同努力，执行大会战取得显著成绩。到11月30日为止，执行完毕各类案件2927件，部分执行415件，合计执行标的额1720.79万元。未执行案件下降70%以上，通过这次执行大会战，使“执行难”的矛盾有了缓解。

1996年起，为加大执行工作力度，保障当事人合法权益，开始实行双轨制执行工作制度，即当事人提出执行申请后由执行庭统一立案登记，在登记次日开始一个月内交由各业务庭承办人执行，逾期不能执行的移交执行庭执行。建立全院执行案件一本账，减少中间环节，加强制约监督，使业务庭自执率和执行庭执结率都有新提高。1997年受理各类案件889件，办结852件，解决争议标的金额1.2亿元。1998年，当年共办结执行案件1462件，执行标的金额3.3亿元，分别增加64.5%和182%。执行承诺推出以来，已有150件案件经举证得以在承诺时间内执结。同时，9月以来开展的集中清理未执行案件行动也成效明显，共执结各类案件497件，使年终未执行案件比1997年下降11.3%。此外，非诉行政案件的执行工作也得到进一步加强。全年共执结88件，依法拆除违章房屋63间，计3514.92平方米，有力支持了行政机关依法行政。1999年，贯彻

《中共中央关于转发〈中共最高人民法院党组“关于解决人民法院执行难问题”的通知〉的通知》，开展“执行年”活动。“执行难”主要表现为有的有履行能力的被执行人逃避债务，不履行义务，有的被执行人确无履行能力，有的群体案件难落实，还有的存在地方保护主义。区人民法院成立“执行年”活动领导小组，建立并完善执行工作运行新机制，创新执行方法。如推出“限制高消费令”、监督债务人申报财产，允许有市场前景的负债企业继续经营、“放水养鱼”。实行执行工作承诺制，被执行对象在市辖海曙、江北、江东三区内的，24 小时开始执行；被执行对象在其他地方的，48 小时开始执行。向申请人发放“执行联系卡”，方便举证和提供执行线索。对一些积案、难案展开攻坚战。重点保护弱势群体追索劳动报酬的合法利益，有效化解社会矛盾。同时，重点规范执行工作中的被执行物拍卖、变卖、中止执行等行为的具体操作程序。合理配置执行力量，将执行干警分成内勤组、综合组、民事组、经济组、评议组，赋予各组相应工作任务，实行执行工作流程管理，优化执行力量配置，在执行庭内部实现各组相互制约和配合，提高办案效率。1999 年，共执行案件 2099 件，执结 2110 件（包括上年），同比上升 43.6% 和 42.9%；未结 106 件，同比下降 39.4%。

2001 年至 2005 年期间，区人民法院贯彻“三穷尽”原则（穷尽被执行主体、穷尽被执行财产、穷尽执行措施），建立执行“三告知”制度（向当事人告知执行风险、被执行人法律责任、承办人接待日），提高执行透明度，督促被执行人自觉履行债务。重点规范被执行财产的委托评估、拍卖程序，强化对委托、拍卖过程的制约和监督。其间，区人民法院严格落实执行裁决权、实施权的分权运行，推行听证制度。还开通追薪绿色通道，优先执行劳动者追索工资等案件。配合城市建设和管理，强制拆迁前丰村、冷静街等地临时建筑，在汪弄、大沙泥街等区域拆除违章建筑 4100 平方米。针对汽车消费贷款案件相对集中的特点，专门召开由银行、保险公司参与的研讨会，研究、制定一系列执行对策，并组织开展追讨按揭贷款专项执行活动。2002 年，共执结 1066 件，比 2001 年减少 32.8%，未结案尚余 36 件，减少 47.1%。

2007年，共受理各类执行案件1179件，执结1024件，执结标的5730.4万元。自动履行、和解结案的499件，占48.7%。

2008年，开展春季集中执行和年末集中清理执行积案活动，运用强制报告财产、立即执行等修改后《中华人民共和国民事诉讼法》规定的措施，强化曝光执行、悬赏执行、限制出境等办法，确保有条件执行的案件都能高效执结。全年共受理民商事执行案件1152件，执结1124件，执结标的金额1.9亿元。

2009年，成立执行指挥中心及办公室，制定工作规程。受理民商事执行案件1909件，执结1982件，同比分别上升65.7%和76.3%。运用法律赋予的查封、扣押、冻结财产、司法拘留等各种强制措施，拘留39人，限制出境2人，拍卖、变卖被执行人财产1.12亿元。并对2007年以前执行积案进行清理，有财产可供执行的91件积案和涉及六类特殊主体的12件重点积案均得以执结；对无财产可供执行的2382件案件，按照中央政法委和最高法院的结案标准，穷尽执行措施后报结。加大涉及民生类案件执行力度。部署开展农民工工资案件专项执行活动，共执结劳动报酬类案件540件，到位标的额为335.5万元。推行交通案件快速执行机制，对由保险公司用交强险支付款项的交通案件，审结后直接执行，共执结此类案件140件，标的额达567.7万元，平均执行期限为2.78天。

2010年，印发并贯彻执行《执行流程管理细则（试行）》。全年受理民商事执行案件1877件，执结1853件。共拍、变卖被执行人财产1.28亿元，拘留34人。加大涉及民生类案件的执行力度，执结与民生直接相关的劳动报酬、赡养、扶养、抚育等案件577件，到位标的额为1749.4万元，执行偿付率达93.8%。妥善执结标的额达1470.5万元的天一证券劳动工资系列案。全年金融调查组查询、冻结、扣划被执行人银行存款2372次；不动产组查封被执行人财产215次；行政证照调查组查询工商注册信息222次、车辆信息385次、税务信息24次。执行案件平均执行天数为28.9天，位列全省法院第一。妥善处理因轻轨1号线、“城中村”改造引发的拆迁、所有权确认等民事案件45件。

2011年，印发《微博悬赏执行实施办法（试行）》，全年共受理民商事执行案件1461件，执结1494件，同比分别下降22.16%和19.37%。全年执结案件中的实际执行率达78.69%。共拘留23人，限制出境3人，限制高消费9人，以拒不执行判决、裁定罪移送公安侦查起诉1件1人。共执结劳动报酬、赡养、扶养、抚育等涉民生案件475件，妥善处置标的额达1.168亿余元的洪某美系列执行案件，有效保障当事人合法权益。

2012年，受理民商事执行案件1461件，执结1485件，同比下降0.7%，全年执结标的7.16亿元。共办理保全561件，保全金额达6.1亿元，委托司法拍卖71件，涉及资产7700万元。

2013年，受理民商事执行案件1647件，执结1671件，同比分别上升12.7%和12.5%，未结案43件，同比下降35.8%，执结标的总金额13.7亿元。执行案件实际执行率达86.9%，执行标的清偿率为89.9%，案件平均执行天数21.8天，均位于全省法院前列。集中查询存款、车辆、房地产等各类财产信息2150次。全年曝光失信被执行人52人，限制高消费15人，限制出境5人，拘留13人。

2014年，受理民商事执行案件1871件，执结1841件，同比分别上升13.6%和10.2%。查控被执行人及其存款、车辆、房地产等各类财产信息5611次。将1419名被执行人纳入全国法院失信被执行人名单库，促使被执行人主动履行义务。拍卖、变卖财产1.4亿余元，建立24小时执行备勤制度，成功控制被执行人13人。曝光“老赖”860人，限制高消费287人，限制出境56人，司法拘留21人。

2015年，受理执行案件2048件，结案1853件，同比分别上升9.5%和0.7%。查询被执行人及其存款、车辆、房产等财产信息26913条，布控被执行人164人，冻结存款760余万元，查封房产344套，查控被执行人40人。曝光失信黑名单3205人次，促使76名被执行人主动还款225万元。依法拘留被执行人76人次。执行信访案件同比下降82.7%。

2016年，受理执行案件3824件，结案3623件，实际执行率66.00%，同比提高37.07个百分点，全省基层法院排名第二。网上点对点查询银行、公安、民政等38497人次。发布失信被执行人1186件3420人次，限制高消费1304人次，网上布控423人次，拘留174人。

2017年共收案6241件，结案4871件，总体收、结、未结三项均大幅增长，尤其是未结案大幅度上升。据省高院公布的2017年指标数据显示，民事裁判自动履行率63.68%，同比上升13.30%，实际执行率71.10%，同比提高5.26%；执行标的到位率48.93%，同比下降4.17%；终本率28.90%，同比下降5.26%；异议、复议和执行监督撤改率0；执行申诉率0；收取执行费439.43万元。执行办事大厅接听电话2564人次，接待当事人4598人次，转交材料426份。执行指挥（集控）中心网上点对点查询银行、公安、民政等133206人次。办理各类裁决案件共2516件，其中执行裁决1464件，审查并出具司法拘留类文书196人次，审查并出具拍卖类及其他相关法律文书798件，执行异议及执行听证58件。全年发布失信被执行人1464件2698人次；限制高消费1724人次；网上布控1718人，拘留281人，占布控人数的16.36%；罚款91人次。执行实施各小组共查询银行存款504人次，不动产2405人次，车辆276人次。冻结被执行人银行存款612人次，查封、解封被执行人房产567人次，查封、解封车辆528人次，扣划被执行人银行存款586人次。开展专项行动7次，腾房193套。当年网拍成交不动产231件，变卖不动产39件，成交金额61121万元；网拍成交动产18件，成交金额699.78万元。全年发现3起涉嫌虚假诉讼的案件，对4名虚构长期租赁合同对抗法院强制腾房的违法行为的当事人予以司法拘留。

2001—2017年区人民法院执行案件情况表

表39　　　　单位：件

年　份	收案数	结案数	年　份	收案数	结案数
2001	1891	1793	2010	1877	1853
2002	1102	1066	2011	1461	1494
2003	1130	1111	2012	1461	1485

续表39

年　份	收案数	结案数	年　份	收案数	结案数
2004	875	811	2013	1647	1671
2005	1158	1032	2014	1871	1841
2006	1114	950	2015	2048	1853
2007	1179	1024	2016	3824	3623
2008	1152	1124	2017	6241	4871
2009	1909	1982	—	—	—

注：“收案数”栏目含旧存收案数。

第六章　队伍建设

第一节　人员配备

1978 年 11 月，海曙区、镇明区人民法院建立，海曙区人民法院初始仅有干警 6 人，1978 年底，人员增加到 8 人，至 1983 年底，海曙区人民法院人员增加到 21 人。镇明区人民法院初始仅有干警 7 人，至 1983 年底，人员增加到 26 人。两区合并后，从 1984—2016 年整体人员配备大幅增加，人员从 52 人增加到 121 人，其中审判人员从 35 人增加到 81 人。2017 年经江东区人民法院和鄞州区人民法院人员划转，实有人数增加到 153 人，其中审判人员 101 人。

1978—2017 年海曙区人民法院人员情况表

表 40　　　　单位：人

年　份	总人数	审判人员	书记员	法　警	其　他
1978	15（海曙 8，镇明 7）	—	—	—	—
1979	23（海曙 12，镇明 11）	—	—	—	—
1980	31（海曙 14，镇明 17）	—	—	—	—
1981	34（海曙 16，镇明 18）	—	—	—	—
1982	46（海曙 20，镇明 26）	—	—	—	—
1983	47（海曙 21，镇明 26）	—	—	—	—

续表40

年　份	总人数	审判人员	书记员	法　警	其　他
1984	52	35	7	3	7
1985	46	34	5	5	2
1986	51	34	5	7	5
1987	54	35	10	7	2
1988	63	38	9	7	9
1989	62	41	14	5	2
1990	66	43	13	6	4
1991	73	43	14	7	9
1992	74	50	14	4	6
1993	76	47	16	5	8
1994	77	55	13	5	4
1995	82	54	14	5	9
1996	83	52	18	7	6
1997	84	57	13	7	7
1998	85	59	18	5	3
1999	83	61	14	5	3
2000	82	65	9	5	3
2001	82	72	4	3	3
2002	77	65	6	3	3
2003	78	63	7	5	3
2004	77	65	6	3	3
2005	79	67	5	4	3
2006	80	66	6	4	4
2007	82	61	7	7	7

续表40

年　份	总人数	审判人员	书记员	法　警	其　他
2008	89	62	7	8	12
2009	94	64	9	11	10
2010	102	75	0	14	13
2011	103	73	0	15	15
2012	107	75	0	17	15
2013	117	74	0	17	26
2014	118	81	0	16	21
2015	124	92	0	16	16
2016	121	81	0	15	25
2017	153	101	0	16	36

第二节　干部队伍建设

高素质的法官队伍是确保司法公正的关键。区人民法院一直高度重视队伍建设，始终将领导班子和干部队伍建设作为干好工作、完成使命的根本组织保证。

1994 年，引进竞争激励机制，加强和改进对干警考核管理。坚持贯彻“公开、平等、竞争、择优”的干部任用原则，积极选拔任用德才兼备的年轻干部。通过考试考核，择优晋升 5 名审判员和 9 名助理审判员。继续推进干部岗位交流，对 3 名在职中层干部进行岗位交流。重视并加强对干警岗位目标责任制的考核管理。制订全年全院岗位目标责任制、工作考勤和实绩考评制，并逐月逐季进行目标考核。全院 77 名在编干警有 76 名评为合格法官（或合格工作人员），1 名评为优秀法官。段塘镇人民法庭被省高院授予省级“五好”法庭称号，受到省市法院和区委通报嘉奖。

1996年，颁发《关于进一步健全党组中心组学习制度的通知》，建立健全个人自学制度、学习预告制度、学习记录制度。加强政治理论学习，提高队伍政治素质。院党组始终把学习作为提高思想政治水平，增强干部队伍能力的重要手段。加强理想信念教育。开展“思想作风教育整顿”“党的群众路线”“三严三实”“两学一做”等主题教育，把思想教育、纪律教育与职业道德、廉洁自律教育紧密结合起来。完善理论学习机制。严格落实党组理论学习的有关规定和要求，每年党组中心组理论学习不少于11次，严格执行“三会一课”制度，组织党员干部深入学习党章党规党纪，切实提升政治理论素养。在当年乡镇人民代表大会换届选举中，努力做好人民陪审员选举工作，加强人民陪审员工作，制作人民陪审员出庭服装与专用徽章。适用裁执分离机制，完成300余件国土非诉执行积案清理工作。科学组建审判团队，落实院庭长办案常态机制，实现“让审理者裁判，让裁判者负责”。

1997年，开展“创一流队伍”活动，从讲政治和建设高素质干部队伍的要求出发，严格管理，严格要求，从思想政治、业务能力、纪律作风等方面全面提高干警队伍的整体素质，造就一支政治坚定、业务精通、纪律严明、无私奉献的干警队伍，为促进辖区的社会稳定和经济发展提供良好法治环境。深入开展以职业道德建设为重点的队伍建设专题教育活动，塑造和发扬“清正廉洁、勤政为民、英勇无畏、执法如山”的宁波政法精神及争创一流的“海曙精神”。强化主体责任意识，夯实队伍反腐基石。党组书记认真履行党风廉政建设和反腐败工作第一责任人政治责任，管好班子、带好队伍，做廉洁从政表率。每年春节后开展“廉洁司法教育周”活动，院党组书记在党风廉政建设大会上讲廉政党课。

1998年，实行中层干部选任制和一般干部聘任制。整个实施过程充分体现“公开、平等、竞争、择优”的任用干部原则。选任前有中层干部20名，选任后，根据工作实际只保留16名，裁减20%，选任后，中层干部的平均年龄由原来的44岁降为38岁，大专及以上学历的比例上升到93%，比原来上升18个百分点。11个部门的中层干部有8个进行交流，一般干部有9名调换岗位，干警轮岗率达34%，干警队伍精神面貌有了改观，中层干部更具朝气活力。开展争当“办案之星”“办案能手”“记录能手”活动。继续倡导“多办案、快办案、办好案”的工作作风，形成你追我赶的办案风气。优化干部队伍管理，激发干部队伍活力，召开两次政工例会，分析干警队伍的思想动态，针对倾向性问题有的放矢开展面上教育，最大限度地实现教育效果。积极引进高素质人才，优化队伍结构。推行竞争上岗制度，在总结以往双向选择竞争上岗经验的基础上，制定更加完善的方案，突出对干警综合素质的考察。

1999年起，每年开展一次联系实际的专题活动。坚持以德治院、以人为本方针，全面贯彻法院职业道德基础准则，强化全体法官的职业道德意识，建立健全干警遵守职业道德的监督和考核制度，以“强素质、树形象”为切入点，建立起良好的法官职业道德机制。以专题活动教育人，开展“假如我是当事人”大讨论，要求干警换位思考，急当事人所急，想当事人所想，为民排难解忧，进一步明确审判工作的指导思想。举办中层干部培训班，围绕“如何当好中层干部”的主题，邀请中院、区委组织部领导讲课，先进典型介绍经验，并让全体中层干部交流学习心得。认真组织各部门进行对照检查，制定、落实整改措施。

2000年，开展“为谁掌握审判权，如何掌好审判权”大讨论活动，以此解决部分干警在职业道德、审判作风、工作态度方面存在的问题，进一步增强服务意识，树立宗旨观念。在全院干警家属中开展评选“贤内助”活动，年终评出5名“贤内助”：陈亚珍（徐良章配偶）、王善清（杨金香配偶）、王文军（贺汉培配偶）、金嘉斌（刘海珍配偶）、金理君（周黎配偶），对上述五名干警家属在给予精神鼓励的同时，每人发放奖金500元。

2001年，制定《关于加强干警队伍建设的若干规定》。把加强干警队伍建设纳入重要议事日程，并贯穿于审判任务及各项工作的全过程。院党组坚持每年两次的政工例会制度。院领导坚持每月一次碰头会制度，每月至少做一项有关思想工作的事情。狠抓廉政建设，重申七条规定。开展中层干部竞争上岗，竞聘后的中层干部队伍平均年龄39.48周岁，硕士学位以上的占40.7%。授予余雅美、汤青、刘海珍、庄立敏、任裕章、王文斌、王凤国、钟珍明、徐良章、唐俊伟、朱飞龙等11人为“办案能手”，授予陈杨、袁满君、阎玲玲、袁永达、满武等5人为“记录能手”。开展“处理好我与人民群众、我与人大代表、我与区人大及其常委会的关系”专题教育活动。制定出台《关于自觉接受区人民代表大会及其常务委员会监督的决定》，将接受监督的方式、途径制度化。

2002年，开展“作风建设从我做起”活动，围绕加强作风建设，着力解决干警在学风、工作作风、思想作风和生活作风方面存在的问题。开展“五提倡五反对”活动，即“提倡雷厉风行，反对疲沓拖拉；提倡认真负责，反对敷衍塞责；提倡扎实细致，反对粗糙马虎；提倡文明执法，反对冷漠粗暴；提倡良好举止，反对形象不佳”。评出当年“贤内助”：陆良娟（盛仲飞家属）、韩爱珍（胡圣良家属）、毛锦秀（吴东风家属）、张晓燕（王文斌家属）、史娇英（楼力力家属）。开展执行队伍专项教育整顿活动。

2003年，以开展“守司法礼仪，树法官形象”活动为载体，切实加强审判作风和法官职业道德建设。

2004年，以法官队伍职业化为目标，扎扎实实推进队伍建设。认真建设学习型法院，设立图书室，购置书籍、刊物，提供购书补贴。努力培养专家型法官，选送9名年轻干警攻读对外经济贸易大学法律硕士。坚持晋升必考，强化竞争氛围。加强中层干部和后备干部建设，认真开展中层干部述职评议，选取4名综合素质和群众公认度较高的青年干警担任业务庭庭长助理。开展“新大楼、新作风、新形象”专题教育活动。

2005年，开展“践行司法为民，争创省级文明”专题教育活动，组织干警学习《法官职业道德基本准则》和《公民道德建设实施纲要》。建立健全干警遵守职业道德的监督和考核制度，以促进建立起良好的法官职业道德。开展“规范司法行为，促进司法公正”专项整改活动，开展以“解难创优、为民办实事”为主要内容的机关作风集中整改落实活动。

2006年，按照“政治坚定、业务精通、作风优良、司法公正”要求，坚持不懈抓好队伍建设，有效提高干警综合素质。深入开展社会主义荣辱观教育、社会主义法治理念教育等活动。加强职业道德建设，大力挖掘和宣传先进典型，营造学习典型、崇尚先进、争创一流工作氛围。刑庭和民一庭分别荣获市级“青年文明号”和市级“巾帼文明示范岗”称号。开展中层干部竞争上岗工作，8名干警由中层副职晋升为正职，10名年轻干警走上中层岗位。修订《绩效考核办法》，修订《临聘人员考核奖惩办法》，增设聘用人员工龄工资和办案奖励制度，稳定聘用人员队伍。加强领导干部监督。落实个人有关事项报告等制度，修订完善财务管理制度等相关制度，确保党风廉政建设不留“死角”。坚持用制度管人管事，加强内部风险防控机制建设，完善问责机制。科学统筹干部安排。

2007年，印发《聘用人员管理暂行规定》，就聘用人员的招聘、职责、管理与考核、解除等作出规定。制定并实施《关于加强退休干部的服务与管理工作的办法》。增加司法雇员。

2008年，印发《关于进一步加强队伍建设的意见》。开展向全国优秀法院余姚市人民法院和全国模范法官周黎学习活动。制定并施行《干警疗养制度（试行）》。

2009年，印发《关于在案件审理执行过程中向当事人送达廉政监督卡的通知》，规定对本院受理的各类案件的当事人均应寄送廉政监督卡，确定廉政监督卡制定部门、监督形式。制定并实施《法官及工作人员着装规定》，对我院法官及工作人员的着装分类分场合进行了规定。

2010年，印发《人民陪审员使用管理办法（试行）》，就人民陪审员的选任、教育、培训、考核、奖惩、表彰、任免等作出规定，并要求在工作中加以认真贯彻执行。

2011年，本着从严治警与从优待警相结合的原则，干警疗养原则上每两年享受一次。疗养占用工作时间不超过5个工作日，干警疗养由院工会负责组织。

2012年，在全院开展“抓规范、强管理、提质效、创一流”活动，进一步规范审判工作、法院管理和队伍建设，实现工作理念作风全新转变，审判质量效率有效提升，司法为民宗旨全面落实，争先创优意识全面树立。

2013年，制定《关于法院干警集体宿舍管理规定》，对干警宿舍的日常管理、协调、安排进行了规定。

2014年，制定《人民陪审员管理考核办法（试行）》，对人民陪审员的选任、权利和义务作出了规定。

2015年，开通阳光司法信息互动平台，收集当事人评议意见。

2016年，制定《“队伍建设年”活动实施方案》，3月召开再动员再部署大会。在法院内网开辟“队伍建设年”活动专栏；组织开展“开讲啦”活动；组织党员干部到四明山抗日革命根据地开展“红色之旅”教育活动；开展廉政警示教育活动；围绕审执找实短板，通过“3·15”案件质量分析活动聚焦审执案件质效、阳光司法、流程管理等重点工作，排摸突出问题，形成分析报告，并提出意见建议；开展“回头看”活动找齐短板，对党的群众路线教育实践活动、“三严三实”专题教育查摆出来的问题和市中院司法巡查组提出的意见进行自查，形成自查报告。结合2015年以来阳光司法信息互动平台收集的2080余条当事人评议意见以及人大审议法院工作报告时提出的32条意见建议，积极研究整改措施，确保在规定时限内完成整改。加强政治建设，夯实思想基础。金瑞福被省高院评为省级“优秀司法警察”，任剑峰、汪杰峰分别被市、区两级评为G20工作先进个人，樊卓玮在市中院组织的微型党课比赛中荣获三等奖。司法警察大队做到“有警必出”，全年司法警察参与执行出警1951人次。全力做好安保工作，万无一失护航G20。

2017年，促进三区干警融合。三区调整后，多层面召开干警座谈会，组织“走近鄞江”“爱的营地”等活动，增强队伍凝聚力。开设员额法官“一人一课堂”，组织青年法官为审委会委员讲课，切实提升干警业务能力。办理3名新招录公务员调入、4名人员置换，2名同志退休，1名司法警察和3名事业人员辞职手续，46名新进聘用人员劳动合同签订、工资、社保、公积金续接工作，44名干警工资晋级晋档审批。启动5名事业编制人员的招录工作。完成与三区调整相关的各项人事工作。办理完成36名转入人员的档案审核、人员划转、组织调动、党组织关系转接、人事系统更新、工资续接、社保续保等手续。全年提请区人大常委会任免任啸雷等27人相应的法律职务。严格人事制度管理。11月修订出台《干警因私出国（境）管理办法》，梳理自查近两年干警因私出国（境）审批、核实回国情况，通过查漏补缺，进一步规范干警因私出国（境）。全年提交院党组审议讨论4名区管干部因私事出国境，审核批准31名一般干警因私事出国境。加强聘用人员管理，通过速录测试、测评调查、座谈会、一对一谈话等方式，严格规范聘用人员的日常管理工作。开展作风建设年活动，法院的社会公信力进一步增强。招录聘用人员11名，辞职6名。完善法官实习助理项目。更新维护9大信息系统平台。完成34名员额法官工资套改结算，84名员额法官、司法行政司法辅助人员工改保留津贴核定，82名法官职务套改申报，54名法官审判津贴补发。完成60名员额法官51个审判团队的重新组建。

第三节　思想教育

1986年，院党组对党员和干警进行坚持四项基本原则、反对资产阶级自由化的教育，党的理想与宗旨教育，形势和党的方针政策教育，党风党纪教育，要求学习《坚持四项基本原则，反对资产阶级自由化》和《建设有中国特色的社会主义》，加强党风建设，在思想上、行动上与党中央保持一致。

1987年，学习党的十三大文件，着重学习社会主义初级阶段理论和党的基本路线、关于经济发展战略两个专题，使审判工作适应大规模开发建设的需要。

1988年，围绕以经济建设为中心，坚持两个基本点，进行理想、纪律、职业道德的教育，开展党员考评，从理想宗旨、完成任务、组织纪律、党性修养、联系群众五方面进行自评和互评，以激励先进，鞭策后进。院涌现出一批先进个人。盛仲飞先后荣立一等功3次，二等功和三等功各1次，1986年、1987年2次被评为省法院系统先进工作者，1988年被授予“省劳动模范”称号。

1989年，不断进行形势、宗旨、理想、职业道德、纪律教育，引导干警了解全局形势，坚持“两手抓”，一手抓审判，一手抓思想政治工作，用“实现四化，振兴中华”这个精神支柱凝聚全院干警力量，增强服务意识，增强忧患意识，忠于职守，开拓务实。

1990年，组织全院党员、干警学习中共中央总书记江泽民、国务院总理李鹏在第十五次全国法院工作会议上的讲话，加强纪律作风建设。举行全体干警家属（家长）座谈会，会上印发“致全院干警家属的公开信”，倡议干警家属争做“贤内助”和“庭内助”。

1991年，开展思想作风教育整顿。开展“四查四整”，重点解决服务宗旨、公仆意识和审判作风三个问题。全院干警和各庭室精神面貌、工作作风明显改善，工作效率明显提高，结案率明显上升，达到工作与教育整顿良好结合的效果。

1992年，组织全院干警学习邓小平南方谈话精神和党的十四大文献，开展党风党纪教育、社会主义思想教育和“二五”普法教育，结合院实际，注意做到“四个结合”，明确审判工作必须适应社会主义市场经济的要求，增强服务意识。

1994年，在全体干警中开展解放思想大讨论。紧紧围绕法院工作如何为加快社会主义现代化建设服务，为建立社会主义市场经济新体制服务，为加速海曙区经济发展服务的主题，通过大讨论，使全体干警在如何搞好“三个服务”这个问题上取得共识，进一步理清工作思路，达到预期目的。加强和改进思想政治工作。组织干警深入学习《邓小平文选》第三卷和党的十四大，十四届三中、四中全会精神以及中央的有关方针政策，不断增强全局观念，提高贯彻执行党的基本路线的自觉性。组织开展“做合格法官，争做优秀法官”“争创文明庭科室”等活动，激励干警开拓创新，奋力进取，涌现出一批公正司法、清正廉洁的先进集体和个人。院机关党总支被评为区级先进党组织，1名干警被评为市级优秀法官、区级优秀共产党员，8名干警被评为区级先进工作者。

1996年，开展“创建文明庭室，争做文明标兵”活动，做到“三严”（严格依法办事、严格工作秩序、严格工作纪律）、“三风”（秉公执法的审判作风、求真务实的工作作风、文明健康的生活作风）、“三文明”（文明办案、文明接待、文明工作），院被评为宁波市法院系统先进单位。

1997 年，认真组织学习邓小平理论和党的十四届六中全会以及党的十五大精神，不断增强全局观念，提高贯彻执行党的基本路线的自觉性。针对在市场经济条件下受个人主义、拜金主义思潮侵袭，个别干警发生违法违纪等情况，不断探索新形势下做好思想政治工作的途径。开展评选优秀法官和争创文明庭室活动，涌现出一批先进集体和个人，经济庭等 4 个部门集体和陈辉、潘美元等 20 余名干警立功、受奖。段塘镇人民法庭再次通过省高院“省级五好法庭”复查验收。以职业道德建设为突破口，深入开展“奉献于事业，服务于人民”主题教育。

1998 年，贯彻党的十五大精神，树立清正廉洁、秉公执法的法官和法院形象，做到“三个结合”（结合争创“文明机关、文明单位”活动，提高干警政治业务素质；结合纪律作风整顿和司法评议整改，完善内外监督制约机制；结合干部选任和聘用活动，引入竞争机制），在干警队伍中形成生动活泼、积极进取的精神风貌。

1999 年，开展“争创人民满意的法院，争创人民满意的好法官”活动，进行“假如我是当事人”大讨论，要求干警换位思考，急当事人所急，想当事人所想，为民排难解忧。经测评，人民满意率达到 88.6%，群众来信比上年下降 13.7%。

2000 年，开展“为谁掌握审判权，如何掌好审判权”讨论和“争创人民满意的法院，争创人民满意的好法官”活动，解决部分干警在职业道德、审判作风、工作态度方面存在的问题。

2001 年，开展“处理好我与人民群众、我与人大代表、我与区人大及其常委会的关系”专题教育活动，将接受监督的方式、途径制度化。突出“公正和效率”主题，进一步加强和改进新形势下政治思想工作。切实加强机关党建工作，充分发挥党员的先锋模范作用。进一步贯彻落实《中华人民共和国法官法》，认真做好干部人事管理等各项工作。进一步强化内外监督机制，努力做好纪检监察工作。

2002 年，开展“作风建设从我做起”专题教育，解决干警在学习作风、工作作风、思想作风和生活作风方面存在的问题。举行“作风建设从我做起”演讲会，使全院干警受到一次深刻的作风教育。以改进审判作风为重点，开展“五提倡五反对”活动，即提倡雷厉风行，反对疲沓拖拉；提倡认真负责，反对敷衍塞责；提倡扎实细致，反对粗糙马虎；提倡文明执法，反对冷漠粗暴；提倡良好举止、反对形象不佳，着力增强作风建设的针对性和有效性。

2003 年，开展党的十六大精神学习主题教育。兴起学习“三个代表”重要思想新高潮，不断增强干警宗旨观念，提高干警思想政治水平。强化职业道德和作风建设，通过开展“守司法礼仪，树法院形象”专题教育活动，开展争当“模范法官”活动，举行演讲比赛、专家讲座，征集法官警示语，开展自查自纠等活动，塑造新时期法院和法官的良好形象。开展“回顾过去，开拓未来”教育。

2004 年，开展纪律作风专项教育整顿活动。通过“四查四对照”，进一步强化廉政意识、作风意识、制度意识、纪律意识，进一步提高法官队伍素质，逐步实现法官队伍职业化。开展“新大楼、新作风、新形象”专题教育活动，树立法官职业形象。

2005 年，开展“践行司法为民，争创省级文明”专题教育活动，组织干警学习《法官职业道德基本准则》和《公民道德建设实施纲要》，建立健全干警遵守职业道德的监督和考核制度。是年，开展保持共产党员先进性教育活动和“在省级文明单位的荣誉面前，党员做什么”的讨论等。以法官队伍职业化为目标，要求党员争当“办案之星、办案能手、记录能手”。

2006 年，开展社会主义法治理念教育活动。按照法官职业特点，改进和拓展廉政教育形式，严格规范审判人员与当事人、律师之间的关系，落实法官回避制度。完善干警个人信用档案和重大事项报告制度，加大对违纪行为的查究力度。开展评选“贤内助”活动，请干警家属配合法院做好干警违纪防范工作。继续聘请廉政监督员，听取监督员对海曙区人民法院廉政建设的意见、建议。制定《加强对干警八小时外情况管理的实施意见》，使廉政工作向“八小时外”延伸。及时发现、分析和解决廉政方面的倾向性问题，建立院庭两级领导分级负责、齐抓共管的廉政工作新机制。

2007年，加强廉政文化建设，开展“公正司法、廉洁用权”教育活动。在院内网上开辟“廉教园地”，每周发送廉政警示格言，每月推荐廉政文章，弘扬正气，营造崇廉尚德氛围。建立干警廉政档案，将审判作风、廉洁自律、奖励惩处、信访投诉、述廉评议、廉政谈话、拒礼拒贿等方面内容列入档案，加强对干警廉洁执法状况的监督。强化廉洁预警机制，由各部门副职组成廉洁联络员队伍，定期分析通报干警队伍廉洁情况。

2008年，完善队伍科学管理，以中层干部为依据，落实各项管理措施，修订《绩效考核办法》。根据岗位职责，细化工作绩效、职业道德和廉政情况等各项考核指标，推动考核方式由年度考核向季度考核、由考核部门向考核个人转变，强化考核的约束激励和导向作用。加强对审判和执行工作关键环节的监督制约，针对大标的案件管辖权下放，出台《关于大标的案件保廉工作若干规定》，对涉案标的额在400万元以上的案件，监察室全程监督案件审理进程，保障司法权廉洁运行。

2009年，开展“人民法官为人民”主题实践活动，开展“假如我是当事人”大讨论，组织观看“颜色革命启示”录像。通过充实法律书籍，开展文娱、兴趣、学术交流、体育锻炼等活动，提高干警的政治、业务素质。

2010年，扎实开展创先争优活动，进一步加强学习型党组织、学习型法院建设，建立政治理论学习长效机制，认真学习社会主义核心价值体系、社会主义法治理念，引导广大干警自觉树立公正、廉洁、为民的司法核心价值观，切实为人民掌好审判权、用好审判权。深入开展“人民法官为人民”主题实践活动，组织干警学习陈燕萍先进事迹，教育干警增强群众观念，在审判执行工作中多做解民忧、得民心的实事。

2011年，深入推进“发扬传统、坚定信念、执法为民”“人民法官为人民”主题教育，引导广大干警自觉树立公正、廉洁、为民的司法核心价值观。扎实开展“三思三创”主题教育，举行形势政策宣讲，开展解放思想大讨论，组织全院干警针对“五找八问”，自省自查，找差距、树标杆、亮承诺，树立争创一流的竞争意识。组织开展群众观点大讨论活动，举办法官讲坛，加强群众观点教育。组织开展“部门学刑庭，干警学周黎”创先争优先进事迹表彰奖励等系列活动。

2012 年，深入开展政法干警核心价值观教育实践活动。认真落实党务公开、民主评议、政工例会等制度。

2013 年，深入学习贯彻党的十八大及十八届三中全会精神和习近平总书记关于法治建设重要论述，引导干警牢固树立社会主义法治理念。坚持党管干部和公开、民主、竞争、择优原则，进一步优化中层干部队伍结构。开展“制度管理落实年”活动，狠抓审判、队伍和行政管理制度的督查落实。

2014 年，认真查找“四风”问题，强化宗旨意识和群众观念。开展“主动服务大局、强化诉讼服务、推进阳光司法、改进案件审理、加强案件执行”五大专项整治，着力解决“六难三案”问题。制定修订各类规章 25 项，司法规范化建设持续推进。院领导轮流带队进行正风肃纪巡查，干警作风明显改进。组织“共筑法治梦”演讲比赛、国家宪法日宣誓等活动。召开民主生活会，切实践行群众路线。召开党的群众路线教育实践活动部署会议。院党组书记、院长吴军良带领与月湖街道所属社区结对的第一、第二组法官前往月湖街道进行走访。副院长王惠珍带领第三组结对法官前往段塘街道进行走访。院党组成员、副院长周家骥带领社区结对法官走访望春街道。院党组成员、副院长张丹丹带领结对法官前往江厦街道进行走访。院党组成员、政治处主任张莉珠带领社区结对法官前往西门街道进行走访。院党组成员、纪检组组长陈建国带领与南门街道下辖社区结对法官走访南门街道。深化“社区法官”活动成果，派出法官参加中山广场“宁波市‘3·15’国际消费者权益日现场会”。各庭室组织开展党的群众路线教育实践活动。

2015 年，及时出台《关于开展“三严三实”专题教育的实施意见》，制定《党组理论学习中心组学习实施办法》及 2015 年学习意见，召开党组理论学习中心组学习会议。开展教育活动，一是开展《中国共产党廉洁自律准则》《中国共产党纪律处分条例》教育，二是开展职业道德教育，三是开展警示教育。

2016年5月，召开“两学一做”学习教育专题党课暨动员部署大会。7月，召开“两学一做”学习教育“讲规矩有纪律”专题学习讨论会议。中心组成员认真学习《中国共产党问责条例》《关于党内政治生活的若干准则》《关于领导干部报告个人有关事项的规定》和《关于实行党风廉政建设责任制的规定》，并结合习近平总书记在庆祝中国共产党成立95周年大会上的重要讲话，围绕“讲规矩有纪律”专题，就严格遵守党的政治纪律、组织纪律、廉洁纪律、群众纪律、工作纪律和生活纪律，自觉做到在党规党纪面前知敬畏、守底线进行深入讨论。

2017年，组织学习贯彻落实党的十九大和各级党代会精神。组织干警观看中共十九大开幕会，订购书籍学习中共十九大报告，开辟“我最喜爱十九大报告中的一句话”专栏，发动全体党员在内网跟帖。落实上级有关意识形态工作的决策部署，通过座谈会、谈心谈话，深入了解干警思想状况。推进“两学一做”学习教育常态化制度化。协助机关党委制定实施方案，在内网开设学习专栏，督促各支部落实“三会一课”台账记录、摘录学习笔记。协助院机关党委做好区直机关党工委的中期督导检查。牵头做好区第三片组12家机关单位的党建考核工作。

第四节　业务培训

区人民法院一直十分重视干警的教育培训工作，把它作为提高干警政治思想、业务素质的重要途径，创造良好条件，组织开展各种各样的教育培训，有力推动了干警的成长进步，为审判事业的发展提供了智力支撑。

1990年，继续抓好“业大”教育班工作和各项审判业务培训工作，在“业大”、电大、函大学习的干警13人，占干警总数的19.7%。

1991年，制定颁布《关于实施法制宣传教育第二个五年规划及九一年普法教育计划的意见》。组织干警学习掌握与自己业务工作相关的法律知识、社会主义法治理论。重点学好《中华人民共和国民事诉讼法》《中华人民共和国行政诉讼法》《中华人民共和国保守国家秘密法》《浙江省计划生育条例》《关于惩治走私、制作贩卖传播淫秽物品的犯罪分子的决定》等法律、法规。

1992年，对干警的德、能、勤、绩进行综合考核，进一步完善目标管理岗位责任制。采用学习培训，鼓励实践、岗位交流等办法，任用助理审判员以上干部18名。重视专业理论培训工作，又有8人参加法律业大学习。

1994年，组织干警认真学习社会主义市场经济理论和新的法律、法规知识，严格执行每周半天全院学习制度，组织经常性业务学习，开展业务研讨活动。一年中8名干警获取专业证书，4名干警攻读法律本科，3名干警参加法律业大学习。《中华人民共和国国家赔偿法》颁布后，及时组织干警进行学习讨论，并举办辅导讲座，为《中华人民共和国国家赔偿法》的实施作准备。

1995年，适应性岗位培训4人，继续教育19人，高等教育7人。

1996年，围绕建设一支政治坚定、业务精良、纪律严明、作风过硬的跨世纪干警队伍，坚持法制教育和审判工作相结合的原则，加大法制宣传教育力度，坚持以法治院，树立法治权威，建一流法院，创一流工作，培养一流法官队伍。树立“规范、公正、高效”的审判形象和“文明、廉洁、务实”的法官形象。开展形式多样的业务学习和培训工作，进一步抓好“业大”教育，普及法律大专，抓好专升本学历培训。一年中有4名干警完成专升本学业，1名干警获取业大法律专业证书，另有2名干警通过专升本考试进入本科院校进行学习，5名干警参加业大法律大专培训。至1996年年底，审判人员大专以上学历已达到92%。

1997年，开展多种形式干部培训。除抓经常性业务学习外，采用组织参加或办培训班、开研讨会、经验交流会等多种形式，开展业务培训，共办（参加）培训班3期、研讨会1次。有2名干警完成专科升本科学业，2名干警完成法律专业大专学业。

1998年，加强干警业务培训，开展审判方式改革培训。多次组织中层干部参加区委组织的市场经济知识学习培训，举办第二届审判业务研讨会，继续支持部分干警完成法律专业大专学业。至1998年年底，全院干警具备大专以上学历的占89.4%。

1999年，举办中层干部培训班。培训班围绕“如何当好中层干部”主题，通过领导讲课、典型发言、交流体会等方式，着力提高中层干部政治素质。先后组织干警进行执行法规培训、《中华人民共和国合同法》培训、审判方式改革培训、刑事裁判文书改革培训等业务学习活动，使干警的业务知识得到充实。

2000年，按照《中华人民共和国法官法》要求，鼓励不具备大学本科学历的干警参加“专升本”学历教育及国家法官学院组织的专项培训，提高学历层次。至2000年年底，全院干警中，具有法律大专以上学历达到68.3%，其中法律本科学历占22.96%。与大专院校合作，邀请法学专家为干警授课，提高干警法学理论水平。

2001年，印发《海曙区人民法院2001—2003年干部教育培训规划》。紧紧围绕司法公正和效率主题，结合法院队伍建设实际，坚持把思想政治教育放在首位，切实提高干警的思想政治素质和职业道德素质。

2002年，举办经济审判工作培训会，重点学习在WTO背景下如何做好经济审判工作。

2003年，制定年度干部培训计划，建立经常性学习制度，以部门为单位每月自行安排集中学习，加强对新出台法律法规和疑难问题的学习、研讨。推荐干警参加各类学历教育和业务培训，选送一批业务骨干参加研究生考试。

2004年，选送9名年轻干警攻读对外经济贸易大学法律硕士。办好审判调研刊物，举办第七届审判业务研讨会，搞好“海曙杯”征文活动，鼓励干警开展业务研讨，探讨审判工作中出现的疑难复杂问题。

2005年，积极开展庭审观摩、学术研讨等活动，营造浓厚学习氛围。鼓励、推荐干警参加各类学历教育，加大对干警的业务培训力度，保证干警学有所获、学有所用，不断提高理论素养和职业技能。2005年硕士和在读硕士的比例占14.1%，本科生以上学历比例占71%。西郊法庭坚持“六个不”“三结合”，扎实开展学习培训工作，进一步推进各项工作的新发展。

2006年，认真建设学习型法院，健全业务考试制度，完善图书室等硬件配置，激发干警学习积极性。每年开展学术研讨会、庭审观摩和专项业务培训活动，帮助干警提高驾驭庭审、制作裁判文书等审判技能。组织“优秀法官、优秀案例、优秀裁判文书”评选活动，形成示范和激励效应。实施人才强院战略，鼓励干警参加各类学历教育，9名业务骨干在职攻读法律硕士学位，引进5名硕士研究生。

2007年，加强司法能力培训。鼓励干警参加学历教育，3名干警完成法学本科学历教育。积极选送干警参加初任法官任职资格等各类岗位业务培训，全年有88人次参加上级法院组织的各类培训。坚持经常性业务学习制度，定期邀请高校学者和资深法官到院授课，先后举办《中华人民共和国物权法》、刑事审判业务等讲座，帮助干警提高理论水平和职业技能。开展专项技能竞赛、审判业务研讨等活动，全院干警在市级以上报刊发表论文17篇。

2008年，切实抓好党的十七大精神主题宣教和“大学习、大讨论”活动，进一步统一新时期人民法院工作的指导思想。大力加强在岗培训，组织干警参加各类在职培训，邀请上级法院资深法官和法学专家到院开展《中华人民共和国物权法》《中华人民共和国劳动合同法》等讲座。共有70人次参加上级法院组织的业务培训。

2009年，加强司法能力建设，举办审判业务研讨会，开展优秀庭审评比活动。

2010年，教育培训工作形成机制，有88人次参加省、市法院组织的各类培训。开展“一季三讲”活动，每季度分别举办一次“法官讲坛”，全面交流审判经验；举办一次“法律讲课”，深入学习法律理论知识；举办一次“文化讲座”，切实提高干警文化素养。完善青年法官导师制，制定《青年法官导师制工作规程》。提请区人大常委会任命38名人民陪审员。

2011年，继续强化教育培训，共有94人次参加上级法院组织的各类培训。6名年轻干警考取硕士研究生。继续完善青年法官导师制度，17名青年法官由法官导师结对带教，3名青年法官完成文字工作轮训。组织成立青年法官应用法学研究会，通过法律疑难问题交流、合作撰写调研课题等形式，加快青年法官培养。举办人民陪审员培训班暨聘任仪式，对38名新任人民陪审员进行岗前业务培训。

2012年，组织学习新修订的《中华人民共和国刑事诉讼法》《中华人民共和国民事诉讼法》等法律法规，开展新录用人员岗前培训，117人次参加上级法院组织的各类业务培训。支持干警继续学习深造，鼓励支持11位干警在职攻读法律硕士学位。制作规范化庭审提纲，开展优秀示范庭、优秀裁判文书评选、审判业务研讨等活动，着力提高法官审判业务技能。多措并举加大青年法官教育培养力度，一是实践锤炼“社会化”，促使青年法官尽快成才；二是业务培训“精细化”，增强青年法官司法能力；三是爱护关怀“常态化”，发挥青年法官的聪明才智。

2013年，开展各类培训32次，组织129人次参加上级法院业务培训。对14名新录用干警进行岗前培训，选派4名干警到市中院及区直机关挂职锻炼，提升干警综合素质。新招录8名硕士研究生，3名干警完成法律硕士学位课程，8名干警在职攻读法律硕士学位，在编干警中具有硕士学位的达35.1%，队伍知识结构得到改善。

2014年，完善青年法官导师制，资深法官与19位青年法官结对子，做好传帮带。加强教育培训，全年共开展各类培训45次，组织125人次参加上级法院业务轮训，全院法官中硕士以上比例达50.6%。开展廉洁司法教育周、作风建设专题教育月、廉政知识测试等活动，强化干警廉洁自律意识。

2015年，组织干警参加各类培训134人次，对183名人民陪审员进行集中培训。对14名青年法官主审案件进行评议，提高庭审驾驭能力。组织26名书记员开展技能竞赛。组织业务部门审判员及书记员进行庭审记录录音录像改革现场培训。

2016年，针对部分法官、执行队伍、司法警察队伍中存在的短板问题，制定相应教育整顿方案。组织106人次参加各类培训，对人民陪审员进行集中培训，组织26名书记员进行技能竞赛。通过勤廉评价系统收集当事人及其代理人的反馈意见，逐条回复、通报改进；制定《受理处理律师投诉办法》，开通律师网上投诉平台，规范律师投诉办理程序。实行青年法官导师制，开展庭审评议、优秀裁判文书评选等活动。

2017年，开设员额法官“一人一课堂”17讲，多渠道提升干警能力。开展高层级培训，全年推荐71名干警参加上级法院培训，其中11名干警参加国家法官学院培训。选派61名干警参加区级有关部门培训。联合职能部门对全体聘用人员开展岗位教育培训。面向员额法官审判团队、办公室、政治处、纪检监察部门、审管办、法警大队发放聘用人员测评表，了解聘用人员日常工作表现，对表现不佳的个别人员开展“一对一”谈话。组织开展聘用人员速录测试，提升速录技能。

第七章　文化建设

第一节　院文化建设

区人民法院重视法院文化和精神文明建设，丰富和发展了具有鲜明特色的海曙法院文化，为法院审判执行工作提供了精神动力、智力支持和文化保障。

1996年4月10日，院党组就贯彻全市法院院长会议关于开展创造文明单位、树立文明标兵活动的精神，研究制定院创建工作的实施意见。12日召开全院干警大会进行动员、部署。确定自5月至11月，在全院各庭室全面开展以“做到三严，树立三风，落实三文明”为中心内容的创建活动，12月结合年终工作总结进行考核评比。成立由院长任组长，院党组成员和政工科、办公室负责人组成的考评领导小组，规定具体操作办法，把创建文明活动、树法院形象工程真正落到实处。

1997年，制定颁发《加强法院自身精神文明建设的实施意见》，努力把本院建设成严肃执法、办案公正、文明廉洁、开拓进取的法院；把全体干警造就成政治坚定、业务精通、纪律严明，无私奉献的高素质法官。为此统一思想认识，达到三个明确，认真抓好四项工作，抓好四个环节，抓好四个方面建设：一是理论建设，二是理想建设，三是道德建设，四是廉政建设。

1998年，制定“争创文明单位”三年规划，争取1999年跨入区级文明单位，2001年达到市级文明单位各项指标，并对争创领导小组成员进行调整，1998 年便被评为区级文明单位。

2000 年，为认真贯彻落实本院三年争创市级文明单位的规划，推进最高人民法院部署的“改革年”“公正年”活动的顺利开展，巩固“三讲”教育和“三项”活动成果，决定在 2000 年度继续深入开展“争创市级文明单位”活动。对 2000 年度院级 2 个文明集体和 17 个文明标兵进行表彰。2001 年获市级文明单位。2005 年向省申报省级文明单位，当年被省委、省政府命名为省级文明单位。

2006 年，决定三年内分别开展规范司法礼仪、规范程序运行和规范裁判文书活动。按照公正、高效、廉洁、文明的职业要求，规范法官及其他工作人员的语言、服饰、仪容、举止等礼仪，促进司法公正，塑造司法形象，树立司法权威，维护司法尊严，积极推进司法规范化建设。注重培育先进法院文化，挖掘和宣传先进典型，营造奋发向上工作氛围，形成法院发展内在动力。当年被评为市级先进法院，刑庭和民一庭分获市级“青年文明号”和市级“巾帼文明示范岗”的称号。

2008 年，组织司法礼仪讲座，开展院风院貌检查，开展“天平颂”集体诗朗诵比赛等文体活动，在法官通道建立法院文化长廊，悬挂法律人物肖像和警句格言，加强精神激励，增强队伍凝聚力和战斗力。开展向省级优秀法官周黎学习活动，举办趣味运动会、诗朗诵比赛、春节联欢会。

2009 年，印发《海曙区人民法院法官及工作人员着装规定》，着力塑造良好司法形象。实施凝聚力工程，积极探索将廉政文化融入法院工作的有效方法和途径，切实营造廉洁执法的浓厚氛围。一是通过正面典型的示范作用来营造一种浓厚的廉政氛围，用先进典型教育人、鼓舞人。二是结合违纪违法典型案例，特别是法院系统的反面典型，加强警示教育。三是将廉政元素融入法院的建筑、装饰等布局之中。

2010 年，不断创新文化建设载体，提升队伍整体素养。举行新任法官授职宣誓仪式，提升法官尊荣感、使命感和责任感。坚持从优待警，把解决干警思想问题和解决实际问题结合起来，增强队伍向心力。通过开展迎新春文艺联欢会、举办迎“五一”登山比赛、赴革命老区开展支部活动、创办《金天平》刊物等丰富多彩文体活动，促进干警情感交流，激发干警工作热情，增强队伍凝聚力。完善考核激励机制，修订绩效考核办法，提升队伍执行力。开展“文明礼让斑马线”活动。对立案大厅、办公大楼和审判大楼等公共区域进行较大规模文化装饰。

2011 年，加强院史陈列室、图书室建设，推进以资深法官、先进人物事迹上墙为主体的法院文化长廊建设，营造法文化氛围。征集提炼“崇法致公、厚德为民、勤廉务实、追求卓越”法院精神和“尚法、秉正、致用”院训，凝聚共识。开展法官授职宣誓仪式、法官论坛、主题演讲、“公正文化进法院”专题教育、“迎五一”登山比赛、赴江西上饶集中营参观、趣味运动会等丰富多彩的文体活动。参与第一届全市法院运动会，获得团体第三名的佳绩。

2012 年，印发《宁波市海曙区人民法院文化建设三年规划》的通知，狠抓落实，因地制宜、积极探索、大胆实践，不断丰富法院文化建设的内容和载体，努力培育特色文化，弘扬法治精神，促进法院文化繁荣发展。推进西郊法庭、立案大厅文化设施建设，营造浓厚的法文化氛围。倡导“持中守正，讼息波宁”宁波法官精神，弘扬“尚法、秉正、致用”院训，教育引导法官形成共同的理想信念和价值追求。组织开展体育比赛、主题演讲、登山比赛等丰富多彩的文体活动，丰富干警文化生活。召开外地籍干警座谈会，组织学习宁波话活动，帮助解决实际困难，营造温馨的法院人文环境。

2013 年，参与第二届全市法院运动会，在男子 4×100 米、男子 200 米、男子跳远、乒乓球、羽毛球、足球、蛙泳等比赛中均取得优异成绩，并受颁道德风尚奖。

2014 年，开展“弘扬核心价值观，共筑中华法治梦”主题演讲比赛，为全院干警深入学习、领悟、践行社会主义核心价值观营造了良好氛围，推动社会主义核心价值观深入干警心中，落实到日常工作中。

2015 年，图书室新增图书 2000 余册，丰富法院干警文化生活。选树典型弘扬正能量，紧扣名院战略海曙行动计划，坚持德才兼备的选人原则，积极开展海法名人培养。

2016年，广泛开展“干警之家”建设。新建妈咪暖心小屋，该小屋布置冰箱、整理柜、布艺沙发、婴儿健康护理宣传辅导资料等软硬件设施，为哺乳期女性提供一个干净整洁、舒适温馨的私密空间，为年轻妈妈构筑爱的驿站。

2017年，推选第二届宁波市十大法治人物候选人、2017年度“我们精彩”第一期、第二期先进个人，推送全省先进个人、最美浙江人、最美海曙人、十九大维稳安保先进集体、先进个人等近20个候选对象，充分发挥党员干部的先锋模范作用。打造“海法闪烁”特色党建品牌，组织全体党员开展“走进鄞江”“走进望春”主题党日活动。推送樊卓玮、葛艳君参加省级、区级主题党课竞赛，双双荣获二等奖。组织14个党支部参与养怡院献爱心活动，108名党员捐赠近5000元。组织干警观看《战狼2》《知心法官》《峥嵘岁月的记忆》等电影。组织200余名干警分6批走进湖州、舟山、金华进行工会疗休养。开展制作中国结、手鞠球、元宵汤圆、蛋黄酥、口金包等形式多样的活动，开展“海法书香”“美丽女人花开季”等活动，开设摄影、养生系列课堂，增加瑜伽、足球健康课程频率。组织80余名干警参加第三届法院系统运动会。

第二节 宣传信息

区人民法院一直重视宣传信息工作，利用橱窗、板报、报刊、广播、电视、网络、新闻发布会等多种形式，坚持主旋律，提倡正能量，弘扬正气，抨击歪风，正面宣传，加油鼓劲，为法院各项工作顺利开展不断提供舆论支持、氛围保障。

1986年，开始法治宣传工作。

1991年，制发《宣传、信息工作的制度和奖励办法》，将宣传、信息工作列入本院岗位责任制考核范围。当年还创办《信息通报》。

1992年，积极搞好信息调研工作。制发《关于开展〈中华人民共和国宪法〉颁布十周年纪念、宣传活动的实施意见》，开展“法制宣传周”

活动。全年共报信息 88 条，被市中院采用 42 条，省高院采用 4 条，区委采用 3 条，编发本院信息 16 期，简报 14 期，撰写调研文章 4 篇。

1994 年，召开信息工作会议，制订落实加强法院信息工作具体措施。成立信息工作领导小组，组长由院长崔盛钢兼任。创办《海曙法院信息》，建立信息工作与岗位目标责任制挂钩和年度信息达标一票否决制度，建立信息录用专项奖励和信息工作单项考评分定期通报制度。

1996 年，全年共编发本院信息 22 期、简报（含调研专刊）21 期，向上级党委、法院报送信息 80 余条。被中办采用 2 条、最高人民法院采用 3 条、省高院采用 21 条、市中院（市委办）采用 42 条、区委办采用 15 条，信息工作跃至全市法院系统前列。

1998 年，实行信息、调研、宣传报道奖励制度，制定奖励办法，本院录用的信息每篇奖励 10 元，简讯每则奖励 5 元。每高一层次逐层递增计算。调研材料每上报一篇奖励 20 元。被录用的调研材料，按照录用刊物的级别和材料篇幅计算奖金。本院录用的调研材料，3000 字以下的每篇奖励 50 元，超过 3000 字的每篇奖励 75 元，每高一层次逐层递增计算。

2000 年调整奖励办法，本院录用的信息每篇奖励 10 元，简讯每则奖励 5 元，综合性信息编发成工作简报的，每篇奖励 30 元。每高一层次，逐层递增计算。调研材料每上报一篇奖励 20 元。被录用的调研材料，按照录用刊物的级别和材料篇幅计算奖金。本院录用的调研材料，3000 字以下的，每篇奖励 80 元，超过 3000 字的每篇奖励 100 元，每高一层次逐层递增计算。统计分析材料参照调研进行奖励。宣传报道（指在报纸上发表的材料）按稿酬的两倍计算奖金。

2001 年，印发《关于法制宣传教育工作第四个五年规划》。法治宣传教育工作第四个五年规划的总体目标：创一流业绩，培养一支政治坚定、业务精通、纪律严明、作风过硬的法官队伍，全面提高公民的法律素质，努力开创依法治区新局面。

2004 年，召开第八届研讨会，主题为现代司法理念与审判方式改革研究。

2006 年，制定《关于开展法制宣传教育的第五个五年规划》。运用各种行之有效的形式，广泛深入开展法制宣传教育，扎实推进依法治理；坚持法制教育与法治实践相结合，坚持法制教育与道德教育相结合，不断提高全院干警的法律素质，进一步增强社会主义法治理念，推进普法工作取得新进展；为海曙区全面建设小康社会、构建社会主义和谐社会、加快推进社会主义现代化，营造良好的法治基础和环境。

2007 年，印发《关于加强信息宣传调研工作的意见》。成立信息、宣传、调研工作领导小组，由院长任组长，分管副院长任副组长，各庭室负责人为成员。明确责任人、承办人，提出工作要求、奖励举措。

2008 年，文字工作呈现稳步向上发展态势，各部门确定一名负责人分管文字工作，并确定专人担任文字工作联络员，工作网络初步建成。落实宣传工作周报、信息约稿、简报轮阅、联络员例会等制度，文字工作成绩较 2007 年均有所提升。信息被上级法院录用 72 条，同比增长 100%。宣传稿在市级以上媒体发表 160 篇，同比增长 65%。加大组织策划力度，围绕未成年人审判等工作开展策划宣传 6 次。

2009 年，加强信息采编，《海曙法院信息》容量进一步增大、内容更加全面，全年编发 54 期。最高人民法院录用 5 篇，省高院录用 21 篇，中院录用 108 篇，在全市各法院中保持前列。加强和新闻单位联络协调，多渠道宣传法院审判、改革和队伍建设的经验、做法。被国家级媒体报道 60 篇，被省级媒体报道 71 篇，被市级媒体报道 173 篇，数量较 2008 年增加一倍。全年共在各级刊物上发表调研论文 24 篇，被评为全省法院信息工作先进集体。

2010 年，落实宣传工作周报、信息约稿、简报轮阅、联络员例会等制度，信息工作进步明显，全年共编辑《海曙法院信息》36 期，被上级法院录用信息 120 余条，其中最高法院录用 3 条、省高院录用 21 条，在全市法院年度考核中排名 B 类法院第一。宣传工作稳步发展，实现案例报道和工作性宣传齐头并进的良好态势。被各类媒体报道 320 篇，其中国家级媒体 53 篇、省级媒体 72 篇。

2011 年，抓好文字工作各项工作制度落实，大力开展文字工作联络员队伍培训，夯实文字工作基础，信息工作得到加强。编辑《海曙法院信息》39期，被上级法院录用各类信息、简报、简讯等102条，其中被省高院录用各类信息15条、简报1条，市中院录用各类信息86条、简报2条。信息工作在市中院B类考核中名列第二。宣传工作持续发展，共在各类媒体发表报道452篇，其中国家级媒体用稿126篇、省级媒体用稿145篇，全方位、多角度宣传院亮点工作。与市中院联合召开新闻发布会，院未成年人刑事审判工作的“海曙模式”得到中国新闻网、中央人民广播电台、《钱江晚报》、《宁波日报》等各级媒体广泛报道。成立院舆情管理工作领导小组及网络阅评员队伍。

2012年，制定《海曙区人民法院关于新闻发布的若干规定》，颁发全院贯彻执行。召开新闻发布会通报案件情况。

2013年5月，成立“曙光心理工作室”，并召开新闻发布会介绍工作室情况。9月“曙光心理工作室”举行一次别开生面的“心理互助”活动。

2014年4月15日上午，院召开新闻发布会，向公众推出法院微信公众号“宁波海曙法院”。中新网、新华网、央广网、人民网、浙江人民广播电台、《宁波日报》、《宁波晚报》、《东南商报》等媒体到场采访并报道。该微信公众号系首家宁波法院系统开通订阅号并通过微信认证的公众号。该订阅号还将通过每周推送一期电子杂志以实现订阅功能。在发布会现场，工作人员即时推送第一期电子周刊，内容包含四篇原创文章。

2015年4月8日，召开主题为“在家事审判中引入社会观护员制度”新闻发布会，现场回答10家新闻单位记者提问。5月召开《迷途曙光》微电影首映式暨新闻发布会，8家新闻单位记者参加新闻发布会。《迷途曙光》微电影由六个小故事组成，分别为《民意的法槌》《庭外的追寻》《心灵的关怀》《共同的母爱》《帮教的力量》《亲情的回归》，以影视的形式展示院未成年人刑事审判“海曙模式”相关工作。

2016年，准确把握宣传工作重点，积极挖掘审判工作亮点，全方位、多角度宣传院工作。43篇稿件被各级媒体刊用。联合市中院在《人民法院报》头版发表文章《执行办事大厅的“一米阳光”——宁波市两级法院“前台+后台”执行模式调查》，《浙江法制报》专版发表《宁波海曙区：“家事调查官”在行动》，在《宁波日报》专版发表《闪亮的窗口——海曙区人民法院诉讼服务中心纪实》，协助民三庭召开旅游纠纷诉调对接新闻发布会。坚持微信推送，全年共推送 34 期。拍摄《法官业外行为指引》动画片 1 部，被省高院纪检监察部门发文推广。配合上级法院和区委宣传部的网评工作，协调处置本院舆情。被省高院刊物录用信息 11 条、简讯 1 条，市中院录用信息 17 条、简讯 3 条，市委办、市人大、区委办等其他信息刊物录用 24 条，编发本院要情 35 期，内网动态 171 条。加大对创新性工作和亮点工作的总结提炼，执行办事大厅材料得到最高院领导批示，未结案清理专项活动信息得到省高院院长批示。

2017 年 2 月 28 日，召开本年度第一场新闻发布会，发布反家庭暴力法实施一年来，院制发人身安全保护令的相关情况。4 月召开 KTV 著作权侵权纠纷案件新闻发布会暨公众开放日活动。7 月召开虚假诉讼案件新闻发布会和市首个“执行无忧”悬赏保险新闻发布会。9 月召开关于著作权纠纷诉调对接机制新闻发布会。全年发表信息：最高人民法院执行专刊 1 条，省高院录用信息 5 条，简讯 3 条；省政府 1 条；市中院录用各类信息 43 条，简讯 5 条，各级党委、政法委、人大系统录用 25 条，其中批示 10 条，法院动态信息 487 条。113 篇稿件被各级媒体刊用。组织召开新闻发布会 6 次。组织公众开放日活动 17 次。充分发挥自媒体作用，改版微信公众号，新增法院故事，拍案惊奇等栏目，明确每周固定推送。共推送 60 期 140 篇，阅读量近 6 万次，关注人数 4202 人，较 2016 年底的 1639 人上升了 156.50%。积极配合上级法院和区里的网评工作，协调处置本院舆情 25 起。

第三节　调研工作

区人民法院把调研工作作为一项重要的基础性工作来抓，不断取得丰硕成果，为法院整体工作的推进起到了智力支持和参谋助手的作用。

1991 年 9 月，陈顺兴的《试论对著作权的剽窃案件的审理认定》一文，在“全省法院系统首届民事学术讨论会”上作交流。

1996年7月6日，举办首届论文研讨会，收到论文80篇，初评产生11名优秀论文候选人作大会交流，评出一等奖2名、二等奖3名、三等奖6名、入围奖12名，为获奖论文作者颁发证书和奖金。交流论文有王旭东《试论刑事诉讼中的非法证据》、盛仲飞《恋爱期间赠与之管见》、周妥桥《谈谈行政诉讼的被告》、吴巧新《关于信用卡透支行为罪与非罪的界定》、贺汉培《法律文书对子女抚育的表述之浅见》、张定云《浅谈对被执行人对外债权的执行》、钱哲人《浅论案件的执行》、张丹丹《期货经纪公司的法律地位及民事责任探讨》、吴东风《房屋买卖合同与过户登记效力之我见》、周家骥《略论我国强制执行立法》。其中民庭庭长盛仲飞撰写的论文《恋爱期间赠与之管见》被推荐参加六省市民事审判研讨会，行政庭庭长周妥桥等人撰写的4篇论文报市中级人民法院参加全市法院系统首届论文研讨会。全年共编发本院信息22期、简报（含调研专刊）21期。

1998年5月中旬，举办第二届学术讨论会。

1999年举办第三届审判业务研讨会，调研工作取得历年来最好成绩，共有10篇调研材料被中院调研专刊和《宁波审判研究》刊用，5篇被《浙江审判》刊用。

2000年，印发《海曙区人民法院关于进一步加强调研工作的决定》。培养审判人员勤于思考、刻苦钻研的工作作风和工作态度，将调研成绩视为晋升助审员、审判员和选拔中层干部的标准之一。书记员晋升为助审员的，必须在担任书记员期间在市级以上刊物或省级以上报纸（下同）发表业务论文一篇以上；助审员晋升审判员的，必须在担任助审员期间发表业务论文一篇以上；选任中层干部的，候选人在选任前必须发表业务论文或思想政治建设论文两篇以上。中层干部在调研工作中要起模范带头作用，每年需发表调研论文一篇以上，当年45周岁以下的中层干部未完成调研任务的，不得被评为院先进个人。30周岁以下青年干警每年应发表业务论文一篇以上，未达到要求的，不得被评为院先进个人。严格按照岗位目标责任制考核调研成绩，坚持每年举行一届业务研讨会，当年举办第四届审判业务研讨会。是年刊办《审判园地》18 期，市中院《宁波审判研究》录用 8 篇，《浙江审判》录用 5 篇。

2001 年，举办第五届审判业务研讨会，营造浓厚的钻研业务氛围；继续办好《审判园地》调研刊物，已编至 31 期；市中院和省高院调研刊物录用 18 篇，比上年增长 27.8%。

2002 年，加强业务学习和研讨，鼓励干警积极撰写调研文章，全年被市级以上调研刊物刊用达 16 篇，同时召开民商事审判研讨会。

2003 年，举办民事审判工作业务学习研讨会，立案庭、西郊法庭举行速裁工作研讨会。举办第七届审判业务研讨会，收到论文 50 篇。办好审判调研刊物《审判园地》，激发干警调研的积极性，院在市级以上刊物发表各类调研文章 32 篇。

2004 年，坚持研讨与交流，有 4 篇论文在院与中院《宁波审判研究》编辑部联合举办的“海曙杯”有奖征文研讨会上获奖，入围交流论文 19 篇。举办第八届审判业务研讨会。

2005 年，举办第九届审判业务研讨会，中心议题为司法能力建设与司法体制改革问题研究。

2006 年，有 2 篇论文获全国法院民商事审判管辖实务研讨会二等奖，1 篇论文获市中院学术研讨会一等奖。举办第十届审判业务研讨会，研讨会议题一：公正司法与构建和谐社会；研讨会议题二：审判实践与法律适用问题。

2007 年，举办第十一届审判业务研讨会，研讨会议题：司法解决社会纠纷的对策与机制研究。全年在市级以上刊物发表论文 17 篇。各部门根据自身工作实际，建立疑难案件研讨等业务交流制度，如民一庭完善案件讨论制度，定期组织全庭审判人员讨论疑难复杂案件，拓宽办案思路，统一法律适用；民二庭建立裁判文书轮阅制度，通过轮阅、比较，及时发现和纠正文书制作中存在的问题，规范裁判文书制作。

2008 年，落实重点调研课题工作，调研文章在市级以上刊物发表数同比增长 76%，《从紧货币政策对法院审判工作的影响及对策》一文入选最高人民法院编写的《民商审判资料选读》。专题统计分析的数量及质量有较大进步。举办第十二届审判业务研讨会。

2009 年，确定 13 个重点调研课题，其中《基层法院法官培养制度的分析与思考》《关于构建诉讼服务中心的调查与思考》被列为全市法院调研课题。举办第十三届审判业务研讨会。

2010 年，举办第十四届审判业务研讨会，选送 5 篇论文参加上级法院论文研讨会，《基层法院民事案件合议制改革的路径选择》一文获全省法院第二十届学术讨论会二等奖。落实重点调研课题工作，完成 13 个重点调研课题，《关于外地未成年刑事被告人司法保护的调查与思考》一文被列为全市法院重点调研课题。全年在各级刊物发表论文 25 篇，其中在《人民司法》《中国审判》等核心期刊上发表调研文章 13 篇。

2011 年，举办以探索社会主义司法规律与完善民商事法律制度研究为主题的第十五届审判业务研讨会，集中力量完成《审判园地》改版工作。在各级刊物发表调研文章 35 篇，《外地未成年人犯司法保护的分析与思考》课题首次被评为全市法院优秀重点调研课题，2 篇论文获《宁波审判研究》“江北杯”论文研讨会三等奖。

2012 年，召开第十六届审判业务研讨会，主题一：建设公平正义社会与刑事法律适用问题研究，主题二：审判实践与法律适用问题。

2013 年，在《人民法院报》发表文章 4 篇。

2014 年，在各类刊物发表各类文章 48 篇。其中，在《人民法院报》发表文章 22 篇，在《人民司法·案例》发表 2 篇，在《浙江审判》发表文章 3 篇，在《浙江案例指导》发表 1 篇，在《浙江检察》发表 1 篇，在《宁波审判研究》发表文章 17 篇，在《宁波审判研究案例》发表文章 2 篇。

2015 年，举办第十八届审判业务研讨会，以“司法体制改革与民商事法律适用问题研究”作为中心议题，进行论文征集活动，评出一等奖 2 篇、二等奖 2 篇、三等奖 2 篇、优秀奖 4 篇。

2016 年，在各级刊物发表各类文章 20 篇。其中，在《人民司法》发表案例分析 2 篇，在《浙江审判》发表文章 2 篇，在《宁波审判研究》发表文章 16 篇。1 篇案例分析在第三届全国青年法官优秀案例评选活动获优秀奖，1 篇论文在首届法治浙江论坛中荣获二等奖，1 篇论文在省高院“黄岩杯”基本解决执行难问题征文比赛中荣获二等奖，2 篇在市第八届“深化改革与法治建设”论坛征文中获三等奖，参与撰写的 1 篇调研课题被评为 2016 年全市法院重点调研课题优秀调研成果，1 篇论文获全市法院第十九届审判理论与实践交流会三等奖，2 篇文章获全市法院第十九届审判理论与实践交流会优秀奖。全年共编辑《金天平》2 期。1 名干警被评为全市法院调研工作先进个人。

2017 年，在各级刊物上发表文章 20 篇。其中，在国家级刊物发表文章 4 篇（包括《2016 年人民法院案例选》1 篇、《人民法院报》3 篇）；在《浙江审判》上发表文章 1 篇；在《宁波审判》发表文章 13 篇；在《宁波法院调研》发表文章 1 篇，另外，组织、编辑文章参加各类征文比赛 6 次。1 篇案例分析获评全省法院优秀案例，2 篇案例分析获评全市法院优秀案例，1 篇判决书获评全市法院优秀案例，1 篇司法建议获评全市优秀司法建议，2 篇论文获得宁波市第九届“深化改革与法治建设”论坛二等奖，1 篇论文获得宁波市第九届“深化改革与法治建设”论坛三等奖，1 篇论文获得全市法院第十九届审判理论与实践交流会三等奖，1 篇论文获得全市法院第二十届审判理论与实践交流会优秀奖。向市中院推荐的一篇案例分析入选最高人民法院指导案例初选。

第八章　司法行政

第一节　基础设施

一、办公用房建设

1979年建院时，镇明法院只有3间近60平方米的办公室，海曙法院只有4间近80平方米的办公室，法庭与办公室混用。

1984年两院合并时，集中到永丰路9号办公，办公用房不到200平方米。

1989年12月23日分别向区计经委、区财政局提交《关于建造段塘镇法庭用房的报告》，要求纳入区基建计划，拨款3万元。

1990年，段塘镇人民法庭竣工交付使用。

1991年1月22日，向区财政局提交《关于追加段塘镇法庭基建经费的特急报告》。

1997年，西郊人民法庭投入使用，位于宁波市海曙区民丰街75号，法庭占地面积2997平方米，建筑面积1380平方米。

1998年11月9日，向区委政法委提交《关于要求办公楼加层的报告》，因院办公用房紧张，场地狭小，难以适应审判工作的需要，经有关部门论证，可在原三层办公楼基础上加层。为此，院要求在三楼基础上加层，建筑面积约300平方米，总投资人民币50万元。

2003年11月26日，环城西路北段200号审判办公大楼新建完成并迁入。

2004 年，向区政府提交《关于要求装修西郊法庭办公楼的报告》，申请经费 50 万元。

2005 年，西郊法庭进行装修。

2012 年，向区发展和改革局致函，要求对院食堂、停车位及绿化进行改造；要求对院西郊法庭进行改造。

2015 年，对用电设备、用水管道进行维护。

二、审判庭建设

1988 年 9 月 22 日，向区政府提交《关于要求建造审判法庭的报告》。

1989 年 4 月 16 日、6 月 8 日，分别向区计经委、区财政局提交《关于要求建造审判法庭列入区 1989 年基建计划的报告》《关于要求解决审判法庭基建经费的报告》，要求列入 1989 年区基建计划，财政拨款 30 万元。11 月 8 日，向市中院提交《关于要求从速落实我院建设审判法庭投资 10 万元的报告》。

1990 年，审判法庭的建造立项，并落实部分资金。

1991 年 4 月 8 日，向市规划局提交《关于征用横河街 5—9 号和永丰路 11 号等地皮作为建造我院审判法庭和办公房及档案室场地使用的报告》。7 月 30 日向市中级人民法院提交《紧急报告》，要求上级领导支持并做区政府领导的工作。8 月 26 日，向区委、区人大、区政府提交《关于请求继续按原方案建造审判法庭的报告》。

1991 年 9 月 6 日，向区财政局提交《关于要求从速拨付法庭建设资金的报告》。

1992 年 1 月 9 日，院审判法庭工程破土动工，标志着建院以来无审判场所的历史即将结束。该审判法庭工程设有 250 座大法庭 1 个、40 座小法庭 4 个，还有部分办公用房和 1 个会议室，是一个多功能审判法庭。总建筑面积 1000 余平方米，造价 60 万元。

2000 年 6 月 16 日，向区政府提交《关于要求建造新办公（审判）大楼的报告》。根据形势的发展，永丰路 9 号的办公大楼已经不能适应审判工作的要求，为适应审判工作的需要，要求新建办公（审判）大楼。经初步匡算，新办公大楼需要占地15亩左右，建筑面积10000平方米，总造价为3000万元。7月20日，又向区政府提交《关于要求重建审判大楼的请示》。审判大楼计划设计总面积约10000平方米，计划总投资2995万元。7月26日，区政府作出《关于同意重建审判大楼的批复》，经区长办公会议研究，同意迁址重建审判大楼。新审判大楼总建筑面积核定为8000平方米左右，总投资2725万元左右，资金来源除土地征用费由区政府补助解决外，其余由院现有及2000—2001年预算外结余资金和现有用房拆迁赔偿费予以解决。9月1日向市规划局提交《关于迁建海曙区人民法院审判大楼的报告》。12月19日，向省高院提交《关于要求扩大审判法庭建设规模的请示》，要求高院批准院将审判法庭建筑面积扩至6000平方米左右。

2002年6月18日，举行新的审判办公大楼奠基开工典礼。

2003年11月26日，环城西路北段200号审判办公大楼新建完成并迁入。

2005年，向区发展和改革局提交《关于要求调整海曙区人民法院审判办公综合大楼建设工程概算规模和投资的报告》，要求将审判办公综合大楼的概算面积调整为12284平方米，概算投资调整为5162.34万元。11月区审计局对审判办公综合大楼竣工决算作出审计意见。

2015年，对用电设备、用水管道进行维护。

三、办公设备

建院初期只有铅字打字机，20世纪80年代末配备了第一台电脑，1999年为解决人民法院执行难问题，向区纪委提交《关于要求配置手机的请示》，执行庭下属的4个执行组特殊岗位，申请各配手机一台，月话费每台500元。同年，向区人民政府提交要求添置执行车辆、通信工具的报告，要求财政拨款添置执行用日本尼桑工具车一辆、手机四部、传真机一部。2007年根据审判工作的需要，新增警车4辆，并购置传真机、打印机等各类办公设备。2008年新增警车4辆，购置电脑47台，添置办公桌椅。到2009年院党组制定了信息化建设规划，三年投入800余万元建成法院内外网、数字法庭以及审判流程管理系统、视频会议系统、电子签章系统等集政务、事务、审务和安保一体化的信息网络系统，信息化建设得到长足发展。2005 年 7 月，成立了审判服务保障中心。2010 年，采购 130 台干警办案用手提电脑。同年，成立司法行政科，司法保障更加规范有序。

四、交通工具

建院初期，只配有少量自行车。20 世纪 80 年代后逐步购置了三轮摩托车、菲亚特轿车、面包车等。进入 21 世纪，车辆装备得到较大改善，2010 年达到了 28 辆。公务用车使用改革后车辆规模有所减少，2017 年底有执法车、公务车、囚车共 16 辆。

五、审判制服

1984 年前法院审判人员一直无审判服装，仅有司法警察服装。法警服装式样与公安相同，1983 年为上白下蓝军服式，至 1985 年改为橄榄色登驳领附有肩袢式样，后又改为西式翻领配领带式。

1984 年，最高人民法院经呈报国务院批准，从该年 5 月 1 日起，全国各级法院审判人员实行统一着装。服装式样春秋季男女统一为深藏青色中长纤维华达尼料，男服为中山装式制服 2 套，女服为西装式制服 2 套；夏季男制服为浅灰色的确良府绸小翻领服式；女为西装式制服，男女各 2 套；冬季男式罩服为深藏青色的确良卡其布中山装式，女为小翻领罩服，各发 1 套；深藏青色中长纤维华达尼军大衣式样男女大衣各 1 件；春夏均为大檐帽，冬季为军式栽绒帽，帽徽上铝合金国徽图案，肩章肩徽为红底镶金黄边呢质长方形硬肩章，中间加一枚铝合金国徽，当年每人着装费 350 元。

1988 年，按最高人民法院规定，对 1984 年 5 月 1 日起着装已满三年的审判人员进行第二次审判服发放，并改换部分服饰，夏装上衣改为灰色短袖翻领香港衫，男式下装为黑色中山装式长裤；女式下装为黑色中山装长裤或裙子，均减少冬罩衣，其余服式面料均同第一次发放。当年换装人员每人服装标准费250元，新增人员每人服装标准费453元，在宁波市列入全国计划单列城市后，1989年9月以后新增加人员的服装由市中院司法行政处负责办理。当年在奉化桐照村西服厂加工制作审判服装。

1990年，法官制服有了较大改进，夏装改为短袖，配备了大檐帽，春秋装上衣改为西装式翻领，明兜，内穿白衬衫系红色领带。

1995年法院服装主要有：灰大檐帽、蓝大檐帽、短袖、春秋服、大衣、硬肩章、软肩章、帽徽、领带、领带卡。

2001年5月1日全国法院统一换发2000式审判制服，包括法袍和西服式制服。2000式法袍，领子刺绣麦穗、齿轮、华表图案，胸前门襟上端为红色，针缀五粒（一大四小）胸扣，大扣代表公正执法，小扣代表四级法院。2000款法官制服夏装为灰色，上衣为西装小翻领、短袖；春、秋装为黑色两扣西装，冬装为黑色三扣西装，内衬白衬衫，铁灰色领带，制服上衣领左上方佩戴法徽。

2007款法官夏装一改往日的一袭灰色，上衣为浅湖蓝色、立领、明袋挖兜短袖，下装为黑色西裤。女装增配黑色西服裙。春秋装改配红色领带，上衣钉天平图案纽扣。这款制服的上衣被命名为“月牙白”。

2010式新式法袍较2000式旧款法袍增加了法徽、领徽和袖章。这是继2000年法官正式着法袍开庭之后，法官第二次换装。法袍为黑色散袖口式长袍，黑色代表庄重和严肃；红色前襟配有装饰性金黄色领扣，与国旗的配色一致，体现法院代表国家行使审判权。第一颗纽扣代表忠于党，第二颗纽扣代表忠于人民，第三颗纽扣代表忠于法律，第四颗纽扣代表忠于事实，法官穿法袍审理案件，象征着思想的成熟和独立的理性判断力，象征着法官恪守始终遵循法律并对国家和社会负责的承诺。

第二节　财务后勤管理

一、财务管理

1985年，区财政拨款总金额103296元，其中年初核定预算经费

87336 元。由于经费不足，根据审判工作需要，追加各种经费拨款15960 元。

1986 年，共需经费 173446 元，除按 1985 年区财政局实际拨款103296 元外，急需增加购置有关设备等经费 70150 元，用于购买法院干部夜大教育设备（录像机、彩色电视机、录音机、录音带等），购买省高院分配进口吉普车 1 辆，购买送达法律文书需要摩托车 2 辆，购买复印机，新招人员服装费和由于价格调整等原因增加各种的办案经费。

1998 年，建立内部会计管理制度体系：会计人员岗位责任制度、财务处理程序制度、内部牵制制度、稽核制度、原始记录管理制度、票据管理制度、电算化管理制度、固定资产管理制度、财务收支审批制度、行政单位收支管理制度、财务分析制度等。

1999 年，成立贯彻落实收支两条线工作领导小组，领导小组组长：李伟铭，组员：陈辉、胡圣良、李泓。贯彻落实收支两条线工作领导小组的具体工作由办公室负责。

2016 年，严格执行《差旅费报销规定》与《公务接待规定》，严格遵守制度，规范收支流程。依据相关财政规定，认真做好诉讼费收、结、退与转交款收、结、退工作，2016 年累计预收诉讼费 40701769. 22 元，累计结案应收取诉讼费 533808 元。实际收取诉讼费 36515680. 67 元，同比增长 6304. 5%。累计收往来款 65621. 17 万元，退往来款 61326. 24 万元。积极配合司法改革，推进财务管理改革。根据省高院要求，完成案款管理系统上线相关工作。与区财政局对接，做好公款竞争性存放的公开招标相关工作。

2017 年，适应财政管理体制变化，落实法院各项保障经费。通过组织财务人员及时学习各项财政政策和制度，改善财务业务知识结构。加强诉讼、执行费的往来款项管理。认真做好诉讼费收、结、退与转交款收、结、退工作，2017 年，累计共预收诉讼费为 6668. 49 万元；累计实际收取诉讼费为 1245. 66 万元，累计收往来款 90379. 85 万元；累计退往来款 82858. 59 万元，收罚没款 1278. 25 万元。根据公款竞争性存放的要求，完成诉讼案款存放的银行开户工作。7 月 1 日开始，诉讼费、保全费从中国银行海曙分行执行款专户分离，存放于宁波银行湖东支行。启动诉讼费、案款执行款清理工作。理清未发还执行款及案款的具体情况，核对诉讼费、执行费收费情况，摸清底数，建立台账。对不能发放的暂存款进行规范管理，对错开漏开的发票予以改正。向区财政争取专项基金，用于奖励在矛盾化解工作中作出突出贡献的调解人员。加强经费开支管理，自觉接受监督，做到每一笔收支规范有序、事项清楚。坚持勤俭节约、从紧必需的原则，进一步加强对“三公”经费支出的有效管理。加强公开透明度，对各项经费支出在内网上进行逐月公示。

二、后勤管理

2001 年，制定并实施《住房分配货币化实施方案》。

2003 年，成立食堂管理委员会，主任：盛仲飞，副主任：吕国平，会员：李泓、陈莉萍、杨建国、钟珍明、任裕章、李芸芳、王旭东、陈义红、庄立敏、徐良章、周妥桥。行政管理的各项规章制度逐步健全；全院法警实行统一编队管理；在审判大厅设置安检门，加强安全保卫。

2004 年，按照规范化要求，重新制订行政管理规章制度，加强行政保障。引入物业管理，部分后勤服务实现社会化。

2010 年，向区编委请求增设司法行政科，负责财务、物资装备、法庭建设、后勤事务管理、日常安全管理、司法鉴定等对外委托和其他服务工作。成立院办公服务车队，并就车队职能职责、管理调度作出规定。同年，实施公务用车制度改革，并制定车辆使用管理办法。加强食堂管理，不定期召开膳食管理委员会成员会议，广泛听取对食堂伙食的意见和建议，不断丰富菜肴种类和类目，搭配各类小点心，满足干警多样化就餐需求。严把食品出入关，严格遵守《公务接待标准》，杜绝各类浪费。

2012 年，印发并执行《关于物业保安管理工作的规定》，主要就保安队长职责、保安岗位职责、值班要求、考核奖惩等作出规定。区人民法院保安队受本院法警大队和物业公司管理处双重领导，其中西郊法庭保安还需接受西郊法庭的领导。印发《海曙区人民法院机关安全保卫工作管理规定》，并要求贯彻执行。为进一步加强法院物资采购管理，推进后勤保障工作制度化建设，本着规范管理、合理开支、杜绝浪费原则，结合实际，制订物资采购管理规定，成立物资采购管理小组。为进一步加强车辆管理，提高车辆使用效率，增强工作人员责任心，推进车辆使用管理规范化建设，制定车辆及驾驶员管理办法。制定《关于膳食管理小组的章程》《关于食堂管理工作的规定》，成立膳食管理小组。

2014 年，完成诉讼服务中心改造，对羁押室进行升级改造，为审判区安装防护网，提升安全防护水平。鉴于办公大楼投入使用已十余年，对用电设备、用水管道及时进行维护保养，保证办公顺利进行。健身长廊投入使用，丰富干警业余生活。和物业公司加强沟通督促，提升物业服务水平。

2015 年，调整食堂管理委员会成员，主任：王程生，成员：檀丹霞、汪晓蕾、李泓、吕国平。调整膳食管理小组成员。

2017 年，较好完成各类行政接待、房产管理和维修等行政事务工作。出台《关于法院干警集体宿舍的申请和管理规定》。完成各项“微改造”，包含母婴室升级改造、乒乓球及台球活动室改造、办公大楼部分外悬窗改造、浴室修整改造并重新开放，并添置各类配套用品及设施。提供各项“微服务”，为每位干警在生日之际提供一份生日蛋糕，对警车安装 ETC（电子不停车收费系统），增加跑步机，检测生活用水，提供冰柜冷藏食品，增加快递架，增设自动售货机等。增加人文关怀，在发放审判工作服装、制作生日蛋糕以及为全体干警提供其他人文关怀时，不区分是否在编，对全体工作人员一视同仁。加强邮政速递质量，与宁波市邮政速递物流公司海曙分公司多次联系沟通，建立交流联系微信群，提供面对面的查件和交流方式。及时巡查各类设施，将日光灯逐步更换成 LED 灯管，对食堂消毒柜进行重新清洗和检修，并对空调、高配房、电梯等重点部位进行定期检查。加强车辆管理，依托信息化软件，继续实行网上派车，提高调度效率，对同时段同目的地的派车需求进行整合，强化对车辆 GPS 系统的定位，注重对车辆运行状况的动态跟踪。每月定期在内网公布车辆管理报表。与业务部门特别是执行局做好对接，要求驾驶人员配备执行工作证，并要求在执行公务时统一着特勤人员服装。

第三节　信息化建设

一、审判现代化

2009 年，院树立“科技强院”理念，推进标准化数字法庭建设，加快提升法院信息化水平，至 12 月底，提前建成首期 6 个标准化数字法庭，数量居于全市法院前列。以数字法庭为平台，有利于改变传统评议中部分审判人员事先演练庭审、评议走过场等弊端；通过重复观看庭审录像片段，有助于把握日常庭审中存在的各种问题；利用庭审录像，有利于机动安排评议时间，评议覆盖面更加广泛；通过采样剪辑评议活动中反映的优秀及较差庭审录像片段，制成典型性光碟在局域网上公布，有利于干警比照自查，切实加强评议工作督查指导的实效性。

2010 年，制定印发《宁波市海曙区人民法院数字法庭使用管理暂行规定》，坚持科技强院，按照信息化工作规划，大力加强信息化建设，推进审判工作的精细化、规范化管理。全面推进数字法庭，建成 12 个标准数字法庭，实现庭审全程录音录像，提高庭审智能化水平。

2011 年，继续加强信息化建设，完成 5 个标准数字法庭建设。继续提高庭审科技含量，建成庭审双向视听技术系统，实现远程审理功能；设立庭审同步视频室，实现庭审同步直播。

2013 年，建成数字审委会、高清视频会议系统、“办案助手”系统及审判信息异地备份等信息化项目，提高审判信息化水平。

2014 年，建成网络庭审直播系统，门户网站进行改版，开通“12368”司法信息公益服务热线及短信平台；完成证票类文书自动生成系统的开发和电脑随机分案系统的完善。

2015 年，推进案件网上办理、网上流转，推广数据关联检索平台、执行查控系统等信息化应用，促进审判体系和审判能力现代化。建成信息化集中控制暨执行指挥中心，集庭审监督、执行远程指挥、视频会议等功能于一体。完成高清数字法庭改造，全部法庭配备录音备份系统，全面推行庭审记录改革，以录音录像代替书记员笔录模式审理案件，确保庭审高效进行。启用律师服务平台，为律师提供网上全流程诉讼服务。

2016 年，落实人民陪审员随机分案系统开发。落实案款系统上线工作，做好院内各项信息化软硬件设备的安装、维护。完成服务器和存储的更新扩容，保证数字法庭和档案扫描的需要。

2017 年，设置证人隐蔽作证室，以双向音频单向视频的方式实现证人“隐相变声”的效果，提高证人当庭作证率。在看守所建立远程提审室和庭审室，解决区域面积扩大带来的被告人押解时间长和脱逃风险增加问题。

二、办公信息化

1999 年，为逐步实现办公现代化，自筹经费 60 万元在全院范围内建立电脑网络系统。

2007 年，完成局域网和法院系统三级网建设，建成包括审判系统、办公系统在内的数据业务平台和集图文、声音于一体的视频会议平台。

2008 年，推进视频会议系统的建设和使用，确保上级法院组织的各类视频会议、网上业务培训顺利进行。推进干部人事信息化建设，建立干警信息数据库，提高行政管理规范化水平。

2009 年，采购激光高速打印复印一体机及签章软件，建成电子签章系统，信息化应用水平较大提高，网上办公机制逐步落实，各类公文全部上网，有效提升办公效率和质量。

2010 年，坚持科技强院，按照信息化工作规划，大力加强信息化建设，推进审判工作的精细化、规范化管理。全面推进数字法庭，建成 12 个标准数字法庭，实现庭审全程录音录像，提高庭审智能化水平。采购 130 台干警办案用手提电脑，建成法院内外网站，构建法院对外宣传平台。做好三级网络升级改造，采购防火墙、路由器、核心交换机等硬件设备，完成扩容升级改造。做好安保设备采购，完成院机关安检 X 光机、安检门、金属探测器和访客自动登记安全管理系统以及西郊法庭大楼红外线、摄像监控设备及CK报警系统（入侵紧急报警联网系统）建设，提升法院安保水平。

2011年，加强法院网站建设，按照阳光司法要求，外网增设少年司法、审判委员会名单、联系法官、在线诉讼服务平台等栏目。对内网网站进行重新开发，增设政工园地、廉政建设、审判管理、信息简报、文件轮阅、制度规范等栏目，将原办公系统功能移植到内网，进一步丰富网站内容。推进信息化建设规划落实，办公协同平台、网络安全管理平台、裁判文书纠错系统、监控系统和门禁系统建设有序推进。向区信息化工作领导小组提交《关于要求核准三级网络升级等信息化建设的报告》。

2012年，充分发挥网站法治宣传作用，展示法院公正、高效、廉洁、为民的良好形象。

2016年，对内网网站进行重新改版，增设智慧法院等栏目。贯彻执行《信息化项目建设管理的若干规定》。做好望春、鄞江法庭信息化设备和网络对接的前期工作。

2017年，成立海法创E意见建议交流小组，搜集汇总一线法官及书记员对信息化工作的意见建议，为信息化建设提供智力支持。完成诉讼服务中心拾音器安装。完成新进干警设备安装、短号设置、办案系数设置等工作。按照省高院阳光司法工作要求，对门户网站进行改版、更新与维护。创建内网留言板，开展内网留言板“金点子”评选活动，征集意见建议104条。完成执行指挥中心建造并启用。完成院内各软硬件设备安装、维护。完成微法院推广的相关技术保障工作。

第九章　监督管理

第一节　内部监督

区人民法院在漫长司法实践中，根据上级相关文件与司法实践，探索制定出一系列符合基层法院内部监督的有效制度。

错案责任追究制　1988 年开展错案责任追究制，凡审理的各类案件中出现的错案，均属于追究范围。无论在什么情况下造成的错案，坚决予以纠正，视情节轻重，给予批评教育、责令退赔、通报批评、扣发奖金、调离原工作岗位，直至纪律处分。

信访接待制度　1997 年制定信访接待制度，坚持每周一至周五（周五下午不接待）的信访制度，设立每周一的各庭室负责人轮流接待日，1997 年设立院长接待日制度，每月十六日（逢星期日顺延）为院长接待日。

“一案一反馈”制度　1998 年在全院推行“一案一反馈”制度。“一案一反馈”制度，是用一案一表形式，在案件立案后与发送诉讼文书时一并发送给各方当事人，以征询案件当事人对干警在办案过程中，是否秉公执法，有无审判作风、审判纪律等方面的问题，提出改进审判工作的意见和建议。为了把“一案一反馈”制度落到实处，在发放此表的同时，向诉讼当事人发放“诉讼须知”，告知他们监督法院办案人员事项，以确保此项制度顺利实施。

案件质量检查制度 1999年成立案件质量检查组，负责对案件质量的检查。该组隶属院政治处，办结的刑事、民事、经济、行政案件由承办庭装订成卷，送交质检组进行检查，执行案件视情组织检查。上诉案件必须及时移送，及时检查，检查后由愆办庭办理上诉手续。

审判监督制度 2000年制定审判监督制度，它是根据“实事求是，有错必纠”的原则，本着对人民高度负责的精神建立起来的，是我国审判制度的一个重要特点。其目的在于通过对错判案件的重新审判，为无辜者平反昭雪，使被轻纵的犯罪分子得到应有惩罚，使合法权益得到应有的保障。2011年成立审判管理办公室，进一步加强对审判流程和办案质量效率的监督管理。

审判质量管理制度 2001年实行排期开庭，将庭审排期权从审判人员的审判权中分离出来，由各业务庭统一行使，防止案件久拖不审；落实案件审结期限催办制，杜绝超审限现象；对检查中发现的案件质量问题每季度作总结并通报全院，以提醒业务庭和干警吸取教训，促进案件审判质量提高；全面实行审执分立。

第二节 外部监督

一、人大、政协监督

区人民法院一直高度重视自觉接受人大、政协监督，多措并举加强与人大代表、政协委员的联络工作，建立健全与代表、委员的常态化联络机制，建立日常工作通报机制，采取走访、召开座谈会、编印寄送《金天平》《审判园地》《法院信息》等形式，定期向区人大代表、区政协委员通报法院工作。坚持院长定向联络省人大代表制度，每年两次登门拜访一次人大代表，通报法院工作情况，听取他们的意见和建议。把代表、委员关注案件的办理工作纳入政务督查范畴，逐件明确承办部门、办理时限和办理要求，确保办理质量。同时，对代表、委员多次提出，或代表、委员反映强烈的问题，承办部门必须在作出处理结论前听取代表、委员意见，做好解释说明工作。健全代表、委员参与旁听评议庭审制度，对案情疑难复杂、在当地有重大影响的案件，坚持邀请人大代表、政协委员旁听案件的审理，认真听取代表、委员提出的意见和建议，及时进行归纳和整改，增强代表监督工作的实效性。

1987年6月29日，制定《关于自觉接受区人民代表大会及其常务委员会监督的规定》，制定并实施区人民法院《关于进一步加强与人大代表、政协委员联络工作的实施意见》（以下简称《意见》）。《意见》要求建立健全多形式、多渠道的联络机制，注重实效，避免形式主义，将联络工作落到实处。1. 建立邀请人大代表、政协委员旁听和评议庭审制度。每年选择具有一定代表性、适用普通程序的刑事、民商和行政案件，邀请人大代表、政协委员参加旁听并进行评议。庭审结束后，当场组织人大代表、政协委员进行测评打分和讨论评议。重大案件的听证、执行也邀请人大代表、政协委员随案进行监督，以进一步增进人大代表、政协委员对法院工作的了解，扩大办案的社会效果。2. 建立邀请人大代表、政协委员视察法院工作制度。通过定期邀请人大代表、政协委员视察法院工作，召开座谈会，主动向人大代表、政协委员汇报法院工作，让人大代表、政协委员及时了解法院在审判工作、司法改革和队伍建设中取得的成绩，以及法院工作中存在的问题和困难。3. 建立走访人大代表、政协委员制度，高度重视人大代表、政协委员意见、建议、提案、关注案件，法院工作报告起草前后，应当主动上门走访人大代表、政协委员，开展座谈，倾听意见。走访人大代表、政协委员，要由院领导或中层干部带队。4. 建立人大代表、政协委员约见制度。人大代表、政协委员对本院在执法中存在问题和人民群众反映强烈的问题，提出约见院领导或法官的，应在一周内将接待的时间、地点告知人大代表、政协委员本人。接待人大代表、政协委员要诚恳礼貌、热情周到，耐心听取意见，解答问题要有理有据。5. 建立院领导及业务部门联系街道人大工委制度。院领导及各业务部门要根据院里统一安排，分别和各街道人大工委建立“一对一”的工作联系机制，通过上门走访、举行座谈、上法制课、提供法律咨询等方式，加强日常联络，部门负责人为联络责任人员，建立工作情况通报制度。对于法院工作中的重大部署、重要事项，及时向人大代表、政协委员通报。每半年一次向人大代表、政协委员寄送法院工作通讯，每年年底召开法院工作情况通报会，以便人大代表、政协委员及时了解法院动态，拓宽人大代表、政协委员对法院工作的知情渠道。聘请人大代表、政协委员担任特邀监督员，不定期邀请人大代表、政协委员到法院进行明察暗访，对法院工作、审判行为、干警作风等进行监督，切实保障人大代表、政协委员行使监督职权。落实定向分级联络制度，按照上级法院的统一部署，采取上门走访、邀请视察、旁听庭审、参与执法等形式，由院领导每年至少2次定向联络辖区内省人大代表，使代表深入了解法院工作情况，并虚心听取、征求代表对法院工作的意见和建议。

1981—1990年，区人大常委会对区人民法院审判工作的监督方法主要有：1. 对法院贯彻执行宪法和法律的情况进行认真的监督，从而使党和国家的大政方针在审判工作中更好地贯彻执行。区人大及其常委会每年都要听取、审议区人民法院工作报告，了解法院依法开展审判工作情况，并通过相应决议，提出贯彻执行有关法律和政策的意见或建议。1987年以来，区人大常委会还就区人民法院实施《中华人民共和国民法通则》《中华人民共和国行政诉讼法》工作情况等听取汇报，要求法院为民排难解纷，维护公民、法人合法权益。2. 对法院秉公执法、依法办案等方面进行监督，促进法院提高严肃执法的自觉性和执法水平。区人大常委会先后多次组织代表到院视察、开展执法大检查活动。区人大常委会领导还对提高法院干警队伍的执法水平给予关注，支持院办好法律业大教学班工作，鼓励干警参加业大学习，提高干警的业务素质。3. 监督法院廉洁勤政，促进干警队伍建设。区人大常委会非常关心干警队伍建设，24位人大代表作为院廉政建设监督员，对不断增强法院干警的执法意识起了很大促进作用。区人大常委会在审判人员任免工作中，注意严格把关。院副职干部向区人大常委会作述职报告。十年间，区人民法院经人大常委会任命的审判员以上干部共48人次。4. 支持法院工作，并尽力协助解决某些具体问题。区人大常委会为帮助法院督促落实人员编制、建造审判法庭等做了不少工作，给予支持。

1991年，区人民法院不断提高接受人大及其常委会监督的自觉性，每年都组织干警认真学习《中华人民共和国宪法》《中华人民共和国人民法院组织法》和省人大常委会的《规定》等有关法律法规。完善接受人大监督的制度，使之经常化、规范化，制定办事公开、监督制度。

1992年，在检查执行1987年制定的接受人大监督规定的基础上，修订《关于自觉接受区人民代表大会及其常务委员会监督的规定》（以下简称《规定》）。《规定》共十条：一是认真组织干警学习宪法及法律，不断增强自觉、主动接受区人大监督的意识；二是认真负责地向区人大及其常委会报告工作；三是坚决贯彻执行区人大及其常委会的决议、决定，并及时报告贯彻执行情况；四是指定有关庭室，及时、认真办理人大代表的议案、建议，并报告办理结果；五是人民代表和人大常委会视察法院工作时，热情接待，提供方便，虚心听取意见、批评，认真研究采取措施，改进工作；六是重大审判活动和重要工作会议，事先向区人大常委会报告，并邀请参加，接受监督；七是认真及时办理人大常委会批办、转办、督办的重大案件；八是审判工作和加强自身队伍建设等所形成的文件，如工作计划、工作总结、从严治院措施和规章制度、工作简报、信息和贯彻上级法院会议精神的情况等，及时报送区人大常委会，使人大随时了解法院的工作动态，便于监督；九是严格按照法律和区人大常委会规定程序制度，对请求区人大常委会任免的审判员以上干部，按规定时间报送被任免人员材料，提请审议任免；十是认真严格贯彻执行《浙江省地方各级人民代表大会常务委员会监督司法工作的规定》，自觉接受人大监督，定期自查（每季一次），不断健全制度，并请人大代表和区人大常委会随时到院进行视察、指导。针对人大代表提出的对干警管理不严、个别干警严重违法乱纪、审判作风上存在的一些问题的意见进行落实整改后，向区人大提交《关于对人大代表批评意见的认识和整改意见的报告》。

1993年6月24日上午，以省人大代表、区人大常委会副主任董尚敦为组长，省人大代表、宁波市监察局副局长陈继坦为副组长和部分在甬省人大代表组成的工作小组以及宁波市、海曙区人大有关部门的负责人

20余人，前来院检查工作。代表对区人民法院在人手少、任务重、执法条件差、经费紧张等情况下，积极认真抓好审判工作予以肯定，并对法院工作提出一些建议与希望。

1997年4月28日召开海曙区六届人大常委会第32次会议，听取、审议区人民法院关于执行工作的情况报告，并作出关于加强法院执行工作的决议。决议指出，区人民法院在区委的领导、区人大的监督和政府的支持下，认真贯彻市人大常委会决定，加强执行工作，依法执行一大批民事、经济、行政案件和行政机关申请执行的案件，有效维护了当事人合法权益。但是，目前还有一定数量的民事、经济等案件仍未能得到及时执行，对此，必须引起高度重视，采取有效措施加以解决。对干扰、阻挠、抗拒执行、围攻执行人员的违法行为，必须依法严肃查处，以切实维护法律的严肃性。

1998年，通过区人大代表公正、客观的司法评议，肯定区人民法院成绩，找出存在的问题和不足，纠正违法违纪，增强执法观念，促进公正司法，真正达到文明、公正、廉洁、规范和高效的执法要求。评议的重点内容，为1997年以来的下列九类案件和问题：群众反映强烈和当事人有意见的案件；上级机关交办、督办而至今尚未办结的案件；改判、发回重审、抗诉或被上级机关纠正的案件；群众告状无门或久拖未决的案件；消除地方和部门保护主义专项整治以及集中教育整顿中排查出的至今尚未解决的案件；是否存在有案不立、办人情案、关系案、搞地方保护主义的问题；是否存在乱用强制措施、警械、刑讯逼供、侵犯公民民主、财产权利的问题；是否存在钱权交易、以罚代刑、降格处理的问题；是否存在乱收费乱罚款、欺压群众、吃拿卡要的问题。

2001年，印发《关于〈自觉接受区人民代表大会及其常委会监督的决定〉的通知》《关于开展“处理好三个关系”专题教育的实施意见》。要求自觉将法院工作置于区人大的监督之下，做到：一是主动向代表们宣传法院工作制度和工作情况，使代表们掌握监督的依据和凭证。二是接受人大监督体现在日常工作中，实现接受监督的经常化。三是接受工作监督与接受案件监督互不偏废。四是坚持近距离、面对面的监督。五是注意总结，将一些好的做法加以建章立制，用制度的形式将它固定下来。

2003 年，印发《关于加强与人大代表日常联络的若干规定》。

2004 年，接受区人大司法评议，对评议中涉及的 23 件案件及提出的问题逐一进行整改，并向区人大作专题整改报告。接受省、市、区三级人大代表到院视察。

2005 年，坚持重大事项向区人大常委会汇报制度，自觉接受监督，积极邀请人大代表和政协委员视察法院工作、旁听案件庭审，主动征询意见，区人大常委会副主任李伟铭视察交通巡回法庭。

2006 年，先后就实施“二五”依法治区规划、执行《中华人民共和国刑事诉讼法》等工作向区人大常委会作专题汇报。办结人大代表、政协委员建议、提案 6 件，均在规定期限内作出答复。坚持审判公开原则，除法律规定不能公开审理的案件外，一律公开开庭审理，方便群众监督。刑庭邀请 20 名区人大代表一起参与刑事案件的庭审，代表们对庭审进行了评议。区人大常委会领导到院检查刑事诉讼法执行情况。区人民法院主要领导向区人大常委会报告《中华人民共和国刑事诉讼法》执行情况。

2007 年，制订贯彻落实《中华人民共和国各级人民代表大会常务委员会监督法》的实施意见，认真执行区人大及其常委会的决议决定，主动报告法院工作部署和重大案件审判、执行情况。办理代表议案 1 件、协办建议 1 件，均在规定期限内办理完毕。西郊法庭还和白云街道人大工委建立工作联系机制。依法接受检察机关法律监督，积极听取社会各界意见建议，认真改进法院工作。区人大常委会党组书记、副主任薛忠海带领常委会副主任方佳闰、李伟铭、谢克英及各工委负责人到院视察指导。

2008 年，认真落实《中华人民共和国各级人民代表大会常务委员会监督法》，向区人大常委会专题报告执行工作情况，根据审议意见，及时进行整改，设立执行裁决科、实施科和监督科，强化执行权的分权制衡。主动加强与人大代表、政协委员联系，开展“庭审评议年”活动，选择具有一定代表性或社会关注的案件，邀请代表、委员旁听庭审，并围绕庭审程序、能力、形象等方面打分评议。庭后组织法官和代表、委员进行座谈，听取意见和建议，有针对性地落实整改措施，提高庭审水平。全年共10次组织邀请人大代表、政协委员130人次参与评议。印发《关于进一步加强与人大代表联络工作的实施意见》。

2009年，提请区人大常委会任命20名人民陪审员，开展岗前培训，强化履职保障。404人次陪审员参加232件案件的审判。区人大常委会对院提出三点要求：一要加大对行政诉讼制度及相关法律的宣传，以案宣法，以案释法，促进行政诉讼制度良好运行，要加强和政府的沟通，加强对行政执法单位的培训和指导，不断提高行政执法水平。二要加强监督支持，严格依法开展审判工作，进一步完善协调机制，加大非诉执行案件的审查和执行工作，为全区重点工程推进提供司法保障，自觉接受人大常委会监督，坚持案件评查和邀请人大代表旁听庭审等制度，促进依法审判。三要加强队伍建设，不断提高解决行政争议的能力，扎实开展“处理好我与人民群众、我与人大代表、我与区人大及其常委会的关系”专题教育活动。

2010年，组织邀请代表旁听、评议庭审85人次。落实人民陪审员制度，提请区人大常委会任命38名人民陪审员，切实保障人民陪审员参审权利。

2011年，就落实检察机关法律监督情况向人大常委会作专题汇报，并根据审议意见，及时进行整改。开展庭审评议活动，组织邀请人大代表、政协委员旁听评议庭审95人次，认真听取意见和建议。

2012年，制定《宁波市海曙区人民法院关于进一步加强与人大代表、政协委员联络工作的实施意见》。

2013年，全年共邀请代表、委员旁听评议庭审43人次。落实人民陪审员“倍增”计划，增选人民陪审员24名。

2015年，制定《关于做好接受市人大常委会专题询问民事执行工作的实施方案》，抓住市人大常委会专题询问民事执行工作的契机，推进执行权优化配置改革，依托信息技术，努力破解“执行难”。自觉接受区人大常委会对法官履职情况进行评议。对人大代表关心的主动接受社会监督问题，作出建立新闻发布制度，保障媒体监督权利、畅通反馈渠道途径，保障社会监督实效、丰富社会参与监督平台，扩大监督广度深度、创新庭审公开方式，方便社会群众观看庭审的回答。

2016年，向区人大常委会专题报告量刑规范化改革、依法履职公正司法等工作。接受区人大常委会对7名法官履职情况的评议，积极整改存在问题。邀请人大代表视察调研、旁听庭审及座谈200余人次，办结人大代表建议3件。认真办理人大常委会转办、督办的信访件32件。高度重视市人大常委会询问调研民事执行及地方立法工作，全面准确汇报，确保调研效果。此外自觉接受民主和法律监督，聘请政协委员担任廉政监督员，帮助法院发现问题，办结政协委员提案4件。

2017年，向区人大常委会报备重大事项和重要案件44件次，专题报告行政区划调整后审判工作情况和立案登记制改革开展情况，根据审议意见和决定抓好整改落实，并制作律师联络专刊，定期通报案件质效和重点亮点工作。积极邀请政协委员担任新一届廉政监督员，支持配合检察机关依法履行法律监督职责。

二、上级法院与检察监督

2012年8月13日，最高人民法院审务督察组分别对区人民法院的立案大厅、审判区及办公区域进行明察暗访。审务督察组认为，区人民法院院容院貌整洁，办公、庭审及窗口服务秩序良好，注重司法礼仪，安保措施落实较好，但也发现一些问题，区人民法院对相关人员进行了处理。

2015年6月9—18日，市中院司法巡查组对区人民法院开展驻点巡查，对司法巡查中发现的问题及建议给予反馈。司法巡查组反馈意见涉及院领导班子建设、司法作风建设、司法业务建设、队伍建设等方面共23个问题，并提出改进工作的具体意见建议，院党组高度重视，多次召开党组会进行学习，专题研究，结合实际制定整改方案，把整改措施逐项分解落实，确定整改部门、责任领导和整改时限。

2016年，配合检察机关依法履行法律监督职责，联合区检察院出台《关于加强执行法律监督工作的实施意见》。

三、社会监督

1989 年，制定审判工作“七个公开、七个监督”制度，以公开信形式发往辖区，依靠社会各方面来监督。1984 年实行人民陪审员制度，吸收非职业法官作为陪审员，与法官一起审判案件。区人民法院在社会活动中，通过协助调解或委托调解，邀请基层干部群众参与诉讼调解，落实审判公开，坚持以公开促公正，把司法活动充分置于人民群众监督之下。

2009 年，开展“阳光司法、感受公正”法院开放日活动，共有人大代表、政协委员、人民调解员、社区干部和辖区群众 200 余人参加活动，全方位展示法院工作。实行西郊法庭干警联系社区制度，定期上门走访。完善未成年人刑事审判工作的“海曙模式”，经院牵头，会同区检察、公安、司法等部门，共同开展多方合作，分工明确，吸收社会力量参与的青少年犯“4+1”联合帮教和监管活动。

2010 年，人民陪审员参与审理案件 1573 件，一审普通程序参审率达 82. 1%，位居全市法院第一。开展“公众开放日”活动，开通门户网站，推行裁判文书网上公开。开展“司法公开宣传月”活动，积极开展法治宣传，提高群众法治意识。

2011 年，深化司法公开，出台《关于推进阳光司法工作实施办法》，从立案、庭审、执行、听证、文书、审务六个方面明确司法公开内容、程序和方法。加强法院门户网站建设，建成在线诉讼服务平台，实现案件查询、材料收转、远程审判、联系法官等在线服务。制定《裁判文书上网公布暂行规定》，上网公布裁判文书 764 篇。开展以“阳光司法、感受公正”为主题的系列公众开放日活动 18 次。通过庭审现场明察和数字法庭录像暗访相结合，加强对法官庭审行为检查，方便群众监督。

2013 年，坚持面向社会、深入基层，自觉接受社会监督，全年走访社区 265 人次。人民陪审员参与审判案件 900 件，一审普通程序陪审率达 97. 2%。开发阳光司法信息互动平台，实时告知当事人审判流程、执行信息，在线接受当事人的评价和监督。全年举行公众开放日活动 24 次，上网公布生效裁判文书 966 件，案件庭审录音录像率达 100%。在中国社会科学院对全省三级法院阳光司法指数评估中，院综合得分位居第六。

2015 年，深度开发微信公众号平台，移动终端可即时查询开庭公告、案件进展等信息。改版门户网站，增加鉴定评估报告、暂予监外执行信息公开等内容，主动接受社会各界监督。扩大裁判文书上网范围，上网公布文书 3750 份，确保裁判文书应公开尽公开。坚持公开网拍优先，实施网络司法拍卖 191 件，网拍率达 100%，成交金额 1.9 亿元。组织“公众开放日”8 次，邀请 200 余名各界人士走进法院见证司法。完成人民陪审员“倍增”计划，陪审员人数达 180 人，通知 135 名陪审员参审案件 1778 件，普通程序案件陪审率达 99.8%，居全市法院第一。探索适度分权陪审模式，6 件事实争议较大的案件审理中，由人民陪审员对事实认定起主导作用，取得良好效果，当事人均服判息诉。在家事审判中引入社会观护制度，委托社会人士担任观护员，完成社会调查、提交观护报告、独立发表观护意见、协助调解、判后回访等工作，截至年底，区人民法院共有 14 名社会观护员，运用社会观护制度审结婚姻家庭、继承纠纷案件 299 件。建立律师参与化解和代理申诉案件制度，6 件符合条件的信访案件依法进入再审审查程序。

2016 年，升级诉讼服务中心功能，设立案登记、法律服务、诉调对接、信访接待等七大区块十个窗口。推行“一人一案一账号”的案款管理系统，实现案款流转公开透明，方便群众监督。重视舆情、民意的收集与处理，走访律师事务所，开发勤廉评价系统，及时处理当事人及其代理人的反馈评价。

2017 年，推进法律职业共同体建设，举办“海法共创衡平”法官律师论坛，召开律师座谈会 4 次，征集意见建议 50 余条，打造互评互督平台，设立律师服务中心，为律师履职提供便利。创新公众开放日活动形式，开展主题公众开放日活动 17 次，接待社区居民、学生等 400 余人次。主动接受媒体和群众监督，召开新闻发布会 6 次，发布审判白皮书，讲好法院和法官故事，推送信息 140 条。互联网直播庭审 334 次，点击量超过 23 万次，公开裁判文书 4714 份，院司法透明度在第三方评估中位居全市第二位。

第十章　人物名录

第一节　院领导简介

海曙法院

高瑞森，男，汉族，1929 年 9 月出生，1947 年 3 月入党，1947 年 5 月参加革命工作，1978 年 11 月至 1984 年 5 月担任宁波市海曙区人民法院院长，1984 年 5 月调任中共海曙区委政法委员会书记。

应后兴，男，汉族，1933 年 6 月出生，1951 年 1 月参加工作，1978 年 11 月任宁波市海曙区人民法院副院长，1980 年 12 月任海曙区人民法院审判委员会委员，1981 年 10 月任院党组成员。

李琪君，女，汉族，1927 年 2 月出生，1950 年 1 月参加工作，1978 年 11 月任宁波市海曙区人民法院民事审判庭庭长，1980 年 12 月任海曙区人民法院审判委员会委员，1981 年 10 月任院党组成员。

镇明法院

叶亚康，男，汉族，1929年8月出生，1949年10月参加工作，1953年12月入党，1978年11月至1984年7月担任宁波市镇明区人民法院院长，1984年7月至1987年6月担任宁波市海曙区人民法院院长，1987年6月退休。

王洪花，女，汉族，1978年11月到院工作，任宁波市镇明区人民法院副院长，1980年3月任宁波市镇明区人民法院审判委员会委员，1984年7月调任海曙区人大常委会副主任。

李光星，男，汉族，1935年8月出生，1950年9月参加工作，1981年5月任宁波市镇明区人民法院副院长，1984年7月任海曙区人民法院党组成员、副院长、审判委员会委员，1995年9月退休。

合并后的新海曙法院

陈顺兴，男，汉族，1936年7月出生，1949年10月参加工作，1954年4月入党，1987年4月到院工作，6月任海曙区人民法院院长，1993年1月任巡视员，1996年8月退休。

朱大成，男，汉族，1944年1月出生，1960年7月参加工作，大专学历，1980年10月到院工作，1984年7月任海曙区人民法院党组成员、副院长，9月兼任海曙区人民法院刑事审判庭庭长。后调任宁波海事法院副院长。

崔永芳，男，汉族，1950年11月出生，1969年2月参加工作，大专学历，1982年3月到院工作，历任审判员、民事审判第一庭庭长、审判委员会委员，1990年8月任海曙区人民法院党组成员、副院长。1995年4月调任。

吴银奎，男，汉族，1943年3月出生，1961年8月参加工作，大专学历，1984年9月到院工作，历任刑事审判庭副庭长、庭长、审判委员会委员，1987年6月任海曙区人民法院党组成员、副院长，1997年10月任调研员。2003年4月退休。

崔盛钢，男，汉族，1958年7月出生，1975年12月参加工作，1981年1月入党，1992年12月到院工作，历任海曙区人民法院党组副书记、副院长、代院长，1993年2月任海曙区人民法院党组书记，1993年3月任海曙区人民法院院长，1997年9月调任慈溪市人民法院院长。

曹建华，男，汉族，1953年4月出生，1969年10月参加工作，1976年10月入党，大专学历，1995年4月到院工作，任宁波市海曙区人民法院党组成员、副院长、审判委员会委员，2008年7月，任宁波市海曙区人民法院调研员。2013年5月退休。

李伟铭，男，汉族，1950年11月出生，1968年3月参加工作，1969年7月入党，大专学历，1997年9月到院工作，任海曙区人民法院代院长、审判委员会委员，1997年10月任海曙区人民法院党组书记，1998年3月任海曙区人民法院院长，2003年3月调任区人大常委会副主任。

施耀枫，男，汉族，1954年12月出生，1970年6月参加工作，1976年6月入党，大学学历，1987年12月到院工作，历任助理审判员、审判员、办公室副主任、办公室主任、政工科科长，1995年4月任院党组成员、审判委员会委员，1997年10月任海曙区人民法院副院长，2003年4月任院党组副书记。2006年12月调任海曙区司法局党组书记、局长、区委政法委委员。2010年4月任海曙区人民法院调研员，2015年1月退休。

王惠珍，女，汉族，1963年2月出生，1983年11月参加工作，1988年6月入党，党校研究生学历，1985年12月到院，历任书记员，助理审判员，审判员，经济庭副庭长、政治处主任，2001年6月任院党组成员，2002年6月任副院长、审委会委员，2015年8月任院党组副书记。

张宏伟，男，汉族，1967年11月出生，1987年12月入党，1988年7月参加工作，法学硕士，2002年11月到院工作，任海曙区人民法院党组书记、代院长，2003年3月任海曙区人民法院院长，2006年12月调任余姚市人民法院院长。

王文荣，男，汉族，1951年9月出生，1969年2月参加工作，1969年9月入党，大专学历，1979年10月到宁波市镇明区人民法院工作，1984年9月到宁波市海曙区人民法院工作，历任助理审判员、审判员、经济庭副庭长，经济庭庭长、政治处主任，2003年11月任院党组成员，2005年12月任副调研员，2011年10月退休。

孙卫华，男，汉族，1966年11月出生，1988年11月参加工作，1998年11月入党，法律硕士，2006年12月到院工作，任海曙区人民法院党组书记、代院长，2007年2月任海曙区人民法院院长，2011年12月调任宁波市中级人民法院副院长。

王延斌，男，汉族，1961年8月出生，1970年6月参加工作，1976年6月入党，大学学历，2007年8月到院工作，任海曙区人民法院党组副书记，2008年1月任海曙区人民法院纪检组组长，2013年5月调任区卫生局。

周家骥，男，汉族，1969年7月出生，1991年8月参加工作，1995年12月入党，党校研究生学历，1991年8月到院工作，历任书记员，助理审判员，审判员，执行庭副庭长，西郊法庭庭长，2008年1月任院党组成员、院长助理，2008年4月任审判委员会委员，2008年7月任副院长，2014年8月任调研员。

张丹丹，女，汉族，1967年5月出生，1989年8月参加工作，1997年2月入党，法律硕士，1995年1月到院工作，历任书记员，助理审判员，审判员，民二庭副庭长，刑庭庭长，审判委员会委员，2008年7月任院党组成员、院长助理、审判委员会委员、刑庭庭长、审判员，2010年4月任副院长。

张莉珠，女，汉族，1965年4月出生，1984年12月参加工作，1990年11月入党，大学学历，1984年12月到院工作，历任书记员、助理审判员、审判员、行政庭副庭长、经济庭副庭长、审判监督庭庭长、监察室主任，2008年10月任院党组成员、政治处主任，2015年2月调任江厦街道纪工委书记。

蒲巧俊，女，汉族，1963年10月出生，1982年9月参加工作，1994年12月入党，大学学历，1988年12月到院工作，历任法警，书记员，助理审判员，审判员，办公室副主任，民事审判第二庭副庭长，审判监督庭副庭长，审判监督庭庭长，审判委员会委员，2009年10月任院审委会专职委员。2010年4月至2011年4月任院审委会专职委员、司法行政科科长。2011年4月任院审委会专职委员。

潘美元，男，汉族，1958年9月出生，1976年2月参加工作，1978年1月入党，大学学历，1988年12月到院工作，历任审判员，段塘镇法庭副庭长，行政庭庭长，审判委员会委员，2009年10月任院审委会专职委员，2013年10月任院副调研员。

吴军良，男，汉族，1963年9月出生，1982年9月参加工作，1992年12月入党，大学学历，2011年11月到院工作，任海曙区人民法院党组书记，2011年12月任代院长、审委会委员，2012年2月任院长，2016年11月调任海曙区政协副主席。

陈建国，男，汉族，1974年10月出生，1995年8月参加工作，1999年9月入党，法律硕士，1995年8月到院工作，历任法警、书记员、助理审判员、审判员、办公室副主任，办公室主任，2013年10月任院党组成员、纪检组组长，2013年12月任审委会委员，2017年1月调任海曙区纪律检查委员会委员、常委。

戎波，女，汉族，1967年11月出生，1984年12月参加工作，1994年12月入党，大学学历，1991年7月到院工作，历任书记员、助理审判员，审判员，民庭副庭长，经济庭副庭长，审判监督庭副庭长，执行庭副庭长，执行局副局长，立案庭庭长，执行局局长，审委会委员，2013年10月任院审委会专委。

檀丹霞，女，汉族，1969年3月出生，1988年10月参加工作，1993年8月入党，大学学历，2005年9月到院工作，历任审判员，西郊法庭副庭长，立案庭庭长，监察室主任，审委会委员，2016年1月任院党组成员、政治处主任。

傅勇，男，汉族，1970年11月出生，1992年8月参加工作，1995年2月入党，法律硕士，2016年11月到院工作，任院党组书记、代院长、审判委员会委员，2017年3月任院长。

陈章君，女，汉族，1967年11月出生，1988年8月参加工作，1996年11月入党，大学学历，2017年2月到院工作，任院党组成员、纪检组组长。

任啸雷，男，汉族，1971年6月出生，1993年7月参加工作，1996年10月入党，法律硕士，2017年4月到院工作，任院党组成员、副院长、审判委员会委员、审判员。

曹建波，男，汉族，1970年9月出生，1995年3月入党，1995年7月参加工作，法律硕士，2017年4月到院工作，任院党组成员、副院长、审判委员会委员、审判员。

沙军，男，汉族，1963年9月出生，1982年8月参加工作，1997年6月入党，大学学历，2017年4月到院工作，任院党组成员、执行局局长、审委会委员、审判员。

第二节　员额法官名录

截至2017年底，区人民法院共有员额法官60名。

海曙区人民法院员额法官情况一览表

表41

姓　名	现任法律职务	性　别	学历学位	法官等级
傅　勇	院长	男	法律硕士	二级高级
王惠珍	副院长	女	党校研究生	三级高级
任啸雷	副院长	男	法律硕士	三级高级
周家骥	副院长	男	法律硕士	三级高级
曹建波	副院长	男	法律硕士	四级高级
张丹丹	副院长	女	法律硕士	四级高级
沙　军	审委会委员、执行局局长	男	大学	四级高级
蒲巧俊	审委会委员	女	党校大学	四级高级
戎　波	审委会委员	女	党校大学	四级高级
江　锋	审委会委员、西郊法庭庭长	男	党校大学	四级高级
陈增宏	审委会委员、鄞江法庭庭长	男	大学	四级高级
钟珍明	审判员	男	大学	四级高级

续表41

姓　名	现任法律职务	性　别	学历学位	法官等级
顾财祥	审判员	男	大学	四级高级
张频波	审判员	男	大专	四级高级
陈东曙	审委会委员、刑庭庭长	男	大学	一级法官
袁满君	审委会委员、民四庭庭长	女	法律硕士	一级法官
陆　萍	审委会委员、行政庭庭长	女	法律硕士	一级法官
刘海珍	审委会委员、民三庭庭长	女	大学	一级法官
张静霞	审委会委员	女	党校大学	一级法官
叶光明	审委会委员	男	大学	一级法官
董际峰	审委会委员、立案庭庭长	男	法律硕士	一级法官
王旭东	审委会委员、未成年庭庭长	男	本科	一级法官
袁永达	审委会委员、民一庭庭长	男	本科	一级法官
卓黎黎	审委会委员、西郊法庭副庭长	女	硕士研究生	一级法官
陈　斌	审委会委员、审监庭庭长	男	法律硕士	一级法官
朱淑君	审委会委员、民二庭庭长	女	大学	一级法官
庄春梅	审委会委员、正科长级审判员	女	法律硕士	一级法官
杨锦晶	审委会委员、正科长级审判员	女	法律硕士	一级法官
石银山	望春法庭副庭长	男	大学	一级法官
何金伟	望春法庭副庭长	男	大学	一级法官
俞　洁	西郊法庭副庭长	女	法律硕士	一级法官
韦甬军	正科长级审判员	男	大学	一级法官
毛建军	正科长级审判员	男	法律硕士	一级法官
葛艳君	民一庭副庭长	女	法律硕士	一级法官
王彦波	刑庭副庭长	男	硕士研究生	一级法官
丁洁蓉	刑庭副庭长	女	硕士研究生	一级法官

续表41

姓　名	现任法律职务	性　别	学历学位	法官等级
苏廷文	民三庭副庭长	男	法律硕士	一级法官
叶　丹	民二庭副庭长	女	硕士研究生	一级法官
水红东	民二庭副庭长	男	硕士研究生	一级法官
张　丽	民二庭副庭长	女	硕士研究生	一级法官
贾丰荣	行政庭副庭长	女	法律硕士	一级法官
刘先霞	民一庭副庭长	女	硕士研究生	一级法官
陈露露	审监庭副庭长	女	硕士研究生	一级法官
孙怡芸	民三庭副庭长	女	法律硕士	一级法官
王凤国	审判员	男	大学	一级法官
江　岚	审判员	女	法律硕士	一级法官
刘　辉	审判员	男	法律硕士	一级法官
陈　杨	审判员	男	本科	一级法官
褚一彬	审判员	男	法律硕士	一级法官
汪　鹏	审判员	男	法律硕士	一级法官
柯织虹	审判员	女	法律硕士	一级法官
尹晓艳	审判员	女	硕士研究生	一级法官
班发伟	审判员	男	硕士研究生	一级法官
施　益	审判员	女	硕士研究生	一级法官
郎素娣	审判员	女	大学	一级法官
钱　钘	审判员	女	硕士研究生	二级法官
张　磊	审判员	男	大学	二级法官
杨晨炯	审判员	男	大学	二级法官
罗书君	审判员	女	大学	二级法官
张维琼	审判员	女	大学	二级法官

第三节　历年工作人员

各部门人员分布情况

两院合署办公时，47 人名单（指原职）

院长叶亚康（镇明）、高瑞森（海曙），副院长李光星（镇明）、应后兴（海曙）

办公室：镇明：审判员许承庚（负责人）、潘梅成，助理审判员陈翠英、汪桂甫，法警杨建国、李芸芳、孙晓宁、驾驶员叶晶伟（工人）。海曙：助理审判员顾亚琴（负责人）、阎笃平、应菊芳、吴东风，法警宋亦农，驾驶员钟珍明（工人）

刑事审判庭：镇明：庭长周永高，副庭长毛天峰，审判员吴银奎，助理审判员胡圣良、周妙方、王国平、楚建鲁，书记员李景霞。海曙：庭长朱秀干，审判员董尚敦、朱大成，助理审判员陈国德、杨金香，书记员翁岳文

民事审判庭：镇明：庭长邬素扬，副庭长谢德裕，审判员周妥桥，助理审判员任裕章、王文荣、李康年、盛仲飞，书记员李丕林。海曙：庭长李琪君，审判员崔永芳、王武昌，助理审判员张智民、徐良章，书记员孙剑锋、邱美卿

1984 年各部门人员分布一览：

院长叶亚康，副院长李光星、朱大成

办公室：主任许承庚，副主任潘梅成、阎笃平，审判员陈翠英、汪桂甫，助理审判员应菊芳，法警李芸芳，驾驶员叶晶伟（工人）、钟珍明（工人），见习韦甬军、陈敏龙

刑事审判庭：庭长朱大成（兼），副庭长吴银奎、陈国德，审判员杨金香，助理审判员胡圣良、周妙方、王国平、舒传芳，书记员翁岳文、杨光珠、李景霞、柴军，法警杨建国、宋亦农，见习余雅美

民事审判庭：副庭长周妥桥、王武昌，审判员邬素扬、崔永芳，助理审判员李康年、盛仲飞、任裕章、张智民、尹中升、陈义红、顾亚琴、吴东风，书记员孙剑峰、邱美卿、李丕林，见习周一辉

经济审判庭：庭长毛天峰，副庭长谢德裕，审判员李琪君，助理审判员王文荣，见习张莉珠

执行庭：庭长周永高，助理审判员孙晓宁

1985 年各部门人员分布一览：

院长叶亚康，副院长李光星

办公室：主任许承庚，副主任潘梅成、阎笃平，审判员陈翠英、汪桂甫，助理审判员应菊芳，书记员余雅美，驾驶员叶晶伟（工人）、钟珍明（工人）

刑事审判庭：庭长吴银奎，副庭长陈国德、杨金香，审判员胡圣良、舒传芳，助理审判员周妙方、王国平、翁岳文、杨光珠，书记员柴军，法警杨建国、宋亦农、陈敏龙

民事审判庭：庭长崔永芳，副庭长周妥桥、王武昌，审判员李康年、盛仲飞、张智民、尹中升，助理审判员任裕章、徐良章、陈义红、顾雅琴、吴东风，书记员邱美卿、周辉，法警韦甬军

经济审判庭：庭长毛天峰，副庭长谢德裕，审判员王文荣，书记员张莉珠

执行庭：庭长周永高，助理审判员孙晓宁，法警李芸芳

1986 年各部门人员分布一览：

院长叶亚康，副院长李光星

办公室：主任许承庚，副主任潘梅成，审判员陈翠英，助理审判员应菊芳、杨光珠，法警叶晶伟、钟珍明、杨建国，书记员余雅美

刑事审判庭：庭长吴银奎，副庭长陈国德、杨金香，审判员胡圣良、舒传芳，助理审判员周妙方、王国平、翁岳文，书记员柴军、刘耕，法警宋亦农、陈敏龙

民事审判庭：庭长崔永芳，副庭长周妥桥、王武昌，审判员李康年、盛仲飞、张智民、尹中升，助理审判员任裕章、徐良章、陈义红、顾亚琴、吴东风，书记员周一辉，法警韦甬军，见习陈德良、王惠珍、张频波、陈东曙

经济审判庭：庭长毛天峰，副庭长谢德裕，审判员王文荣、汪桂甫，助理审判员陶建明，书记员张莉珠，见习朱晓旭

执行庭：庭长周永高，助理审判员孙晓宁，法警李芸芳

1987 年各部门人员分布一览：

院长陈顺兴，院长级巡视员叶亚康，副院长李光星、吴银奎

办公室：主任许承庚，副主任潘梅成，审判员杨光珠、陈翠英、应菊芳，书记员余雅美，法警叶晶伟、钟珍明、杨建国

刑事审判庭：庭长王国平，副庭长陈国德、杨金香，审判员胡圣良、舒传芳、周妙方、翁岳文，书记员柴军、刘耕，法警宋亦农、陈敏龙

民事审判庭：庭长崔永芳，副庭长王武昌，审判员李康年、盛仲飞、张智民、尹中升、任裕章、徐良章、陈义红、顾亚琴、吴东风，书记员陈德良、王惠珍、张频波，陈东曙、周一辉，法警韦甬军，见习王正达

经济审判庭：庭长毛天峰，副庭长谢德裕，审判员王文荣、江桂甫、陶建明，书记员张莉珠、朱晓旭

执行庭：庭长周妥桥，审判员孙晓宁，法警李芸芳，见习施耀枫、贺汉培

1988 年各部门人员分布一览：

院长陈顺兴，院长级巡视员叶亚康，副院长李光星、吴银奎

办公室：主任许承庚，副主任潘梅成、顾亚琴，助理审判员施耀枫，法警叶晶伟、钟珍明、杨建国，书记员余雅美，见习汤青、陆萍、王已夏

告诉申诉庭：庭长谢德裕，审判员陈翠英、应菊芳，见习张定云

刑事审判庭：庭长王国平，副庭长陈国德、杨金香，审判员胡圣良、

舒传芳、周妙方、翁岳文，助理审判员柴军，书记员宋亦农，法警陈东曙、陈敏龙，见习李军

民事审判庭：庭长崔永芳，副庭长王武昌、盛仲飞，审判员张智民、尹中升、任裕章、徐良章、陈义红、吴东风，助理审判员陈德良，书记员王惠珍、刘耕、王文斌、周一辉，法警韦甬军，见习江锋、蒲巧俊

经济审判庭：庭长毛天峰，审判员王文荣、陶建明、杨光珠，书记员张莉珠、朱晓旭，见习陈辉

执行庭：庭长周妥桥，审判员孙晓宁，助理审判员贺汉培，法警李芸芳，见习潘美元

段塘镇法庭：庭长李康年，助理审判员王正达，书记员张频波

1989 年各部门人员分布一览：

院长陈顺兴，副院长吴银奎

办公室：主任许承庚，副主任施耀枫、顾亚琴，助理审判员王已夏，法警杨建国、钟珍明、叶晶伟，书记员蒲巧俊、陆萍、汤青，见习张永芳

告诉申诉庭：庭长谢德裕，陈国德（留刑庭副庭长职在告申庭工作），审判员陈翠英，翁岳文，助理审判员张定云

刑事审判庭：庭长王国平，副庭长杨金香，审判员舒传芳、周妙方，助理审判员柴军，书记员宋亦农、陈敏龙，法警陈东曙、李军

民事审判庭：庭长崔永芳，副庭长王武昌、盛仲飞，审判员尹中升、张智民、徐良章、吴东风、陈义红，助理审判员陈德良，书记员周一辉、刘耕、王惠珍、王文斌、江锋，法警韦甬军

经济审判庭：庭长毛天峰，审判员王文荣、陶建明、杨光珠，助理审判员朱晓旭，书记员张莉珠、陈辉

行政审判庭：庭长周妥桥，审判员胡圣良、任裕章，书记员余雅美

执行庭：庭长潘梅成，审判员孙晓宁、贺汉培，助理审判员潘美元，法警李芸芳

段塘镇法庭：庭长李康年，书记员张频波，见习王亚光

1990年各部门人员分布一览：

院长陈顺兴，副院长吴银奎、崔永芳

政工科：科长施耀枫

办公室：主任施耀枫（兼），副主任顾亚琴，助理审判员王已夏、张永芳，书记员陆萍、汤青，法警钟珍明、叶晶伟、蒲巧俊，见习陈秀娟、李泓、刘根友

告诉申诉庭：庭长谢德裕，陈国德（留刑庭副庭长职在告申庭工作），审判员陈翠英、翁岳文，助理审判员张定云

刑事审判庭：庭长王国平，副庭长杨金香，审判员舒传芳、柴军，助理审判员宋亦农，书记员陈敏龙、石丽峰，法警陈东曙、杨建国

民事审判庭：庭长盛仲飞，副庭长王武昌，审判员尹中升、张智民、徐良章、吴东风、陈义红、陈德良，助理审判员刘耕、王惠珍，书记员周一辉、江锋、王颂君、戎波，法警韦甬军、蒲巧俊，见习顾财祥

经济审判庭：庭长毛天峰，副庭长王文荣，审判员陶建明、杨光珠、周妙方、孙晓宁，书记员张莉珠、陈辉，法警韩卫东，见习过世荣

行政审判庭：庭长周妥桥，审判员胡圣良、任裕章，书记员余雅美

执行庭：庭长潘梅成，审判员贺汉培，助理审判员潘美元、李芸芳，见习陆丽君

段塘镇法庭：庭长李康年，书记员张频波、王亚光

李光星编制在院，在区人大工作。

1991年各部门人员分布一览：

院长陈顺兴，副院长吴银奎、崔永芳

政工科：科长施耀枫

办公室：主任施耀枫（兼），副主任顾亚琴，助理审判员张永芳、陈秀娟，法警叶晶伟、钟珍明，书记员陆萍、吕维共、李泓、陆金华，打字员阎玲玲（工人），驾驶员杨志明（工人）

告诉申诉庭：庭长谢德裕，副庭长陈国德，审判员陈翠英、张定云，

书记员王亚光

刑事审判庭：庭长王国平，副庭长杨金香，审判员舒传芳、翁岳文、柴军，助理审判员宋亦农、陈敏龙，法警杨建国、陈东曙，书记员王文斌、石丽峰、吴巧新。

民事审判庭：庭长盛仲飞，副庭长王武昌，审判员尹中升、张智民、徐良章、吴东风、陈义红，助理审判员王惠珍、刘耕，书记员周一辉、江锋、王颂君、戎波，法警韦甬军、蒲巧俊，见习顾财祥

经济审判庭：庭长毛天峰，副庭长王文荣，审判员陶建明、杨光珠、周妙方、孙晓宁，书记员张莉珠、陈辉，法警韩卫东，见习过世荣

行政审判庭：庭长周妥桥，审判员胡圣良、任裕章，书记员余雅美

执行庭：庭长潘梅成，审判员贺汉培、潘美元，助理审判员李芸芳，书记员陆丽君，见习周家骥

段塘镇法庭：庭长李康年，助理审判员张频波，书记员汤青，见习唐俊伟

李光星编制在院，在区人大工作。

1992 年各部门人员分布一览：

院长陈顺兴，副院长崔盛钢、吴银奎、崔永芳

政工科：科长施耀枫，纪检监察员舒传芳

办公室：副主任徐良章、陈秀娟，助理审判员张永芳（外借），书记员吕维共、陆萍、李泓，驾驶员杨志明（工人），打字员阎玲玲（工人），见习张智民

告诉申诉庭：庭长谢德裕，审判员陈国德、陈翠英、张定云，助理审判员余雅美，书记员王亚光

刑事审判庭：庭长王国平，副庭长杨金香、柴军，审判员翁岳文，助理审判员宋亦农，书记员王文斌、石丽峰、吴巧新，法警陈东曙、杨建国

民事审判庭：庭长盛仲飞，副庭长王武昌，审判员吴东风、陈义红、刘耕、王惠珍，助理审判员周一辉、江锋、王颂君、戎波，书记员顾财

祥、陆金华，法警蒲巧俊，见习满武

经济审判庭：庭长毛天峰，副庭长王文荣，审判员周妙方、孙晓宁、陶建明、杨光珠，助理审判员张莉珠、陈辉，书记员过世荣，法警韩卫东

行政审判庭：庭长周妥桥，审判员任裕章，助理审判员钟珍明，书记员汤青

执行庭：庭长潘梅成（外借），副庭长贺汉培，审判员潘美元，助理审判员李芸芳、韦甬军，书记员陆丽君、周家骥，见习励德民

段塘镇法庭：庭长李康年，副庭长胡圣良，审判员张频波，书记员唐俊伟，见习周黎

李光星编制在院，在区人大工作。

1993 年各部门人员分布一览：

院长崔盛钢，院长级巡视员陈顺兴，正局级调研员李光星，副院长吴银奎、崔永芳

政工科：科长施耀枫，副科长陈义红，纪检监察员舒传芳

办公室：副主任周妙方、陈秀娟，书记员吕维共、陆萍，会计李泓，出纳陈莉萍，法警杨志明（工人）、毛如芳（工人），打字员阎玲玲（工人），执行庭庭长潘梅成（帮助工作）

告诉申诉庭：庭长杨金香，副庭长贺汉培，审判员谢德裕、陈国德，助理审判员余雅美，书记员唐俊伟

刑事审判庭：庭长王国平，副庭长柴军、胡圣良，审判员宋亦农，书记员王文斌、石丽峰、吴巧新、王亚光，法警陈东曙、杨建国

民事审判庭：庭长盛仲飞，副庭长王武昌、徐良章，审判员吴东风、刘耕、王惠珍，助理审判员周一辉、江锋、王颂君、戎波，书记员顾财祥、满武、陆金华，法警蒲巧俊，见习徐晓云

经济审判庭：庭长毛天峰，副庭长王文荣，审判员翁岳文、杨光珠、潘美元，助理审判员张莉珠、陈辉，书记员过世荣，法警韩卫东，见习楼力力、刘海珍

行政审判庭：庭长周妥桥，审判员任裕章，助理审判员钟珍明，书记员汤青

执行庭：副庭长孙晓宁、张定云，助理审判员李芸芳，法警韦甬军，书记员陆丽君、周家骥，法警励德民

段塘镇法庭：庭长李康年，副庭长张频波，助理审判员张智民，书记员周黎，见习钱哲人

1994年各部门人员分布一览：

院长崔盛钢，院长级巡视员陈顺兴，正局级调研员李光星，副院长吴银奎、崔永芳

政工科：科长施耀枫，副科长、纪检监察员陈义红

办公室：副主任胡圣良，庭长潘梅成（帮助工作），助理审判员吕维共，书记员李泓（会计）、陈莉萍（出纳），法警兼驾驶员杨志明、法警兼打字员阎玲玲，驾驶员毛如芳（工人）、吕国平（工人），打字员卓叶（工人）

告诉申诉庭：庭长杨金香，副庭长贺汉培，审判员谢德裕、陈国德，助理审判员余雅美，书记员唐俊伟

刑事审判庭：庭长王国平，副庭长柴军，审判员宋亦农，书记员王文斌、石丽峰、吴巧新、王亚光，法警杨建国、陈东曙

民事审判庭：庭长盛仲飞，副庭长王武昌、徐良章，审判员吴东风、刘耕、王惠珍，助理审判员周一辉、江锋、王颂君、戎波、蒲巧俊、顾财祥，书记员满武、陆金华、陆萍、徐晓云

经济审判庭：庭长毛天峰，副庭长王文荣、翁岳文，审判员杨光珠、潘美元，助理审判员张莉珠、陈辉、过世荣，法警韩卫东，书记员楼力力、刘海珍，见习庄立敏

行政审判庭：庭长周妥桥，副庭长陈秀娟，审判员任裕章，助理审判员钟珍明、汤青

执行庭：副庭长孙晓宁、张定云，副主任周妙方，助理审判员李芸芳、韦甬军、周家骥，法警励德民

段塘镇法庭：庭长李康年，副庭长张频波，审判员张智民，书记员周黎、钱哲人

1995 年各部门人员分布一览：

院长崔盛钢，院长级巡视员陈顺兴，副院长吴银奎、曹建华

政工科：科长施耀枫，副科长、纪检监察员陈义红

办公室：副主任胡圣良，执行庭庭长潘梅成（帮助工作），助理审判员吕维共，书记员李泓（会计）、陈莉萍（出纳），法警阎玲玲、杨志明，驾驶员毛如芳（工人）、吕国平（工人），打字员卓叶（工人），见习谢三元

告诉申诉庭：庭长杨金香，副庭长贺汉培，审判员谢德裕、陈国德，助理审判员余雅美，书记员唐俊伟

刑事审判庭：庭长王国平，副庭长柴军，审判员宋亦农，助理审判员陈东曙、吴巧新、王亚光，书记员王文斌、石丽峰，法警杨建国，见习王凤国、王旭东

民事审判庭：庭长盛仲飞，副庭长王武昌、徐良章，审判员吴东风、刘耕、王惠珍、江锋、戎波，助理审判员周一辉、王颂君、蒲巧俊、顾财祥，书记员满武、陆金华、陆萍、徐晓云，见习陈建国

经济审判庭：庭长毛天峰，副庭长王文荣、翁岳文，审判员杨光珠、潘美元、陈辉，助理审判员张莉珠、过世荣，法警韩卫东，书记员楼力力、刘海珍、庄立敏，见习张丹丹

行政审判庭：庭长周妥桥，副庭长陈秀娟，审判员任裕章、钟珍明，助理审判员汤青

执行庭：副庭长孙晓宁、张定云、周妙方，审判员李芸芳，助理审判员韦甬军、周家骥，法警励德民，见习何诗昂

段塘镇法庭：庭长李康年，副庭长张频波，审判员张智民，书记员周黎、钱哲人

1996 年各部门人员分布一览：

院长崔盛钢，副院长吴银奎、曹建华

政工科：科长施耀枫，副科长、纪检监察员陈义红

办公室：主任胡圣良，副主任吕维共，审判员潘梅成，书记员李泓（会计）、陈莉萍（出纳）、谢三元（文书、档案），法警兼驾驶员杨志明，驾驶员毛如芳（工人）、吕国平（工人），打字员卓叶（工人）

告诉申诉庭：庭长杨金香，副庭长贺汉培，审判员谢德裕，书记员唐俊伟，见习张静霞

刑事审判庭：庭长王国平，副庭长宋亦农，审判员吴巧新，助理审判员陈东曙、王亚光，书记员王文斌、王旭东，法警杨建国、王凤国，见习徐琦雄

少年案件审判庭：庭长柴军，审判员余雅美，书记员石丽峰

民事审判庭：庭长盛仲飞，副庭长王武昌、戎波，审判员吴东风、刘耕、江锋、王颂君，助理审判员周一辉、蒲巧俊、顾财祥，书记员满武、陆金华、陆萍，法警陈建国、阎玲玲

经济审判庭：庭长王文荣，副庭长翁岳文、王惠珍，审判员杨光珠、潘美元、张莉珠，助理审判员过世荣，书记员楼力力、刘海珍、庄立敏、张丹丹，法警韩卫东

行政审判庭：庭长周妥桥，副庭长陈秀娟，审判员任裕章，书记员徐晓云

执行庭：庭长孙晓宁，副庭长张定云、周妙方，审判员李芸芳、钟珍明、周家骥、韦甬军，书记员何诗昂，法警励德民

段塘镇法庭：庭长李康年，副庭长陈辉，审判员张智民，书记员周黎、钱哲人

西郊法庭：庭长张频波，副庭长徐良章，审判员汤青，见习袁永达

离岗退养：毛天峰

1997 年各部门人员分布一览：

代院长李伟铭，副院长曹建华、施耀枫，调研员吴银奎

政工科：副科长、纪检监察员：陈义红

办公室：主任胡圣良，副主任吕维共，书记员李泓、陈莉萍，法警

杨志明，驾驶员毛如芳（工人）、吕国平（工人），打字员卓叶（工人）。行政庭副庭长陈秀娟到办公室工作

告诉申诉庭：庭长杨金香，副庭长贺汉培，审判员潘梅成，助理审判员唐俊伟，书记员张静霞

刑事审判庭：庭长王国平，审判员吴巧新，助理审判员王亚光、王文斌，书记员王旭东、徐琦雄，法警杨建国、王凤国

少年案件审判庭：庭长柴军，审判员余雅美，书记员石丽峰

民事审判庭：庭长盛仲飞，副庭长王武昌、戎波，审判员吴东风、刘耕、江锋，助理审判员周一辉、蒲巧俊，书记员满武、陆金华、陆萍，法警阎玲玲。执行庭副庭长周妙方到民庭工作

经济审判庭：庭长王文荣，副庭长王惠珍，审判员杨光珠、潘美元、张莉珠、王颂君，助理审判员过世荣、楼力力、刘海珍、庄立敏、张丹丹，书记员谢三元，见习陈斌、袁满君、毛建军

行政审判庭：庭长周妥桥，审判员任裕章，书记员徐晓云。执行庭副庭长张定云到行政庭工作

执行庭：审判员李芸芳、钟珍明、周家骥、韦甬军，助理审判员顾财祥、陈东曙，书记员何诗昂，法警励德民、韩卫东、陈建国。经济庭副庭长翁岳文到执行庭工作，见习朱飞龙

段塘镇法庭：庭长李康年，副庭长陈辉，审判员张智民，助理审判员周黎、钱哲人

西郊法庭：庭长张频波，副庭长徐良章，审判员汤青，书记员袁永达

离岗退养：毛天峰

1998 年各部门人员分布一览：

院长李伟铭，副院长曹建华、施耀枫，调研员吴银奎

政治处：主任王惠珍，纪检监察员胡圣良，干事陈秀娟

办公室：主任陈辉，副主任蒲巧俊，会计李泓，出纳陈莉萍，秘书徐琦雄，驾驶员兼总务毛如芳（工人），打字员卓叶（工人）

告诉申诉庭：庭长柴军，审判员潘梅成、王武昌，助理审判员周一辉

司法警察大队：大队长张定云，法警杨建国、杨志明，驾驶员吕国平（工人）

刑事审判庭（少年案件审判庭）：副庭长吴巧新，审判员余雅美、王亚光，助理审判员王凤国、王文斌，书记员王旭东、陈杨

民事审判庭：庭长盛仲飞，副庭长江锋，审判员刘耕、周妥桥、陈义红、吴东风、顾财祥、周妙方，助理审判员陆萍、周黎，书记员满武、陆金华、阎玲玲、张静霞

经济审判庭：庭长王文荣，副庭长戎波，审判员杨金香、杨光珠、王颂君、过世荣，助理审判员楼力力、刘海珍、庄立敏、张丹丹，书记员谢三元、陈斌、袁满君、毛建军

行政审判庭：副庭长张莉珠，审判员王国平、任裕章，书记员徐晓云

执行庭：庭长翁岳文，副庭长周家骥，审判员李芸芳、韦甬军、陈东曙、贺汉培，助理审判员唐俊伟，书记员何诗昂、朱飞龙，法警励德民、韩卫东、陈建国

西郊法庭：庭长张频波，审判员徐良章、汤青、张智民，书记员袁永达、董际峰

段塘镇法庭：副庭长潘美元，审判员李康年、钟珍明，助理审判员钱哲人，书记员石丽峰

离岗退养：毛天峰

1999年各部门人员分布一览：

院长李伟铭，副院长曹建华、施耀枫，调研员吴银奎

政治处：主任王惠珍，纪检监察员胡圣良，负责案件质量检查工作李康年，干事何诗昂

办公室：主任陈辉，副主任蒲巧俊，会计李泓，出纳陈莉萍，秘书徐琦雄，驾驶员兼总务毛如芳（工人），打字员卓叶（工人）

告诉申诉庭：庭长柴军，审判员潘梅成、杨光珠，助理审判员周一辉

司法警察大队：大队长张定云，法警杨建国、杨志明，驾驶员吕国平（工人）

刑事审判庭（少年案件审判庭）：副庭长吴巧新，审判员余雅美、王亚光，助理审判员王凤国、王文斌、刘海珍，书记员王旭东、陈杨

民事审判庭：庭长盛仲飞，副庭长江锋，审判员刘耕、周妥桥、陈义红、吴东风、顾财祥、周妙方，助理审判员陆萍、周黎，书记员满武、陆金华、张静霞，法警阎玲玲

经济审判庭：庭长王文荣，副庭长戎波，审判员杨金香、王颂君、过世荣，助理审判员楼力力、庄立敏、张丹丹、谢三元，书记员陈斌、袁满君、毛建军

行政审判庭：副庭长张莉珠，审判员王国平、任裕章，助理审判员徐晓云

执行庭：庭长翁岳文，副庭长周家骥，审判员李芸芳、韦甬军、陈东曙、贺汉培、陈秀娟，助理审判员唐俊伟，书记员陈建国、朱飞龙，法警励德民、韩卫东

西郊法庭：庭长张频波，审判员徐良章、汤青、张智民，书记员袁永达、董际峰

段塘镇法庭：副庭长潘美元，审判员钟珍明，助理审判员钱哲人，书记员石丽峰

2000年各部门人员分布一览：

院长李伟铭，副院长曹建华、施耀枫，调研员吴银奎

政治处：主任王惠珍，纪检监察员胡圣良，干事何诗昂

办公室：主任盛仲飞，副主任蒲巧俊，会计李泓，出纳陈莉萍，秘书徐琦雄，总务毛如芳（工人），打字员卓叶（工人），驾驶员吕国平（工人）

立案庭：庭长柴军，审判员潘梅成，审判员周一辉

司法警察大队：大队长张定云，法警杨建国、杨志明

刑事审判庭（少年案件审判庭）：庭长吴巧新，审判员余雅美、王亚光，助理审判员王凤国、王文斌、刘海珍、王旭东，书记员陈杨

民事审判庭：庭长陈辉、副庭长江锋，审判员刘耕、周妥桥、陈义红、吴东风、顾财祥、周妙方，助理审判员陆萍、周黎、陆金华、张静霞，书记员满武，法警阎玲玲

经济审判庭：庭长王文荣，副庭长张莉珠，审判员杨金香、王颂君、过世荣，助理审判员楼力力、庄立敏、张丹丹、谢三元，书记员陈斌、袁满君、毛建军

行政审判庭：庭长潘美元，审判员王国平、任裕章，助理审判员徐晓云

执行庭：庭长翁岳文，副庭长周家骥，审判员李芸芳、韦甬军、陈东曙、贺汉培、陈秀娟，助理审判员唐俊伟、陈建国，书记员朱飞龙，法警励德民、韩卫东

审判监督庭：副庭长戎波，审判员李康年、杨光珠

西郊法庭：庭长张频波，审判员徐良章、汤青、张智民、钟珍明，书记员石丽峰、袁永达、董际峰

2001 年各部门人员分布一览：

院长李伟铭，副院长曹建华、施耀枫，调研员吴银奎

政治处：主任王惠珍，纪检监察员胡圣良，干事陆萍

办公室：主任盛仲飞，副主任蒲巧俊，会计李泓，出纳陈莉萍，秘书徐琦雄，总务毛如芳（工人），打字员卓叶（工人），驾驶员吕国平（工人）

立案庭：庭长柴军，审判员潘梅成，审判员周一辉

司法警察大队：大队长张定云，法警杨建国、杨志明

刑事审判庭（少年案件审判庭）：庭长吴巧新，审判员余雅美、王亚光、王文斌、刘海珍，助理审判员王凤国、王旭东，书记员陈杨

民事审判庭：庭长陈辉、副庭长江锋，审判员刘耕、周妥桥、陈义

红、吴东风、顾财祥、周妙方，周黎，助理审判员陆金华、谢三元、张静霞，书记员满武，法警阎玲玲

经济审判庭：庭长王文荣，副庭长张莉珠，审判员杨金香、王颂君、过世荣、楼力力、庄立敏、张丹丹，助理审判员陈斌、袁满君、毛建军

行政审判庭：庭长潘美元，审判员王国平、任裕章，助理审判员徐晓云

执行庭：庭长翁岳文，副庭长周家骥，审判员李芸芳、韦甬军、陈东曙、贺汉培、陈秀娟，助理审判员唐俊伟、陈建国、朱飞龙，法警励德民、韩卫东

审判监督庭：副庭长戎波，审判员李康年、杨光珠

西郊法庭：庭长张频波，审判员徐良章、汤青、张智民、钟珍明，助理审判员袁永达，书记员石丽峰、董际峰

2002 年各部门人员分布一览：

代院长张宏伟，副院长曹建华、施耀枫、王惠珍，副区级李伟铭

政治处：主任王文荣，纪检员胡圣良，干事陈莉萍、朱飞龙

办公室：主任盛仲飞，副主任蒲巧俊、徐琦雄，会计李泓，总务毛如芳（工人），打字员卓叶（工人），驾驶员吕国平（工人）

立案庭：庭长柴军，审判员贺汉培、周一辉，助理审判员何诗昂、张静霞

司法警察大队：大队长张定云，法警杨建国、杨志明、审判辅助人员任剑峰

刑事审判庭：庭长吴巧新，副庭长王亚光，审判员余雅美、王文斌、刘海珍，助理审判员王凤国、王旭东，书记员欧益民

民事审判第一庭：庭长江锋，副庭长陆萍，审判员刘耕、周妥桥、陈义红、吴东风、周妙方、周黎，助理审判员谢三元，书记员陈杨、俞洁，法警阎玲玲

民事审判第二庭：庭长张频波，副庭长张丹丹，审判员王颂君、楼力力、庄立敏，助理审判员陈斌、袁满君、毛建军

行政审判庭：庭长潘美元，审判员王国平、任裕章，助理审判员徐晓云

执行庭：庭长翁岳文，副庭长戎波，审判员李芸芳、韦甬军、陈东曙、陈秀娟、唐俊伟，助理审判员陈建国，书记员满武，法警励德民、韩卫东

审判监督庭：庭长张莉珠，审判员李康年

西郊法庭：庭长周家骥，副庭长顾财祥，审判员徐良章、汤青、钟珍明，助理审判员袁永达，书记员石丽峰、董际峰

2003年各部门人员分布一览：

院长张宏伟，副院长曹建华、施耀枫、王惠珍

政治处：主任王文荣，干事陈莉萍、朱飞龙

监察室：审判员胡圣良

办公室：主任盛仲飞，副主任徐琦雄，审判员李康年、李泓（会计），书记员欧益民，总务毛如芳（工人），打字员卓叶（工人），食堂管理吕国平（工人）

立案庭：庭长柴军，审判员贺汉培、徐良章、陈秀娟、吴东风、周一辉，助理审判员何诗昂

司法警察大队：大队长张定云，法警杨建国、杨志明、审判辅助人员乐晔、任剑峰、周彦、干贤安、黄金婷

刑事审判庭：庭长吴巧新，副庭长王亚光，审判员余雅美、王文斌、王凤国、刘海珍，助理审判员王旭东，书记员袁玮玮

民事审判第一庭：庭长江锋、副庭长陆萍，审判员陈义红、周妙方、周黎、唐俊伟，助理审判员徐小云，书记员陈杨、俞洁，法警阎玲玲

民事审判第二庭：庭长张频波，副庭长张丹丹、蒲巧俊，审判员楼力力、庄立敏，助理审判员陈斌、袁满君

行政审判庭：庭长潘美元，审判员王国平、任裕章，助理审判员张静霞

执行局（庭）：局长翁岳文，副庭长戎波，审判员李芸芳、刘耕、王

颂君、韦甬军、陈东曙，助理审判员陈建国，书记员满武，法警励德民、韩卫东

审判监督庭：庭长张莉珠，审判员周妥桥，助理审判员谢三元、毛建军

西郊法庭：庭长周家骥，副庭长顾财祥，审判员汤青、钟珍明，助理审判员袁永达，书记员石丽峰、董际峰

李伟铭编制在本院，在区人大工作。

2004年各部门人员分布一览：

院长张宏伟，副院长曹建华、施耀枫、王惠珍

政治处：主任王文荣，干事陈莉萍、周春莉

监察室：主任张莉珠，监察员胡圣良

办公室：主任盛仲飞，副主任徐琦雄，会计李泓，档案员李康年，秘书欧益民，毛如芳（工人），卓叶（工人），吕国平（工人）

立案庭：庭长戎波，审判员贺汉培、吴东风、陈秀娟、徐良章，助理审判员何诗昂，书记员石丽峰

司法警察大队：大队长张定云，法警杨建国、杨志明，审判辅助人员乐晔、任剑峰、周彦、干贤安、黄金婷

刑事审判庭：庭长吴巧新，庭长助理刘海珍，审判员余雅美、王凤国、王文斌、陈东曙，助理审判员王旭东，书记员袁玮玮

民事审判第一庭：庭长江锋，副庭长陆萍，庭长助理周黎，审判员汤青、唐俊伟、陈义红、周妙方，助理审判员袁永达，书记员俞洁，法警阎玲玲

民事审判第二庭：庭长张频波，副庭长张丹丹，庭长助理楼力力，审判员袁满君，助理审判员陈斌

行政审判庭：庭长潘美元，审判员王国平、任裕章，助理审判员张静霞

执行局（庭）：局长翁岳文，庭长助理庄立敏，审判员李芸芳、韦甬军、陈建国、刘耕、王颂君，书记员满武，法警励德民、韩卫东

审判监督庭：庭长柴军，副庭长蒲巧俊，审判员周妥桥，助理审判员谢三元、毛建军

西郊法庭：庭长周家骥，副庭长顾财祥、王亚光，审判员周一辉、钟珍明，助理审判员董际峰，书记员陈杨

李伟铭编制在本院，在区人大工作。

2005年各部门人员分布一览：

院长张宏伟，副院长曹建华、施耀枫、王惠珍

政治处：主任吴巧新，助理调研员王文荣，干事陈莉萍、周春莉

监察室：主任张莉珠，监察员胡圣良

办公室：副主任陈建国，助理调研员盛仲飞，秘书欧益民，会计李泓，内勤汤青，总务兼驾驶员毛如芳（工人）、吕国平（工人），档案李康年

立案庭：庭长戎波，审判员贺汉培、吴东风、徐良章、助理审判员何诗昂，书记员石丽峰

司法警察大队：大队长张定云，法警杨志明、励德民、韩卫东、阎玲玲

刑事审判庭：庭长张丹丹，副庭长陈东曙，审判员王旭东、王文斌、王凤国、余雅美，助理审判员袁玮玮

民事审判第一庭：庭长张频波，副庭长陆萍，副庭长周黎，审判员陈义红、唐俊伟，助理审判员袁永达、董际峰、俞洁，书记员卓叶（工人）、陈绍峰（见习期）

民事审判第二庭：庭长江锋，副庭长楼力力，审判员檀丹霞、谢三元，助理审判员陈斌、毛建军，见习王旭刚

行政审判庭：庭长潘美元，副庭长刘海珍，审判员王国平、任裕章

执行局（庭）：局长翁岳文，副庭长庄立敏，审判员韦甬军、王颂君、刘耕、李芸芳，助理审判员张静霞、林波，书记员满武

审判监督庭：庭长蒲巧俊，副庭长袁满君，审判员柴军、周妥桥、周一辉

西郊法庭：庭长周家骥，副庭长王亚光，副庭长顾财祥，审判员周妙方、钟珍明、陈秀娟，助理审判员陈杨

李伟铭编制在本院，在区人大工作。

2006年各部门人员分布一览：

代院长孙卫华，副院长曹建华、王惠珍

政治处：主任吴巧新，干事吕婷、叶光明

监察室：主任张莉珠，监察员胡圣良

办公室：副主任陈建国，助理调研员盛仲飞，秘书欧益民，会计李泓，内勤汤青，档案石丽峰、李康年，总务兼驾驶员毛如芳（工人）、吕国平（工人）

立案庭：庭长戎波，审判员贺汉培、吴东风、徐良章、何诗昂，陈莉萍

司法警察大队：大队长张定云，法警杨志明、励德民、韩卫东、阎玲玲

刑事审判庭：庭长张丹丹，副庭长陈东曙，审判员王旭东、王文斌、王凤国、余雅美，助理审判员袁玮玮

民事审判第一庭：庭长张频波，副庭长陆萍，副庭长周黎，审判员陈义红、唐俊伟、袁永达，助理审判员董际峰、俞洁，书记员卓叶（工人）、陈绍峰

民事审判第二庭：庭长江锋，副庭长楼力力，审判员檀丹霞、谢三元、陈斌、毛建军，书记员王旭刚

行政审判庭：庭长潘美元，审判员王国平、任裕章，助理审判员周春莉

执行局（庭）：局长翁岳文，副庭长庄立敏、副庭长刘海珍，助理调研员王文荣，审判员韦甬军、王颂君、李芸芳、张静霞，助理审判员林波，书记员满武、秦关勇

审判监督庭：庭长蒲巧俊，副庭长袁满君，审判员柴军、周妥桥、周一辉

西郊法庭：庭长周家骥，副庭长王亚光、顾财祥，审判员周妙方、钟珍明、陈秀娟，助理审判员陈杨，见习曾娇艳

李伟铭编制在本院，在区人大工作。

2007 年各部门人员分布一览：

院长孙卫华，副院长曹建华、王惠珍，副书记王延斌

政治处：干事吕婷、叶光明

监察室：主任张莉珠

办公室：副主任陈建国，助理调研员盛仲飞，审判员胡圣良、李芸芳，秘书欧益民，会计李泓，内勤汤青，档案石丽峰，书记员贾丰荣，总务兼驾驶员毛如芳（工人）

立案庭：庭长戎波，审判员贺汉培、吴东风、何诗昂，陈莉萍

司法警察大队：大队长张定云，法警杨志明、励德民、韩卫东、阎玲玲、鲍洪峰、应建波

刑事审判庭：庭长张丹丹，副庭长陈东曙，审判员王旭东、王文斌、王凤国、余雅美

民事审判第一庭：庭长张频波，副庭长陆萍、周黎，审判员陈义红、唐俊伟、袁永达、董际峰，助理审判员俞洁、陈绍峰，书记员卓叶（工人）、吕国平（工人）

民事审判第二庭：庭长江锋，副庭长楼力力，审判员檀丹霞、谢三元、陈斌、毛建军，助理审判员王旭刚

行政审判庭：庭长潘美元，审判员王国平、任裕章，助理审判员周春莉

执行局（庭）：副庭长庄立敏、刘海珍，助理调研员王文荣，审判员韦甬军、王颂君、张静霞，书记员满武、秦关勇，见习王程生、夏寿彬

审判监督庭：庭长蒲巧俊，副庭长袁满君，审判员柴军、周妥桥、周一辉，见习柯织虹

西郊法庭：庭长周家骥，副庭长王亚光、顾财祥，审判员周妙方、钟珍明、陈秀娟、曹再富，助理审判员陈杨，书记员曾娇艳

2008 年各部门人员分布一览：

院长孙卫华，副院长王惠珍、周家骥，副书记王延斌，院长助理张丹丹，调研员曹建华

政治处：主任张莉珠，副主任叶光明，干事吕婷

监察室：主任庄立敏

办公室：主任陈建国，副主任欧益民，助理调研员盛仲飞，审判员胡圣良、李芸芳，会计李泓，内勤汤青，档案石丽峰，法官助理贾丰荣，总务兼驾驶员毛如芳（工人），见习岑孟棒

立案庭：庭长陆萍，副庭长余雅美，审判员贺汉培、吴东风、何诗昂，书记员吕国平，见习孙怡芸

司法警察大队：大队长秦关勇，副大队长韩卫东，法警张定云、杨志明、励德民、阎玲玲、鲍洪峰、应建波

刑事审判庭：庭长陈东曙，副庭长王旭东，审判员王文斌、王凤国，助理审判员曾娇艳，见习张菁菁

民事审判第一庭：庭长张频波，副庭长袁永达、董际峰，审判员陈义红、朱淑君，书记员卓叶（工人），见习葛艳君

民事审判第二庭：庭长楼力力，副庭长陈斌，审判员谢三元、毛建军，助理审判员陈绍峰，见习张丽

行政审判庭：庭长潘美元，副庭长周春莉，审判员王国平、任裕章

执行局（庭）：局长戎波，副庭长张静霞，助理调研员王文荣，执行实施科科长刘海珍，执行裁决科科长周黎，执行监督科科长袁满君，审判员韦甬军、王颂君，助理审判员张磊，书记员满武，执行员王程生、夏寿彬，见习苏廷文

审判监督庭：庭长蒲巧俊，审判员柴军、周妥桥、周一辉，法官助理柯织虹

西郊法庭：庭长江锋，副庭长顾财祥、檀丹霞，审判员钟珍明、王亚光、陈秀娟，助理审判员陈杨，见习尹晓艳

李伟铭编制在本院，在区人大工作。

2009年各部门人员分布一览：

院长孙卫华，副院长王惠珍、周家骥，副书记王延斌，院长助理张丹丹，调研员曹建华

审委会专委：潘美元、蒲巧俊

政治处：主任张莉珠、副主任叶光明、干事吕婷

监察室：主任庄立敏

办公室：主任陈建国，助理调研员盛仲飞，审判员胡圣良、李芸芳，会计李泓，内勤汤青、卓叶，档案石丽峰，法官助理张菁菁、岑孟棒，总务兼驾驶员毛如芳（工人）

立案庭：庭长陆萍，副庭长余雅美，审判员贺汉培、何诗昂，书记员吕国平，见习汪晓蕾

司法警察大队：大队长秦关勇，副大队长韩卫东，法警张定云、杨志明、励德民、阎玲玲、鲍洪峰、应建波，审判辅助人员任剑峰，见习张寅、汪杰峰

刑事审判庭：庭长陈东曙，副庭长王旭东，审判员王文斌、王凤国，助理审判员曾娇艳

民事审判第一庭：庭长张频波，副庭长袁永达、董际峰，审判员陈义红、朱淑君，助理审判员（试用）孙怡芸，法官助理葛艳君

民事审判第二庭：庭长楼力力，副庭长陈斌，审判员谢三元、毛建军，助理审判员陈绍峰、陈晓峰，助理审判员（试用）张丽

行政审判庭：副庭长周春莉，审判员王国平、助审员（试用）贾丰荣、代书记员方薇

执行局（庭）：庭长戎波，副庭长张静霞，执行实施科科长刘海珍，执行裁决科科长周黎，执行监督科科长袁满君，助理调研员王文荣，审判员韦甬军、王颂君，助理审判员张磊，书记员满武，执行员王程生、夏寿彬，法官助理苏廷文，审判辅助人员汪佩锋，见习褚一彬

审判监督庭：庭长蒲巧俊，审判员柴军、周一辉，法官助理柯织虹

西郊法庭：庭长江锋，副庭长顾财祥、檀丹霞，审判员钟珍明、王

亚光、陈秀娟，助理审判员陈杨，法官助理尹晓艳

李伟铭编制在本院，在区人大工作。

2010年各部门人员分布一览：

院长孙卫华，副院长王惠珍、周家骥、张丹丹，副书记王延斌，调研员曹建华、施耀枫

审委会专委：潘美元、蒲巧俊

政治处：主任张莉珠，审判员吕婷，见习何解放

监察室：主任刘海珍，助理调研员王文荣

办公室：主任陈建国，审判员刘辉、会计李泓，内勤卓叶（工人），档案石丽峰，助理审判员张菁菁，法警岑孟棒，总务兼车队队长毛如芳（工人），审判辅助人员汪东翰

立案庭：庭长陆萍，副庭长余雅美，审判员贺汉培、何诗昂，书记员吕国平（工人），助理审判员（试用）汪晓蕾，见习刘晶

司法警察大队：大队长秦关勇，副大队长韩卫东，法警张定云、杨志明、励德民、阎玲玲、鲍洪峰、应建波、张寅、汪杰峰，审判辅助人员任剑峰，见习樊卓玮

司法行政科：助理调研员盛仲飞，审判员李芸芳，执行员满武

刑事审判庭：庭长陈东曙，副庭长王旭东，审判员王文斌、王凤国，助理审判员曾娇艳、王彦波

民事审判第一庭：庭长张频波，副庭长袁永达、董际峰，审判员陈义红，助理审判员孙怡芸、葛艳君、刘先霞

民事审判第二庭：庭长庄立敏，副庭长陈斌、叶光明，审判员谢三元、昌晖，助理审判员陈晓峰、张丽，代书记员任芳

民事审判第三庭：庭长周黎、副庭长朱淑君，审判员唐俊伟、曹再富、俞洁，助理审判员伍春玉

行政审判庭：庭长楼力力，副庭长张静霞，审判员王国平，助理审判员贾丰荣，代书记员方薇

执行局（庭）：局长戎波，执行监督科科长顾财祥，执行裁决科副科

长韦甬军，执行实施科副科长王颂君，审判员陆晖，助理审判员张磊、苏廷文，法警王程生、夏寿彬，助理审判员（试用）褚一彬，审判辅助人员汪佩锋

审判监督庭：庭长袁满君，审判员周一辉、汤青，助理审判员（试用）柯织虹，见习邹丽华

西郊法庭：庭长江锋，副庭长檀丹霞，综合科科长毛建军，审判员钟珍明、王亚光、陈秀娟、陈杨，法官助理尹晓艳

李伟铭编制在本院，在区人大工作。

2011 年各部门人员分布一览：

代院长吴军良，副院长王惠珍、周家骥、张丹丹，副书记王延斌，调研员曹建华、施耀枫

审委会专委：潘美元、蒲巧俊

房屋征收办副主任：楼力力（编制在本院）

政治处：主任张莉珠，副主任吕婷，助理审判员（试用）何解放

监察室：主任周黎，审判员谢三元

办公室：主任陈建国，审判员刘辉、会计李泓，内勤卓叶，档案石丽峰，助理审判员张菁菁，法警岑孟棒，审判管理人员汪东翰，见习陈泉鑫

立案庭：庭长檀丹霞，副庭长余雅美，审判员何诗昂，书记员吕国平，助理审判员汪晓蕾、助理审判员（试用）刘晶，见习钱钘

司法警察大队：大队长秦关勇，副大队长夏寿彬，法警张定云、杨志明、励德民、阎玲玲、鲍洪峰、应建波、张寅、汪杰峰，樊卓玮，见习宓琼凯、张科士，审判辅助人员任剑峰

司法行政科：科长韩卫东，审判员李芸芳、执行员满武，总务兼车队队长毛如芳（工人）

刑事审判庭：庭长陈东曙，副庭长王旭东，审判员王文斌，助理审判员王彦波、叶丹

民事审判第一庭：庭长袁满君，副庭长朱淑君、昌晖，助理审判员

孙怡芸、葛艳君、刘先霞

民事审判第二（民四）庭：庭长庄立敏，民四庭庭长陈斌、副庭长叶光明、董际峰，审判员王凤国，助理审判员陈晓峰、张丽，见习单慧慧

民事审判第三庭：庭长袁永达，副庭长俞洁，审判员唐俊伟、曹再富，助理审判员伍春玉

行政审判庭：庭长陆萍，副庭长毛建军，审判员王国平，助理审判员贾丰荣，代书记员方薇

执行局（庭）：局长戎波，执行监督科科长顾财祥，执行裁决科科长韦甬军，执行实施科科长王颂君，审判员陆晖、张磊，助理审判员苏廷文、褚一彬，法警王程生，审判辅助人员汪佩锋，见习张严

审判监督庭（审管办）：主任刘海珍，审判员周一辉、汤青，助理审判员柯织虹，助理审判员（试用）邹丽华，见习张晓静

西郊法庭：庭长江锋，副庭长张频波、张静霞，审判员钟珍明、王亚光、陈秀娟、陈杨，助理审判员（试用）尹晓艳

楼力力编制在本院，在区房屋征收办工作。

2012年各部门人员分布一览：

院长吴军良，副院长王惠珍、周家骧、张丹丹，副书记王延斌，调研员曹建华、施耀枫

审委会专委：潘美元、蒲巧俊

政治处：主任张莉珠，副主任吕婷，见习丁辰

监察室：主任周黎，审判员谢三元，见习胡孟欣

办公室：主任陈建国，审判员刘辉，助理审判员（试用）陈泉鑫，会计李泓，内勤卓叶，档案石丽峰，法警岑孟棒，审判辅助人员汪东翰

立案庭：庭长檀丹霞，副庭长余雅美，审判员何诗昂，助理审判员汪晓蕾、刘晶，见习郑珏

司法警察大队：大队长秦关勇，副大队长夏寿彬，法警阎玲玲、鲍洪峰、应建波、张寅、汪杰峰、樊卓玮、张科士，审判辅助人员任剑峰

司法行政科：科长韩卫东，审判员李芸芳、执行员满武，总务兼车队队长毛如芳（工人），书记员吕国平（工人）

刑事审判庭：庭长陈东曙，副庭长王旭东，审判员王文斌、王凤国、王彦波、叶丹

民事审判第一庭：庭长袁满君，副庭长朱淑君、昌晖，审判员陆晖、刘先霞，助理审判员孙怡芸、葛艳君

民事审判第二庭：庭长庄立敏，副庭长叶光明、董际峰，助理审判员尹晓艳、柯织虹、张菁菁，助理审判员（试用）单慧慧，见习黄卓娅

民事审判第三庭：庭长袁永达、副庭长俞洁，审判员钟珍明、唐俊伟、曹再富，助理审判员（试用）钱钘

民事审判第四庭：庭长陈斌，助理审判员张丽

行政审判庭：庭长陆萍，副庭长毛建军，助理审判员贾丰荣、助理审判员（试用）张严

执行局（庭）：局长戎波，执行监督科科长顾财祥，执行裁决科科长韦甬军，执行实施科科长王颂君，审判员陈杨、张磊，助理审判员褚一彬，法警励德民、张定云、杨志明、王程生、宓琼凯，协助执行员汪佩锋，见习王禹辰，代书记员方薇

审判监督庭（审管办）：主任刘海珍，审判员王亚光、周一辉、汤青，助理审判员邹丽华，见习郑超、见习徐锦波

西郊法庭：庭长江锋，副庭长张频波、张静霞，审判员陈秀娟，助理审判员苏廷文

楼力力编制在本院，在区房屋征收办工作。

2013年各部门人员分布一览：

院长吴军良，副院长王惠珍、周家骥、张丹丹，调研员施耀枫，副调研员潘美元

审委会专委：蒲巧俊、戎波

纪检组：组长陈建国

政治处：主任张莉珠，副主任吕婷，审判辅助人员丁辰，见习陈巧

监察室：主任檀丹霞，审判员谢三元，审判辅助人员胡孟欣

办公室：副主任叶光明，会计李泓，内勤卓叶，档案石丽峰，法警岑孟棒，审判辅助人员汪东翰、葛凌滢、吕程，见习张碧莹、陈珍玲

审管办：主任王旭东、审判员王亚光、周一辉、汤青，助理审判员邹丽华，助理审判员（试用）郑超，审判辅助人员徐锦波

立案庭：庭长董际峰，副庭长余雅美，审判员何诗昂、陆晖，助理审判员刘晶，审判辅助人员郑珏、沈静妃

司法警察大队：大队长秦关勇，副大队长夏寿彬，法警阎玲玲、鲍洪峰、应建波、张寅、汪杰峰、樊卓玮、张科士，审判辅助人员任剑峰

司法行政科：科长韩卫东，副科长王程生，审判员李芸芳，执行员满武，总务兼车队队长毛如芳（工人），书记员吕国平（工人）

刑事审判庭：庭长陈东曙，副庭长王彦波、叶丹，审判员王文斌、王凤国，见习王振科

民事审判第一庭：庭长刘海珍，副庭长昌晖、张丽，审判员葛艳君，助理审判员何解放、汪晓蕾

民事审判第二庭：庭长庄立敏，副庭长朱淑君，审判员刘先霞，助理审判员尹晓艳、柯织虹、单慧慧，助理审判员（试用）黄卓娅，见习刘勇

民事审判第三庭：庭长袁永达，副庭长俞洁，审判员钟珍明、唐俊伟、曹再富、孙怡芸，助理审判员钱钘，见习金晶

民事审判第四庭：庭长袁满君，审判员刘辉，见习王儒渊

行政审判庭：庭长陆萍，副庭长毛建军，审判员贾丰荣、助理审判员张严

执行局（庭）：局长周黎，执行监督科科长顾财祥，执行裁决科科长韦甬军，执行实施科科长王颂君，审判员陈杨、张磊，助理审判员褚一彬，助理审判员（试用）王禹辰，法警励德民、张定云、杨志明、宓琼凯，审判辅助人员汪佩锋，代书记员方薇，见习张习、唐雨舟、王诚

审判监督庭：庭长陈斌，见习杜姝璇

西郊法庭：庭长江锋，副庭长张频波、张静霞，审判员陈秀娟、苏

廷文，助理审判员张晓静

楼力力编制在本院，在区房屋征收办工作。

2014 年各部门人员分布一览：

院长吴军良，副院长王惠珍、周家骥、张丹丹，调研员施耀枫，副调研员潘美元

审委会专委：蒲巧俊、戎波

纪检组：组长陈建国

政治处：主任张莉珠，副主任汪晓蕾，审判辅助人员丁辰、陈巧

监察室：主任檀丹霞，审判员谢三元，审判辅助人员胡孟欣

办公室：主任叶光明，内勤卓叶（工人），档案石丽峰，审判辅助人员汪东翰、葛凌滢、徐锦波、国媛媛，助理审判员（试用）陈珍玲

审管办：主任张静霞，审判员王亚光、周一辉、汤青，助理审判员郑超，审判辅助人员吴肖亭

立案庭：庭长董际峰，副庭长吕婷，审判员何诗昂、陆晖，助理审判员邹丽华，审判辅助人员郑珏、沈静妃

司法警察大队：大队长秦关勇，教导员韩卫东，副大队长夏寿彬，法警阎玲玲、鲍洪峰、应建波、张寅、汪杰峰、樊卓玮、张科士，审判辅助人员任剑峰

司法行政科：副科长王程生（主持工作），会计李泓，财务管理吕程，审判员李芸芳，执行员满武，总务兼车队队长毛如芳（工人），书记员吕国平（工人），审判辅助人员陈建华

刑事审判庭：庭长陈东曙，副庭长王彦波，审判员王文斌、王凤国，助理审判员（试用）王振科

未成年人案件综合审判庭：庭长王旭东，审判员余雅美

民事审判第一庭：庭长袁永达，副庭长刘先霞、葛艳君，审判员罗书君，助理审判员何解放、刘晶

民事审判第二庭：庭长朱淑君，副庭长叶丹、张丽，审判员柯织虹，助理审判员尹晓艳、单慧慧，助理审判员黄卓娅，助理审判员（试用）

刘勇

民事审判第三庭：庭长刘海珍，副庭长孙怡芸、苏廷文，审判员钟珍明、唐俊伟、曹再富，助理审判员钱钘，助理审判员（试用）金晶

民事审判第四庭：庭长袁满君，审判员刘辉，助理审判员（试用）张碧莹

行政审判庭：庭长陆萍，副庭长贾丰荣，助理审判员张严

执行局（庭）：局长周黎，执行监督科科长顾财祥，执行裁决科科长毛建军，执行实施科科长韦甬军，审判员陈杨、张磊、褚一彬，助理审判员王禹辰、宓琼凯，法警励德民、张定云、杨志明、金瑞福，审判辅助人员汪佩锋、王诚、郑珺，代书记员方薇，助理审判员（试用）张习

审判监督庭：庭长陈斌，助理审判员（试用）杜姝璇

西郊法庭：庭长江锋，副庭长王颂君、俞洁，审判员张频波、陈秀娟，助理审判员张晓静

楼力力编制在本院，在区房屋征收办工作。

2015年各部门人员分布一览：

院长吴军良，副院长王惠珍、周家骥、张丹丹，副调研员潘美元

审委会专委：蒲巧俊、戎波

纪检组：组长陈建国

政治处：副主任汪晓蕾、审判辅助人员丁辰、陈巧

监察室：主任檀丹霞，审判员谢三元，审判辅助人员胡孟欣

办公室：主任叶光明，副主任张晓静，内勤卓叶（工人）、档案石丽峰，审判辅助人员汪东翰、葛凌滢、徐锦波、国媛媛，见习吕益键

审管办：主任张静霞，审判员王亚光、周一辉、汤青、余雅美，审判辅助人员吴肖亭、伍金清

立案庭：庭长董际峰，副庭长吕婷，审判员何诗昂、陆晖，助理审判员邹丽华，审判辅助人员郑珏，见习陈瑶瑶、包丽君

司法警察大队：大队长秦关勇，教导员韩卫东，副大队长夏寿彬，法警阎玲玲、鲍洪峰、应建波、张寅、汪杰峰、樊卓玮、张科士，审判

辅助人员任剑峰

司法行政科：副科长王程生（主持工作），会计李泓，财务管理吕程，审判员李芸芳，执行员满武，总务兼车队队长毛如芳（工人），书记员吕国平（工人），审判辅助人员陈建华、宣韬

刑事审判庭：庭长陈东曙，副庭长王彦波，审判员王文斌、王凤国，助理审判员王振科

未成年人案件综合审判庭：庭长王旭东，审判员江岚

民事审判第一庭：庭长袁永达，副庭长刘先霞、葛艳君，审判员罗书君，助理审判员何解放、刘晶

民事审判第二庭：庭长朱淑君，副庭长叶丹、张丽，审判员柯织虹、尹晓艳、杨晨炯、张维琼，助理审判员单慧慧、黄卓娅、钱钘

民事审判第三庭：庭长刘海珍、副庭长孙怡芸、苏廷文，审判员钟珍明、唐俊伟、曹再富，助审员张姝、金晶

民事审判第四庭：庭长袁满君，审判员刘辉，助理审判员张碧莹

行政审判庭：庭长陆萍，副庭长贾丰荣，助理审判员张严

执行局（庭）：局长周黎，执行监督科科长顾财祥，执行裁决科科长毛建军，执行实施科科长韦甬军，审判员陈杨、张磊、褚一彬，助理审判员王禹辰、宓琼凯、张习，法警励德民、张定云、杨志明、金瑞福，审判辅助人员汪佩锋、方薇、王诚、郑珺，见习欧扬富

审判监督庭：庭长陈斌，助理审判员杜姝璇

西郊法庭：庭长江锋，副庭长王颂君、俞洁，审判员张频波、陈秀娟，助理审判员刘勇、孙平平

楼力力编制在本院，在区房屋征收办工作。

2016年各部门人员分布一览：

代院长傅勇，副院长王惠珍、周家骥、张丹丹，副调研员潘美元

审委会专委：蒲巧俊、戎波

纪检组：组长陈建国

政治处：主任檀丹霞，副主任汪晓蕾、审判辅助人员丁辰、陈巧

监察室：审判员谢三元，审判辅助人员胡孟欣

办公室：主任叶光明，副主任张晓静，内勤卓叶（工人），档案石丽峰，审判辅助人员汪东翰、葛凌滢、徐锦波、国媛媛，书记员吕益键

审管办：主任张静霞，审判员周一辉、汤青、余雅美，审判辅助人员伍金清

立案庭：庭长董际峰，副庭长吕婷，审判员何诗昂、陆晖，审判员邹丽华，审判辅助人员郑珏，书记员陈瑶瑶、包丽君

司法警察大队：大队长秦关勇，教导员韩卫东，副大队长夏寿彬，法警阎玲玲、鲍洪峰、应建波、张寅、汪杰峰、樊卓玮、张科士，审判辅助人员任剑峰

司法行政科：副科长王程生（主持工作），会计李泓，财务管理吕程，审判员李芸芳，总务兼车队队长毛如芳（工人），书记员吕国平（工人），审判辅助人员陈建华、宣韬

刑事审判庭：庭长陈东曙，副庭长王彦波，审判员王文斌、王凤国，助理审判员王振科

未成年人案件综合审判庭：庭长王旭东，审判员江岚

民事审判第一庭：庭长袁永达，副庭长刘先霞、葛艳君，审判员罗书君，助理审判员何解放、刘晶

民事审判第二庭：庭长朱淑君，副庭长叶丹、张丽，审判员柯织虹、尹晓艳、杨晨炯、张维琼，助理审判员单慧慧、黄卓娅、钱钘

民事审判第三庭：庭长刘海珍，副庭长孙怡芸、苏廷文，审判员钟珍明、唐俊伟、曹再富，助理审判员张姝、金晶、郑超

民事审判第四庭：庭长袁满君，审判员刘辉，助理审判员张碧莹

行政审判庭：庭长陆萍，副庭长贾丰荣，助理审判员张严

执行局（庭）：局长周黎，执行监督科科长顾财祥，执行裁决科科长毛建军，执行实施科科长韦甬军，审判员陈杨、张磊、褚一彬，助理审判员王禹辰、宓琼凯、张习，法警励德民、杨志明、金瑞福，审判辅助人员汪佩锋、方薇、王诚、郑珺，书记员欧扬富，执行员满武

审判监督庭：庭长陈斌，助理审判员杜姝璇

西郊法庭：庭长江锋，副庭长王颂君、俞洁，审判员张频波、王亚光，助理审判员刘勇、孙平平

楼力力编制在本院，在区房屋征收办工作。

2017年各部门人员分布一览：

院长傅勇，副院长王惠珍、周家骥、张丹丹，副调研员潘美元

审委会专委：蒲巧俊、戎波

纪检组：组长陈章君

政治处：主任檀丹霞，副主任汪晓蕾，审判员李泓，审判辅助人员丁辰、陈巧

纪检监察组：审判辅助人员胡孟欣

办公室：副主任张晓静，内勤卓叶，档案石丽峰，审判辅助人员汪东翰、葛凌滢、徐锦波、国媛媛，法官助理吕益键

审管办：主任张静霞（2017年12月15日调岗至办公室，主持办公室工作），审判员周一辉、汤青、余雅美，助理审判员张习

立案庭：庭长董际峰，审判员何诗昂、陆晖，法官助理包丽君、叶光明、钟珍明、唐俊伟、郑超、王珂、曹再富、刘晶、黄卓娅、徐漪波、罗书君、张俞、张碧莹

司法警察大队：大队长秦关勇，教导员韩卫东（2017年12月15日调岗至执行中队），副大队长王程生、夏寿彬，法警周国云、郭萍、阎玲玲、鲍洪峰、应建波、樊卓玮、张科士，审判辅助人员任剑峰、见习刘哲

司法行政科：副科长吕婷（主持工作），审保中心副主任吴爱智，会计陈波静，财务管理吕程，总务兼车队队长毛如芳（工人），书记员吕国平（工人），审判辅助人员汪佩锋，见习李浩博

刑事审判庭：庭长陈东曙，副庭长王彦波、丁洁蓉，审判员王文斌、王凤国、郎素娣，助理审判员何解放、王振科

未成年人案件综合审判庭：庭长王旭东，审判员江岚，助理审判员张姝

民事审判第一庭：庭长袁永达（2017年12月15日起兼管民三庭工作），副庭长刘先霞（2017年3月22日起帮助鄞江法庭工作）、葛艳君（2017年5月22日起帮助调解中心工作），审判员施益、法官助理陈瑶瑶

民事审判第二庭：庭长朱淑君（2017年12月15日调岗至审管办，主持审管办工作），副庭长叶丹（2017年5月22日起帮助民一庭工作）、张丽（2017年5月22日起帮助执行局工作）、水红东，审判员杨锦晶（2017年12月15日起主持民二庭工作，兼管民四庭工作）、刘辉、助审员钱钘、金晶

民事审判第三庭：庭长刘海珍（2017年12月15日调岗至执行局，协助局长开展工作）、副庭长孙怡芸（2017年3月22日起帮助望春法庭工作）、苏廷文（2017年12月15日调岗至民一庭）

民事审判第四庭：庭长袁满君（2017年12月15日调岗至诉讼服务中心主持工作）

行政审判庭：庭长陆萍，副庭长贾丰荣，助理审判员张严

执行局：局长沙军，执行监督科科长顾财祥、执行裁决科科长毛建军（2017年3月22日起帮助望春法庭工作）、执行实施科科长韦甬军（2017年12月15日调岗至西郊法庭），审判员庄春梅（2017年3月22起主持执行裁决科工作）、陈杨、张磊、杨晨炯，助理审判员王禹辰、宓琼凯、叶立峰，法官助理欧扬富、吕益键、覃佳伟、周晔、李芸芳、满武、褚一彬、张维琼、邵春朝、赵践，法警杨志明、金瑞福、汪杰峰、励德民，审判辅助人员方薇、王诚、郑珺、郑珏、宣韬

审判监督庭：庭长陈斌，副庭长陈露露（2017年5月22日起帮助调解中心工作），助理审判员杜姝璇

西郊法庭：庭长江锋（2017年3月22日调岗至望春法庭主持工作），副庭长王颂君（2017年12月15日调岗至诉讼服务中心）、俞洁、卓黎黎（2017年12月15日调岗至未成年庭主持工作），审判员张频波、褚一彬，助审员单慧慧、孙平平

望春法庭：副庭长石银山、何正伟（2017年5月22日起帮助执行局工作），审判员柯织虹、尹晓艳、助理审判员邹丽华、刘勇、徐家新，汪

佩锋、戴丹璐

鄞江法庭：庭长陈增宏，审判员班发伟，助理审判员黄佳荣、陈胡琼，法官助理郑璐燕、高梦婕

楼力力编制在本院，在区房屋征收办工作。

第十一章　历年荣誉

第一节　国家、省、市级荣誉

1990—2017 年国家、省、市级集体荣誉：

1990 年，民事审判庭荣立市级集体三等功。

1992 年，民事审判庭荣立市级集体三等功。

1993 年，段塘镇人民法庭荣立市级集体三等功。

1994 年，段塘镇人民法庭被评为省“五好法庭”。

1995 年，院被评为市级法院系统先进集体，民事审判庭荣立市级集体三等功。

1996 年，院被评为 1996 年度市法院系统先进单位，刑事审判庭被评为市级’96“严打”斗争先进集体，民事审判庭荣立市级集体三等功。

1998 年，民事审判庭荣立市级集体三等功。

1999 年，西郊法庭荣立市级集体三等功，院党组被市委宣传部评为宣传工作先进集体。

2000 年，院被评为市级法院系统先进集体，西郊法庭被评为市人民满意好部门并记集体三等功，执行庭荣立市级集体三等功。

2001 年，院被评为市级文明单位，执行庭被评为全省法院系统执行工作良性循环法院，西郊法庭荣立市级集体三等功。

2002 年，政治处荣立市级集体三等功。

2003 年，西郊法庭被评为 2002—2003 年度全市政法系统“人民满意政法单位”并记集体三等功，刑庭少年案件合议庭被评为“青少年维权岗”。

2004年，院被评为市妇女权益保障工作先进集体，司法警察大队被评为全省法院优秀司法警察队并记集体三等功，立案庭信访室被评为市第四批信访“文明接待室”。

2005年，院被评为省级文明单位，全市涉法信访案件集中调处工作先进集体，西郊法庭被评为2003—2004年度市政法系统“一岗双责”示范单位，行政审判庭荣立市级集体三等功。

2006年，院被评为省级文明窗口、市文明单位、2005年度市先进法院、市“四五”普法工作先进集体，民一庭被评为市三八红旗集体、市级“巾帼文明示范岗”称号，刑庭获市级“青年文明号”称号。

2007年，院被评为2007年度市先进法院、全市涉法涉诉信访工作先进集体，荣立市级集体三等功，民一庭被评为市“巾帼文明岗”，刑庭荣立市级集体三等功。

2008年，刑庭被评为第四批省级优秀“青少年维权岗”单位，民一庭荣立市级集体三等功。

2009年，院被评为2008年度市级社会治安综合治理工作先进单位，2008年度宁波市治安安全合格单位，2009年度全国应用法学研究先进单位，民一庭获浙江省“巾帼文明岗”荣誉称号，立案庭获2006—2008年度宁波市三八红旗集体荣誉称号，法警大队荣立市级集体三等功。

2010年，院被评为全省法院纪检监察工作先进集体，立案庭被评为全省法院立案信访工作先进集体，荣立市级集体三等功，刑庭获全国“青年文明号”称号。

2011年，院被评为省级2010年度无执行积案先进法院，全省法院刑事审判工作先进集体，2010年度全省法院信息工作二等奖，2010年度全省法院司法警察工作考核优秀单位，2010年度市级先进法院，2011年度全市先进法院，宁波市治安安全单位，全市法院系统党建工作先进集体，法警队被评为全省法院模范司法警察队，审监庭被评为全市法院案件质量评查工作先进集体，民一庭荣立2011年度市级集体三等功，民二庭被评为全市法院商事审判工作先进集体，刑庭荣立2011年度省级集体二等功，被评为全市法院刑事审判工作先进集体，荣立市级集体三等功，执行局荣立2010年度市级集体三等功，办公室获2011年度市级统计工作先进集体第二名。

2012年，院被评为全省优秀法院、获得全省法院信息工作先进集体三等奖，2012年宁波市五一劳动奖状，民一庭荣立2011年度市级集体三等功。

2013年，院被评为全国维护妇女儿童权益先进集体，2013年度在司法理论宣传工作中做出突出成绩被最高人民法院表扬通报，全省法院商事审判工作先进集体，四星级宁波市治安安全单位，立案庭荣立省级集体二等功，市级集体三等功，审管办获全省法院审判管理工作先进集体，法警大队获全市法院司法警察体能达标活动先进集体。

2014年，院获得全市基层法院绩效考评优胜奖，刑庭被评为2013年度全国“青少年维权岗”单位，民三庭被评为全市指导人民调解工作先进单位，执行局荣立市级集体三等功。

2015年，院被评为省级阳光司法优秀法院，西郊法庭被评为省级模范五好法庭，全市“特色示范人民法庭”，市级集体三等功，法警大队被评为2014年度全省法院司法警察信息宣传工作先进单位。

2016年，院被评为2016年度在司法理论宣传工作中做出突出成绩的人民法院，全省阳光司法优秀法院，全省法院刑事审判工作先进集体，2015年度全市优秀法院，市级集体三等功，平安护航G20杭州峰会先进集体，执行局荣立省级集体二等功。

2017年，院被评为2015—2016年度全省政法系统先进集体，2016年市级信息工作先进集体，刑庭获2015—2016年度全国“青年文明号”称号，诉讼服务中心获全省首批五星级“示范诉讼服务中心”称号，民二庭荣立市级集体三等功，望春法庭获市“青年文明号”称号。

1983—2017年国家、省、市级个人荣誉：

1983年，陈翠英被评为省信访先进工作者，阎笃平被评为市政法系统先进工作者。

1984 年，吴银奎被评为法院系统年度市级先进工作者。

1986 年，盛仲飞、汪桂甫被评为省法院系统先进工作者。

1987 年，盛仲飞被评为省法院系统先进工作者。

1988 年，盛仲飞荣立省级二等功，并被评为省级劳动模范。记一等功一次，并于 1989 年、1990 年各记一等功一次。

1990 年，盛仲飞荣立省级一等功，王文荣荣立市级个人三等功。

1991 年，徐良章荣立市级个人三等功。

1992 年，舒传芳被评为宁波市关心下一代工作先进个人，王惠珍荣立市级个人三等功。

1993 年，王惠珍、周黎荣立市级个人三等功。

1994 年，王惠珍被评为宁波市优秀法官，张频波荣立市级个人三等功。

1995 年，柴军被评为省少年案件审判工作先进个人，施耀枫被评为宁波市“二五”普法依法治理先进工作者。

1996 年，吴巧新被评为严打斗争市级先进个人，施耀枫被评为省法院系统优秀政工干部，张频波被评为市级优秀法官，柴军被评为市三八红旗手，王颂君、周家骥荣立市级个人三等功。

1997 年，陈义红被评为省法院优秀纪检监察干部，柴军被评为市三八红旗手，陈辉、潘美元荣立市级个人三等功。

1998 年，周家骥被评为市级先进工作者，江锋、周家骥、楼力力荣立市级个人三等功。

1999 年，李芸芳被评为全市法院“执行宣传月”“执行宣传周”先进个人并记三等功，吴巧新、王文荣荣立市级个人三等功，王文荣、吴巧新被评为市人民满意的好法官，杨建国被评为市人民满意的好干警。

2000 年，杨建国获省级“优秀司法警察”称号，张静霞获全省法院立案信访工作先进个人称号，张丹丹、陈东曙被评为市人民满意的好法官并记个人三等功，陆金华被评为市人民满意的好干警并记个人三等功。

2001 年，王惠珍被评为省级法院系统优秀政工干部，胡圣良被评为省级法院系统优秀纪检干部，陈义红、王亚光被评为市人民满意的好法官并记个人三等功，徐琦雄被评为市人民满意的好干警并记个人三等功。

2002 年，王旭东被评为市“严打”先进个人，陈义红被评为市“巾帼建功”先进个人，朱飞龙、陈莉萍、王旭东荣立市级个人三等功。

2003 年，盛仲飞、张频波荣立市级个人三等功。

2004 年，王惠珍被评为市三八红旗手，柴军被评为市“巾帼建功”先进个人，周黎、欧益民荣立市级个人三等功。

2005 年，贺汉培被评为省集中处理涉法上访案件先进个人，周黎被评为市级优秀法官、市“巾帼建功”先进个人，楼力力被评为全市法院“优秀裁判文书”，陈斌被评为全市法院“优秀案例”，周黎、王旭东荣立市级个人三等功。

2006 年，王惠珍被评为市“十五”妇女儿童工作先进个人，周黎被评为市级优秀法官，陆萍被评为全市法院“优秀裁判文书”，毛建军被评为全市法院“优秀案例”，王旭东荣立市级个人二等功，周黎、陈东曙荣立市级个人三等功。

2007 年，王旭东荣立省级个人二等功，王惠珍被评为市人民调解工作先进个人，陈东曙荣立市级个人三等功，周黎被评为市级优秀法官并记个人三等功。

2008 年，王惠珍被评为省级三八红旗手，胡圣良被评为全省法院对外委托管理工作先进个人，周黎被评为省级优秀法官、市级优秀法官。

2009 年，周黎荣立省级个人二等功、获市级“人民满意的公务员”、全市法院“十佳优秀法官”，胡圣良被评为省法院对外委托管理工作先进个人，叶光明被评为省法院司法规范建设先进个人，韩卫东被评为省法院系统优秀司法警察，唐俊伟荣立市级个人三等功，王颂君被评为全市法院“十佳优秀执行员”。

2010 年，周黎被评为全国优秀法官，朱淑君荣立市级个人三等功，王旭东被评为全市法院“十佳优秀青年法官”，方薇被评为全市法院“十佳优秀书记员”，韩卫东被评为全市法院“十佳优秀司法警察”，苏廷文被评为全市集中清理执行积案活动先进个人，张磊被评为全市集中清理执行积案活动先进个人。

2011年，余雅美被评为全省集中清理涉诉信访积案活动先进个人，陆萍被评为全省政法系统“集中清理涉法涉诉信访积案活动”先进个人、全市法院涉诉信访先进个人，董际峰被评为全市法院调解工作先进个人，汪晓蕾被评为全市法院诉讼服务先进个人，李芸芳被评为全市法院对外委托工作先进个人，袁满君荣立市级个人三等功，钟珍明荣立市级个人三等功，张磊被评为全市集中清理执行积案活动先进个人，苏廷文被评为全市集中清理执行积案活动先进个人，朱淑君荣立市级个人三等功，曹再富荣立市级个人三等功，檀丹霞被评为全市法院“十佳优秀法官”，董际峰被评为全市法院“十佳优秀调解能手”。

2012年，袁满君被评为全省法院审判监督工作先进个人，张丹丹被评为浙江省第五批“青少年维权岗”创建工作先进个人，刘辉被评为全省法院信息工作先进个人，周黎被评为全省公务员“廉洁高效先锋”，朱淑君被评为全市法院“十佳优秀青年法官”，秦关勇被评为全市法院“十佳优秀司法警察”，张静霞被评为政法综治系统调解能手（双十佳），朱淑君荣立市级个人三等功，曹再富荣立市级个人三等功。

2013年，朱淑君荣立省级个人二等功，王旭东被评为全省法院刑事审判工作先进个人，樊卓玮被评为全省“司法警察优秀信息宣传工作者”，陆萍被评为全省法院行政审判工作先进个人、全市法院“国有土地上房屋征收补偿司法保障专项服务”活动先进个人并记个人三等功，周家骥荣立市级个人三等功，张丽荣立市级个人三等功，张静霞荣立市级个人三等功，葛艳君被评为宁波市青年岗位能手，钟珍明被评为全省法院十佳“优秀调解能手”，被评为全市法院“十佳优秀调解能手”，张磊被评为全市法院“十佳优秀执行员”，张科士被评为全市法院司法警察警务安全专项整治活动先进个人，韩卫东被评为全市法院抗洪救灾先进个人三等功，张丽被评为市青年岗位能手。

2014年，钟珍明、李芸芳获得最高人民法院荣誉天平奖章，褚一彬荣立市级个人三等功，钟珍明荣立市级个人三等功。

2015年，陈杨被评为全国法院涉民生案件专项集中执行工作先进个人，戎波、韩卫东、韦甬军、王颂君、石丽峰、周一辉、余雅美获得最高人民法院荣誉天平奖章，秦关勇被评为全省法院“优秀司法警察”，张丽荣立省级个人二等功、获全市优秀法官，葛艳君被评为全市优秀青年法官，张科士被评为全市优秀司法警察，孙怡芸荣立市级个人三等功，宓琼凯荣立市级个人三等功，褚一彬被评为全市优秀执行员，苏廷文被评为全市优秀调解能手。

2016 年，王惠珍、陈东曙、张频波获得最高人民法院荣誉天平奖章，周黎被评为全国模范法官、全省法院先进个人标兵，钟珍明荣立省级个人二等功，张丽被评为 2015 年度浙江省青年岗位能手，汪晓蕾被评为全省法院优秀政工干部，董际峰荣立 G20 杭州峰会维稳安保工作专项个人二等功、市级个人三等功，柯织虹荣立市级个人三等功，韦甬军荣立市级个人三等功，江锋被评为法治宁波建设十周年工作先进个人、全市法院人民法庭工作先进个人并记个人三等功，吕婷、任剑峰、董际峰被评为平安护航 G20 杭州峰会先进个人。

2017 年，张丹丹被评为浙江省第七批“青少年维权岗”创建工作先进个人，褚一彬荣立省级个人二等功，杨锦晶荣立省级个人二等功，金瑞福被评为全省法院优秀司法警察，樊卓玮获得全省法院“做合格司法警察”主题演讲比赛二等奖、全市法院“做合格司法警察”主题演讲比赛一等奖，国媛媛被评为 2016 年优秀信息员，张严被评为全市法院清理国土非诉积案专项行动先进个人，钟珍明被评为市第二届“十大法治人物”选树提名奖，水红东被评为 2016 年度全市法院调研工作先进个人。

第二节　区级荣誉

先进集体

1991 年

区级先进党组织：机关党总支

区级先进团支部：机关团总支

1993 年

区级综合治理先进集体：刑事审判庭

1994 年

区级先进党组织：机关党总支

区级综合治理先进集体：段塘镇法庭

1995 年

院被评为区“二五”普法先进单位

区综合治理先进集体：刑庭少年案件审判合议庭

1996 年

区级先进党组织：机关党总支

1997 年

区政法系统“十佳”先进集体：经济审判庭、段塘镇法庭

区综合治理先进集体：少年案件审判庭

1998 年

区综合治理先进集体：刑事审判庭（少年案件审判庭）

1999 年

区综合治理先进集体：段塘镇法庭

2000 年

区综合治理先进集体：西郊法庭

2003 年

区社会综合治理先进集体：刑事审判庭

2005 年

院被评为区直机关建设学习型机关工作先进单位

2003—2004 年度区先进基层党组织：机关党总支

2005 年区“巾帼文明示范岗”：民事审判第一庭

2004 年度区“青年文明号”：刑事审判庭

2006 年

区机关党建片组活动优秀组织奖：机关党总支

“401”专案先进集体：刑事审判庭

2007 年

院被评为 2005—2006 年度区级文明单位

院被评为区行政执法依法治理工作优秀单位

区社会治安综合治理优秀单位：刑事审判庭

2005—2006 年度区直机关先进基层党组织：立案庭党支部

2008 年

区最佳组织生活实例奖：刑庭支部

区党建片组活动优秀组织奖：机关党总支

区机关党建论文优秀奖：机关党总支

2007 年度海曙区社会治安综合治理工作先进单位：刑事审判庭

2006—2007 年度区人民满意政法单位：行政审判庭

2009 年

院被评为 2008 年度区人大信息工作先进单位

院被评为 2008 年度法制教育依法治理工作先进单位

2010 年

院被评为 2009 年度海曙区消费维权先进单位

院被评为 2009 年度海曙区社会治安综合治理先进集体

院被评为海曙区综合执法保障先进单位

院被评为海曙区卫生先进单位

院获区党建片组活动优秀组织奖

区机关党建论文优秀奖：机关党总支

2011 年

院被评为区法制教育依法治理工作先进单位

院被评为区行政执法依法治理工作优秀单位

院被评为平安大区建设先进集体

院被评为机关党建工作创新奖

院获机关党建论文优秀奖

区先进基层党组织：机关党总支

区“五好”离退休干部党支部：机关退休党支部

2012 年

院被评为 2011 年度平安大区建设先进集体

院被评为 2011 年度区目标管理考核优胜单位

2011 年度海曙区五四红旗团支部：团支部

2011 年度海曙区“青年文明号”：司法警察大队

2011 年度区纪检监察信息工作先进集体：纪检组

区 2010—2012 年创先争优先进基层党组织：机关党委

第二批海曙区学习型党组织建设先进单位：机关党委

2013 年

2012 年度区直机关党建目标管理考核优秀奖：机关党委

2014 年

院被评为 2013 年度区直机关党建目标管理考核先进单位

院被评为先进基层党组织

2013 年度海曙区纪检监察信息工作先进集体：监察室

区级“青年文明号”：民二庭

2015 年

院被评为 2014 年度平安综治工作先进集体

院被评为 2014 年度海曙区廉洁机关创建工作先进单位

院被评为 2014 年度全区普法依法治理工作先进集体

院被评为 2013—2014 年度区级文明单位

区三八红旗集体：民二庭

区“最美青少年维权岗”：刑庭

2014 年度全区组织工作优秀创新项目三等奖：党组

荣记法院系统集体三等功：西郊人民法庭

2016 年

院被评为 2015 年度平安综治工作先进集体

院被评为 2015 年度全区纪检监察信息先进单位

院被评为百日维稳攻坚大会战先进集体

院被评为区党员志愿者活动先进单位

2015 年度先进团组织：团支部

“区级青年文明号”称号：立案庭

区平安护航 G20 杭州峰会先进集体：立案庭

2017 年

院被评为 2016 年度区直机关党建目标管理考核先进单位

院被评为 2016 年度全区纪检监察信息先进工作单位

区直机关先进基层党组织：机关党委

2016 年度白云街道社会治理奖：西郊法庭

2016 年度海曙区纪检监察系统优秀课题二等奖：纪检监察组

2017 年度海曙区纪检监察系统优秀项目二等奖：纪检监察组

区级“青年文明号”：民三庭

区级五四红旗团支部：团支部

2017 年度海曙区最佳志愿服务团队：海法阳光青年突击队

先进个人

1979—1980 年

区、院级：李琪君，谢德裕、徐承庚

1981 年

区、院级：李琪君、应后兴、楚建鲁、谢德裕

优秀共产党员：陈翠英、李琪君

1982 年

区、院级：应后兴、朱大成、李琪君、应菊芳、周妥桥、毛天峰、杨建国、潘梅成

优秀共产党员：陈翠英、李琪君

1983 年

区、院级：阎笃平、李琪君、陈国德、王武昌、陈翠英、潘梅成、杨建国、谢德裕、吴银奎

优秀共产党员：陈翠英、李琪君

1984 年

区、院级：王武昌、李琪君、吴银奎、钟珍明

优秀共产党员：钟珍明

1985 年

区、院级：盛仲飞、张智明、尹中升、杨光珠、柴军、李芸芳、周永高、杨建国

优秀共产党员：盛仲飞

1986 年

区、院级：盛仲飞、汪桂甫、陈德良、杨金香、应菊芳、宋亦农、张智明

优秀共产党员：汪桂甫

1987 年

区级：汪桂甫、李康年、翁岳文

区级优秀共产党员：盛仲飞

1988 年

区级：周妥桥、王惠珍

区级优秀共产党员：盛仲飞

1989 年

区级：贺汉培、陈辉

区级优秀共产党员：盛仲飞

1990 年

区级先进工作者：舒传芳、顾亚琴

区级优秀共产党员：盛仲飞

区级优秀团员：叶晶伟

1991 年

区级优秀共产党员：盛仲飞

区级优秀共青团员：王文斌

区级先进工作者：李康年、杨光珠

区“十佳”公仆：盛仲飞

1992 年

区优秀共产党员：盛仲飞

区级优秀工作者：李康年、尹中升、柴军、陈翠英、李芸芳、张莉珠、李泓

1993 年

区级优秀工作者：盛仲飞、张频波、施耀枫、李芸芳、谢德裕、翁岳文、柴军、任裕章

1994 年

区级优秀工作者：王惠珍、戎波、汤青、陈辉、施耀枫、潘梅成、张定云、宋亦农

综合治理先进个人：李康年、柴军

1995 年

区优秀公仆：张频波

区综合治理先进个人：张频波、戎波

区级优秀工作者：施耀枫、王惠珍、陈辉、柴军、周家骥、潘梅成、张丹丹、贺汉培

1996 年

区优秀党员：张频波

区级优秀工作者：施耀枫、张频波、陈辉、吴巧新、王惠珍、戎波、任裕章、潘梅成

1997 年

区政法系统“十佳”先进个人：周家骥、王文荣

区综合治理先进个人：张频波

区级优秀工作人员：王文荣、盛仲飞、翁岳文、周家骥、王惠珍、吴巧新、周黎、陆金华、吴银奎

1998 年

区综合治理先进个人：李康年

区“十佳”贤内助：王文荣家属蒋健儿

区级优秀工作人员：刘海珍、庄立敏、陈建国、徐琦雄、张静霞、

王亚光、陆金华、杨建国、周家骥、江锋

1999 年

区级人民满意政法干警：王文荣

区综合治理先进个人：吴巧新

区级优秀工作人员：王文荣、张丹丹、毛建军、陆金华、陆萍、吴巧新、周家骥、任裕章、张静霞、徐良章、钱哲人

2000 年

区综合治理先进个人：余雅美

区级优秀工作人员：吴巧新、庄立敏、徐琦雄、王旭东、张丹丹、钟珍明、陆金华、李康年、王惠珍、陈东曙、杨建国、施耀枫

2001 年

区级优秀工作人员：盛仲飞、吴巧新、王亚光、陆金华、袁满君、王国平、杨建国、潘梅成、杨光珠、徐琦雄、陆萍

2002 年

区级优秀工作人员：贺汉培、陈义红、李泓、王颂君、庄立敏、杨建国、李康年、陈建国、刘海珍、袁永达

2003 年

区社会综合治理先进个人：周家骥

区信访工作先进个人：贺汉培

区级优秀工作人员：周家骥、毛建军、胡圣良、任裕章、欧益民、张频波、张定云、王文斌、戎波

2004 年

区“优秀公务员”：张丹丹

区级优秀工作人员：石丽峰、董际峰、李泓、满武、张丹丹、潘美元、张定云、陈东曙、袁永达

2005 年

区级优秀工作人员：陈莉萍、满武、柴军、王颂君、杨志明、欧益民、楼力力、陈杨、唐俊伟

2003—2004 年度区优秀共产党员：周黎

2003—2004 年度区优秀党务工作者：施耀枫

区直机关优秀共产党员：陈建国

2006 年

区级优秀工作人员：陈莉萍、欧益民、唐俊伟、徐良章、王国平、张静霞、陈杨、王凤国、陈斌

“401”专案先进个人：曹建华、陈东曙、王旭东

2007 年

区级先进工作者：张丹丹、周黎、庄立敏、陈建国、张静霞、陈斌、周春莉、袁永达、秦关勇、欧益民、叶光明、陈莉萍

区优秀共产党员：潘美元、庄立敏

2006—2007 年度区人民满意政法干警：张丹丹

2007 年度平安大区建设先进工作者：张丹丹

2007 年度区社会治安综合治理工作先进个人：余雅美

2008 年

区级考核优秀：王延斌、庄立敏、秦关勇、欧益民、叶光明、李泓、何诗昂、王凤国、朱淑君、唐俊伟、毛建军、王颂君、钟珍明

区优秀共青团员荣誉称号：孙怡芸

区奥运信访维稳工作先进个人：王惠珍、戎波、王颂君、贺汉培

区十七大主题宣教活动优秀宣讲员：叶光明

区“巾帼建功”标兵：庄立敏

区人大信息工作先进个人：贾丰荣

2009 年

区级考核优秀：胡圣良、庄立敏、叶光明、王旭东、朱淑君、陈绍峰、周黎、陆萍、陈杨、韦甬军、袁满君、秦关勇

2010 年

区级考核优秀：王凤国、孙怡芸、陈晓峰、周黎、曹再富、王国平、钟珍明、张磊、何诗昂、袁满君、陈建国、吕婷、韩卫东

2008—2009 年度海曙区优秀政法干警：周黎、朱淑君、陈斌、王旭东、王国平、檀丹霞、陆萍、袁满君、王颂君、韦甬军

2009 年度海曙区党员志愿者活动先进个人：潘美元

区法制教育依法治理工作先进个人：张莉珠

2011 年

区级考核优秀：陈建国、朱淑君、曹再富、周黎、庄立敏、秦关勇、王旭东、刘先霞、张丽、汪晓蕾、王程生、褚一彬、柯织虹、应建波

区级优秀共产党员：王惠珍

区直机关优秀党务工作者：吕婷

区直机关优秀共产党员：刘海珍、杨志明、俞洁、李泓

区优秀离退休干部党员：杨建国

区级优秀团员：汪杰峰

白云街道优秀基层法制促进员：袁永达

2012 年

创建全国文明城市“三连冠”工作先进个人：张菁菁

优秀基层法治促进员：蒲巧俊、顾财祥、钟珍明、袁永达

2011 年度法制教育依法治理工作先进个人：张莉珠

2011 年度区纪检监察信息工作先进个人：刘海珍

区优秀青年：袁满君

2010—2012 年创先争优优秀共产党员：王惠珍、毛建军、刘先霞、樊卓玮、李康年

全区政法部门“十佳办案能手”：朱淑君、王程生、王文斌

全区政法部门“十佳调解能手”：张静霞、张丽、伍春玉

区级个人三等功：周黎

区级优秀团员：汪杰峰

区统计调查工作先进个人：李泓

区共青团工作调研二等奖：汪杰峰

2013 年

2012 年度宁波市海曙区优秀团员：汪杰峰

2012 年度海曙区共青团工作调研二等奖：汪杰峰

2012 年度优秀法治促进员：袁满君、毛建军、余雅美

2012 年度平安综治先进工作个人：褚一彬

2012 年度区普法依法治理工作先进个人：陈建国

2012 年度海曙区物业创星级活动先进个人：张频波

2013 年度道德讲堂区级优秀宣讲员：丁辰

2014 年

2013 年度平安综治工作先进个人：苏廷文

2013 年度优秀法治促进员：袁永达、张频波、陆晖

2013 年度优秀网格长：袁永达

2013 年度海曙区纪检监察信息工作先进个人：胡孟欣

2013 年度海曙区党员志愿者活动先进个人：刘海珍

区直机关优秀共产党员：夏寿彬、岑孟棒、张静霞、刘辉、俞洁

区直机关优秀党务工作者：檀丹霞

2013 年度表现突出给予嘉奖：周家骥、施耀枫、刘海珍、陈东曙、檀丹霞、袁永达、张静霞、钟珍明、满武、王凤国、石丽峰、余雅美、毛建军、尹晓艳、陈杨、邹丽华、刘辉、葛艳君、苏廷文、汪杰峰、丁辰、胡孟欣

2015 年

2014 年度优秀法治促进员：袁永达、刘海珍、张频波

2013—2014 年度优秀政法干警：江锋、何解放、钟珍明、王文斌

“2012—2014 年度海曙区劳动模范”称号：钟珍明

2015 年度优秀网评员：陈巧

2016 年

2015 年度平安综治工作先进个人：周家骥

2015 年度优秀法治促进员：袁满君、苏廷文、何解放

2015 年度“百日维稳攻坚大会战”先进个人：吕婷

“2015 年度最美海曙人”称号：钟珍明

2015 年度区优秀团干部：胡孟欣

2015 年度区优秀共产党员：钟珍明

2015 年度区党员志愿者活动先进个人：张静霞

区直机关优秀共产党员：陆萍、袁永达

区直机关优秀党务工作者：汪晓蕾

区平安护航 G20 杭州峰会先进个人：叶光明、袁永达、汪杰峰、郑珏、金瑞福

2017 年

2016 年度全区普法依法治理工作先进个人：汪晓蕾

2016 年度全区纪检监察信息工作先进个人：胡孟欣

2015—2016 年度优秀干警：罗书君、苏廷文、刘辉、应建波

2016 年度区优秀团干部：丁辰

2016 年度区禁毒工作先进个人：王彦波

2016 年度区优秀志愿者：王彦波

2017 年度区优秀志愿者：吕益键

区直机关优秀共产党员：陈增宏、刘海珍

区直机关优秀党务工作者：袁永达

区 2016 年度物业创星活动先进个人：张频波

区优秀法治促进员：张丽、吕婷、张严、孙平平

附　　录

一、规章制度选编

1. 立案信访

关于加强信访工作与立审执兼顾例会的规定

甬海法发〔2012〕24号

为进一步加强各业务部门间的联系沟通、信息共享和协调配合，落实风险评估机制，健全立审执兼顾工作机制，促进涉诉信访工作的制度化、规范化，有效化解涉诉信访矛盾纠纷，结合工作实际制定本规定。

第一条　通过对涉诉信访不稳定因素的排摸，重点分析影响稳定的问题；对立、审、执各阶段工作进行协调与沟通，就相关问题达成共识。以排摸梳理、逐案分析、因案施策、信访督办等方式，从源头上减少不稳定因素，化解矛盾，维护稳定。

第二条　立案、审判、执行等部门办理案件应着眼审判工作大局，最大限度地化解矛盾纠纷、力求案结事了。

立案部门应仔细审查纠纷的可诉性，加强对案件执行的可行性审查；

审判部门应充分考虑裁判的可执行性，并重视运用调解等方式化解矛盾纠纷；

执行部门应加强与立、审部门沟通，规范执行行为，维护生效裁判的权威性。

第三条 例会主要议程：

立案庭通报当前涉诉信访及不稳定因素情况；

与会各部门负责人汇报交流本部门涉诉信访及不稳定因素情况；

研究下一步工作措施，逐案分析上述涉诉信访问题成因、化解方法，责任分解到庭、到人；

讨论与会各部门负责人提出的需要相关部门配合或需要院里统一协调的问题。

第四条 立案庭在例会上通报下列内容：

（一）上月来信来访受理情况，包括来信来访数量、信访事项及反映的问题以及重要来信来访中初信初访和重信重访的情况；

（二）上月督办件办理进展情况。

第五条 立案庭通报的涉诉信访及不稳定因素的信息来源：

（一）上级有关部门转来的涉及本院的信访件或重复访、越级访、进京访等问题；

（二）上级有关部门督办的尚未化解的涉诉信访案件；

（三）院长转办件；

（四）本院院、庭长接待日信访人反映的问题；

（五）各相关部门评定的信访风险等级案件。

第六条 各业务部门负责人汇报交流下列内容：

（一）新增的涉诉信访案件，包括基本案情、反映的重要问题、化解措施、预定办结期限；

（二）尚未办结的督办案件，包括案件现状、尚未办结原因、下步措施、预定办结期限。

第七条 下列问题可提交例会讨论：

（一）涉诉信访案件涉及多个部门，需相互协调配合共同化解的或需要统一答复意见的；

（二）承办部门拟处理方案与信访人诉求存在较大分歧的；

（三）人大代表、政协委员、新闻媒体或有关部门关注，有可能成为热点问题的；

（四）尚未在规定期限内办结的督办案件；

（五）在审判、执行阶段发现的不稳定因素，按规定需要向有关部门报告的；

（六）立、审、执部门认为需要加强衔接的敏感性、群体性、重大系列案件及办案过程中发现的需相互通报的新情况、新问题等；

（七）需要沟通协调的其他事宜。

第八条　例会采用涉诉信访动态分析与个案分析相结合的方式。立案庭负责涉诉信访问题的协调和督办，并在例会后对例会研究的涉诉信访问题及不稳定因素、督办件办理的进展情况和下一步需引起重视的问题等及时予以通报。

第九条　例会由分管信访的副院长主持，各相关业务部门负责人参加；例会于每月 5 日上午召开，如遇节假日或特殊情况顺延。

第十条　来信来访件办理情况列入信访工作考核。相关业务部门应在规定的期限内办结，如经立案庭两次督办仍未办理的，按院绩效考核办法予以追究。

第十一条　例会中未能形成共识问题由分管信访副院长提请院长决定。

第十二条　本规定自下发之日起施行。

2. 刑事审判

青少年缓刑犯联合帮教（监管）实施办法（试行）

甬海法发〔2009〕40 号

为进一步规范青少年缓刑犯的帮教监管工作，教育、挽救失足青少年，维护社会和谐稳定，确保落实各项监管措施，实现适用缓刑的法律效果、社会效果，根据《中华人民共和国刑法》《中华人民共和国刑事诉讼法》《浙江省社区矫正试点工作方案（修订）》等法律法规的相关规定，特制定本办法。

本办法适用于被判处缓刑的25周岁以下青少年。

坚持“教育、感化、挽救”的原则，贯彻宽严相济的刑事政策，为判处缓刑的青少年创造良好的教育、改造环境。

区人民法院与区检察院、区司法局、海曙公安分局签订青少年缓刑犯联合帮教（监管）意向书。

前款所列各机关的职能部门针对具体的帮教监管对象签订协议书。区人民法院的职能部门为刑事审判庭，海曙公安分局的职能部门为下属各派出所，区司法局的职能部门为下属各司法所、区检察院的职能部门为监所检察科。

区人民法院与海曙公安分局、区司法局、区检察院的分管领导及相关职能部门负责人组织成立评审委员会，负责联合帮教监管中的重大问题研究。

区人民法院为监管帮教工作的责任机关，负责送达判决书、执行通知书等相关法律文书、提供矫正对象材料，组织各方加强协作配合、召集评审委员会会议、共同确立考察制度、定期回访，收集、整理帮教经验和做法，并加以推广。

海曙公安分局为帮教监管工作的执法部门，负责法律文书的流转、建立档案；区司法局是缓刑监管帮教工作的执行部门，负责制定矫正方案，对考察对象进行定期或不定期的考察、教育、落实监管。

帮教基地负责对缓刑青少年的直接教育管理，包括组织缓刑青少年学习、劳动，对其进行心理矫正、报送表现、考评材料等。

区检察院负责对缓刑帮教工作的监督，对区人民法院、海曙公安分局、区司法局、帮教基地实行监管帮教的全过程进行监督，并及时提出相关意见和建议。

风险测评报告和人格调查报告相结合，作为法院是否对被告人判处缓刑的参考依据。

区人民法院在判决生效后应及时将生效的判决（裁定）书副本和执行通知书送达海曙公安分局和区司法局，同时，一并提供缓刑青少年的相关矫正材料，执行机关应逐人建立监管档案，并制定矫正方案提供给帮教基地。帮教基地要将监管帮教情况形成书面材料，通过执行主体，及时抄送给区人民法院和区检察院。

对于监管期间表现良好、成绩突出的缓刑青少年，由帮教基地将相关表现、考评材料先后报送区司法局、海曙公安分局，经海曙公安分局核实后，报送区检察院，区检察院审核后抄送区人民法院。由区人民法院组织召开评审委员会会议，经评审委员会评议决定后，向宁波市中级人民法院报送减刑申请或给予其他表彰奖励。

质量评估报告作为减刑、评优的依据之一。

对于违反监管措施，不服从监管、改造态度恶劣的缓刑青少年，或者在监管期间出现重大问题的缓刑青少年，由帮教基地将相关考评材料先后报送执行缓刑的区司法局、海曙公安分局，经海曙公安分局核实后，报送区检察院，区检察院审核后抄送区人民法院，由区人民法院组织召开评审委员会会议，由评审委员会开会决定后，按相关法律程序处理。

在帮教监管期满前30日内，区司法局应指导其完成自我鉴定，并会同海曙公安分局召开由帮教负责人、缓刑青少年等相关人员参加的评议会，对缓刑青少年的表现情况进行评议，根据评议结果作出鉴定，并将鉴定结果上报区司法局和区公安局，同时将鉴定材料抄送区人民法院。

缓刑青少年缓刑期满，区司法局应会同海曙公安分局向缓刑青少年本人及帮教负责人宣布缓刑期满。缓刑期满证明书由海曙公安分局负责签发。

依照法律和有关规定，缓刑期间重新犯罪的，自羁押之日起自然解除帮教。

评审委员会负责具体解释本实施办法。

宁波市海曙区人民法院、宁波市海曙区人民检察院

宁波市海曙区司法局、宁波市公安局海曙分局

2009年7月27日

3. 民事审判

关于审理物业服务合同纠纷案件的若干规定（试行）

甬海法发〔2012〕83号

为依法妥善审理物业服务合同纠纷案件，根据《中华人民共和国物权法》、《中华人民共和国合同法》、国务院《物业管理条例》、《最高人民法院关于审理物业服务合同纠纷案件具体应用法律若干问题的解释》等法律、法规和司法解释的规定，并参照浙江省高级人民法院民一庭《关于审理物业服务合同纠纷案件适用法律若干问题的意见（试行）》，结合本院实际，制定本规定。

一、关于适用范围和案件受理

1. 本规定所称的物业服务合同纠纷，是指物业服务企业与业主方因物业服务合同而发生的有关民事争议。

本规定所称的业主，是指依法取得建筑物专有部分所有权的人，以及基于与建设单位之间的商品房买卖民事法律行为，已经合法占有建筑物专有部分，但尚未依法办理所有权登记的人。

2. 因相邻关系、车位车库权属、商品房质量等发生的纠纷，不属于物业服务合同纠纷；当事人在物业服务合同纠纷诉讼中因此提出主张或者抗辩的，应告知其另行处理。

3. 因业主大会、业主委员会的召开、选举、表决等属于业主自治范围内的事项而发生的纠纷，不属于物业服务合同纠纷；因此提起民事诉讼的，不予受理，应告知当事人向政府房地产行政主管部门申请处理。

4. 物业服务企业未以书面形式向业主催交物业服务费而直接提起诉讼的，应当告知其先行向业主送达催交通知书；物业服务企业坚持起诉的，不予受理。

物业服务企业向欠费业主送达催交通知书，应当采取直接送达、邮寄送达、留置送达的方式；仍不能送达的，可以采取在欠费业主物业门口和小区内张贴公告的方式送达。

二、关于诉讼主体

5. 业主委员会在下列情形下可作为原告参加诉讼，以其主要负责人（主任或副主任）作为代表人：

（1）物业服务企业违反合同约定损害业主公共权益的；

（2）业主大会决定提前解除物业服务合同，物业服务企业拒绝退出的；

（3）物业服务合同终止时，物业服务企业拒绝将物业管理用房和《物业管理条例》第二十九条第一款规定的资料移交给业主委员会的；

（4）其他损害全体业主公共权益的情形。

6. 业主委员会应当经业主大会选举产生，并向政府物业主管部门和街道办事处备案。业主委员会提起诉讼时，应提供其依法成立的相关证明材料。

7. 业主委员会提起诉讼应由业主共同决定，须经专有部分占建筑物总面积过半数的业主且占总人数过半数的业主同意。业主委员会提起诉讼时，应提供证明该事实存在的相关材料。

8. 未依法成立业主委员会，或者业主委员会怠于提起诉讼的，经过业主大会授权的业主也可以以自己的名义提起诉讼。

9. 经过业主大会授权，业主委员会在诉讼中可以承认、放弃、变更诉讼请求，进行和解，提起反诉或者上诉。

业主委员会及经过业主大会授权的业主参加有关诉讼的诉讼风险和后果由全体业主共同承担。裁判结果涉及业主委员会依法承担财产给付责任的，可以业主大会赋予业主委员会自行管理的资金及其他合法收益支付；不足部分由业主按照专有部分占建筑区划内建筑物总面积的比例分担。

10. 业主委员会已经作为当事人参加诉讼，业主又要求作为共同诉讼主体参加诉讼的，不予准许。

业主委员会起诉且法院已经受理后，业主又以相同的事实和理由起诉的，不予受理。

11. 物业服务企业侵害的权益仅涉及单个业主或部分业主的，应当由单个业主或部分业主作为原告提起诉讼。

12. 物业服务企业因业主违反物业服务合同的约定而起诉业主委员会或要求将业主委员会列为共同被告的，不予准许。

13. 物业的承租人、借用人或者其他使用人有下列情形之一的，可以作为诉讼当事人，物业服务企业可以直接向其主张相关权利，或者要求其与业主承担连带责任：

（1）与物业服务企业直接签订物业服务合同的；

（2）与物业服务企业形成事实物业服务合同关系的；

（3）与业主约定由其交纳物业服务费的；

（4）违反法律、法规或者管理规约约定义务的。

14. 因前期物业服务发生纠纷的，业主应以实际提供物业服务的单位为被告。

三、关于物业服务合同的效力

15. 物业服务企业与业主委员会签订物业服务合同后，违规将物业服务全部转托给其他物业服务企业的，如果该转托行为已经公告且业主接受了物业服务的，应依公平原则确定业主向实际提供物业服务的物业服务企业支付适当的物业服务费用。

16. 业主委员会代表业主与物业服务企业签订物业服务合同后，单个业主或部分业主要求解除物业服务合同的，不予支持。

17. 物业服务企业不具有物业管理资质签订物业服务合同，或者物业服务企业以隐瞒或者伪造物业管理资质、资格证书等形式骗取签订物业服务合同的，业主委员会可请求依法变更或者撤销物业服务合同或者部分条款。但在诉讼过程中物业服务企业取得物业管理资质的，应认定物业服务合同有效。

18. 业主委员会虽未经业主大会授权或者同意，擅自订立、变更或者解除物业服务合同，但在一审法庭辩论终结前经过业主大会追认的，该行为有效。

19. 物业服务合同期限届满后未续签，物业服务企业继续提供物业服务，且业主委员会不能证明已明确拒绝接受服务的，应当认定构成事实物业服务合同关系，双方权利义务可参照原物业服务合同确定；但双方可以随时终止该事实物业服务合同关系，并参照浙江省住房和城乡建设厅公布的《浙江省物业项目服务退出管理办法（试行）》的有关规定，提前90日通知对方。

四、关于物业服务费

20. 有下列情形之一的，业主可以要求减收物业服务费或要求返还多交的物业服务费：

（1）物业服务企业提供的服务项目和质量与合同约定标准差距明显的；

（2）物业服务企业擅自扩大收费范围、提高收费标准、重复收费的。

21. 业主因自身原因未居住房屋并以此为由要求减免物业服务费的，经业主向物业服务企业申请并经物业服务企业核实后，从物业办理交付后第2年开始空关房期间的物业服务费按80%比例交纳。

22. 物业服务企业与业主委员会虽未签订书面的物业服务合同，但业主事实上接受了物业服务的，物业服务企业可以要求业主交纳相应的物业服务费用。

双方当事人对物业服务费标准没有约定、约定不明且又协商不成的，可以结合物业服务企业实际提供的物业服务水平、有关部门提供的物业服务成本、当地物业服务费标准、同类物业服务收费标准等因素合理确定。

23. 物业服务合同被确认无效或者撤销后，已经提供物业服务的物业服务企业要求业主给付相应物业服务费的，可以结合物业服务合同约定、物业服务企业实际提供的物业服务水平、有关部门提供的物业服务成本、当地物业服务费标准等因素合理确定。

24. 物业服务合同中约定逾期给付物业服务费应承担的滞纳金，应当视为违约金。约定的滞纳金过分高于造成的损失，业主根据《中华人民共和国合同法》第一百一十四条第二款以及最高人民法院《关于适用〈中华人民共和国合同法〉若干问题的解释（二）》第二十九条的规定，要求予以调整的，应予支持。业主在诉讼中未要求予以调整的，审判人员在审理过程中可予以适当引导。

25. 业主以物业服务企业侵害其利益拒绝交纳或要求减收物业服务费的，如果造成业主相关财产性损失的，可告知其提起反诉或另行起诉。对物业服务企业侵害业主共同权益的行为，可告知业主向物业管理行政主管部门投诉、反映，或通过由业主委员会主张权利的方式来解决。

五、关于物业服务企业的民事责任

26. 物业服务企业未按合同约定提供服务或提供服务不符合约定标准，业主可要求物业服务企业承担违约责任。

27. 物业服务企业违反物业服务合同约定或者法律、法规规定以及相关行业规范确定的义务，造成业主人身、财产损失，业主可要求物业服务企业承担相应赔偿责任。

28. 业主的损害系由第三人侵权造成的，应由该第三人承担侵权责任；物业服务企业确有明显过错的，可以根据其过错程度、物业服务收费标准、安保能力等情况，综合确定其承担相应的补充赔偿责任。物业服务企业承担责任后，可以向第三人追偿。业主起诉物业服务企业承担侵权责任的，应当将第三人作为共同被告，但第三人不能确定的除外。

六、其他事项

29. 审理物业服务合同纠纷，应树立平等保护的理念，做到依法保护业主合法权益与促进物业服务企业健康良性发展相统一。

30. 审理物业服务合同纠纷，应当坚持“调解优先、调判结合”的工作原则，强化调解意识，加大调解力度，努力化解纠纷，实现案件审理法律效果和社会效果的统一。

31. 对于物业服务合同纠纷案件实行诉前和诉中委托“涉诉纠纷人民调解委员会”或物业所在社区人民调解组织进行调解的制度，具体实施办法按照本院与区司法局联合下发的《关于进一步加强诉讼调解与人民调解对接工作的若干规定》执行。

32. 审理物业服务合同纠纷，应加强与物业行政主管部门和街道、社区的联系与协调，注重发挥物业行政主管部门和街道、社区在纠纷化解中的作用。

33. 要适时召开辖区物业公司和业主委员会的工作协调会，及时将物业服务合同纠纷案件的审理情况向物业公司和业主委员会进行通报，指导物业公司和业主委员会改进工作、完善管理，引导双方相互谅解，化解矛盾。

34. 本规定由本院审判委员会负责解释。

35. 本规定自印发之日起施行。

2012 年 8 月 22 日

4. 行政执行

关于对举报被执行人财产、协助控制被执行人实行奖励的实施意见（试行）

甬海法发〔2014〕67 号

为贯彻落实浙江省高级人民法院、浙江省财政厅《关于对举报被执行人财产实行奖励的规定》及有关法律、法规精神，维护法律尊严，树立司法权威，确保生效法律文书及时有效地执行，切实保护胜诉当事人的合法权益，特制订本实施意见。

第一条 本实施意见规定的奖励对象包括：

（一）以书面、电话等各种方式，举报区人民法院尚未掌握或申请人没有举证的，未结执行案件或可恢复执行案件的被执行人财产（含到期债权）线索，并且由此使案件执行取得实质成效的公民；

（二）举报人民法院公告查找的被执行人行踪线索，并且由此找到被执行人，使案件执行取得实质成效的公民；

（三）协助区人民法院控制故意逃避履行义务的被执行人并通知人民法院获得实际掌控的公安民警及其他工作人员。

第二条 下列情形不适用本规定：

（一）具有法定协助执行义务的公民；

（二）申请执行人自行悬赏奖励举报被执行人财产的；

（三）举报的被执行人财产线索缺少财产地点、状态、权属等基本要素，仅为怀疑、推测性的举报；

（四）其他不适宜发放的情形。

第三条 区人民法院执行指挥中心负责接待处理执行举报等具体事务；指挥中心办公室设在区人民法院执行局。

指挥中心接到财产举报或协控通报后，应问明情况，及时作好记录备案并及时依法处置；被协控的被执行人如在本区范围内，指挥中心接到协控通知后，人民法院应派备勤人员在2小时内赶到指定现场接管。

第四条 对举报被执行人财产的，根据举报的被执行人财产线索确定性及实行执行到位情况，分别给予如下奖励：

（一）标的为1万元及以下的，奖励500元；

（二）标的为1万元以上至10万元的，奖励1000元；

（三）标的为10万元以上至50万元的，奖励1500元；

（四）标的为50万元以上的，奖励2000元；

举报的被执行人财产对于个案执行价值特别高或实际执行到位的金额较大的，可以突破前款限制，但最高不得超过10000元。

协控被执行人按控制人数奖励，每控制1人次奖励500元。

第五条 举报人民法院公告查找的被执行人行踪线索，并且由此找到被执行人使案件执行取得实质成效的，根据实际执行到位情况，参照第四条标准给予奖励。

第六条 多方举报的被执行财产线索相同或相近，奖励给发挥主要作用的举报人；同等作用的或同一举报内容的，奖励给首位举报人。多条举报内容均有作用且分属不同举报人的，可以根据实际到位金额分别给予奖励。

同一事由只能奖励1次。

第七条 奖励实行实名制。对于协控实施人员的奖励，经区财政部门同意后可以采取更为灵活的方式。区人民法院和各有关部门应当严格为举报人保密；泄露秘密造成举报人遭遇被执行人报复等严重后果的，应当严肃查处。

第八条　奖励经费在区人民法院办案经费列支，纳入年度预算管理。

第九条　执行奖励在被举报财产被区人民法院实际控制或变现后，或者协控单位将被执行人交由区人民法院实际控制后，由法院负责审定发放。

第十条　区人民法院应建立相应台账，由案件承办人填写举报、协控奖励审批表，报执行局局长、分管副院长审批，财务部门按奖励审批表及领款人收条入账，并定期核对发放情况。

第十一条　本实施意见仅适用区人民法院受理的各类执行案件（含委托案件）。

第十二条　本实施意见自下发之日起施行，由海曙区人民法院、海曙区财政局负责解释。

宁波市海曙区人民法院
宁波市海曙区财政局
2014 年 11 月 11 日

5. 审委会制度

审判委员会议事规则

甬海法发〔2014〕34 号

第一章　总　　则

第一条　为进一步健全司法权力运行机制，规范本院审判委员会工作，充分发挥其职能作用，提高工作质量和效率，根据《中华人民共和国人民法院组织法》、最高人民法院《关于改革和完善人民法院审判委员会制度的实施意见》和有关法律的规定，结合本院审判工作实际，制定本规则。

第二条 审判委员会是本院的最高审判组织。审判委员会主要研究案件的法律适用，总结审判经验，监督和指导审判工作，审理重大、疑难、复杂案件，讨论和决定有关审判工作的其他事项。

第三条 审判委员会的决定，合议庭和本院有关部门应当执行，不得改变。

第四条 审判委员会实行少数服从多数原则，各委员权利和义务平等。对审议事项应当进行充分讨论，并按多数意见拟出决议，付诸表决。审判委员会的决议应当按照全体委员二分之一以上多数意见作出。少数意见可保留并记录在卷。

第五条 审判委员会实行回避制度。具有法定回避情形的审判委员会成员，应当自行回避。

审判委员会委员的回避，由院长决定；院长的回避，由审判委员会决定。

第六条 审判委员会委员、列席人员、汇报人员、秘书及其他记录人员，应当严格遵守保密规定，不得泄露审判委员会讨论内容和决定事项。

第七条 审判委员会下设办公室，负责处理审判委员会的日常事务。设秘书一人，负责处理审判委员会会前准备工作，并担任审判委员会会议记录。

第二章　审议事项

第八条 审判委员会审议、讨论下列事项：

（一）审议有关指导本院审判工作的规范性意见；

（二）总结本辖区内带有全局性、指导性的审判工作经验以及审判新类型案件、重大疑难复杂案件、具有典型意义案件的经验；

（三）分析研究审判中具体适用法律、执行政策的问题；

（四）决定本院院长回避问题；

（五）讨论违法审判责任的确定；

（六）院长认为需要审议、讨论的其他事项。

第九条　审判委员会讨论决定下列案件：

（一）本院已经发生法律效力的判决、裁定确有错误，依照审判监督程序决定再审的案件；

（二）拟在法定刑以下判处刑罚或者免予刑事处罚的案件；（法定应当免予刑事处罚的案件除外）

（三）拟宣告被告人无罪的案件；

（四）拟就法律适用问题向上级法院请示的案件；

（五）认为可能判处无期徒刑以上刑罚，需要报请移送上级法院审理的刑事案件；

（六）认为案情重大、疑难、复杂，需要报请移送上级人民法院审理的案件；

（七）人民检察院提出抗诉，依照审判监督程序决定再审的案件；

（八）上级人民法院规定需要提交审判委员会讨论的案件；

（九）合议庭之间对案件的法律适用有重大分歧，经合议庭复议后仍难以统一，可以提请院长决定提交审判委员会讨论的案件。

（十）院长认为或同意提交审判委员会讨论的其他案件。

第三章　审议事项的准备与提交

第十条　合议庭或承办部门认为需提交审判委员会讨论的案件或议题，在层报部门负责人、分管院领导同意后，于讨论前5日向审判委员会办公室提交审判委员会案件讨论审核表（附件1）及案件审理报告或审判委员会议题讨论审核表（附件2）及有关草案等材料。

对于提交审判委员会讨论决定的案件，院长可以指定二至三名审判委员会委员先行审查是否属于审判委员会讨论决定案件的范围，并提出意见，报请院长决定。

第十一条 经院长决定提请审判委员会讨论的案件或议题，审判委员会办公室应制作本次审判委员会会议议程，确定本次审判委员会讨论事项的顺序并通知审判委员会成员以及汇报人和列席人。讨论事项的顺序一般按照提交材料时间的先后顺序排列。

审判委员会议程及相关材料由审判委员会秘书于讨论前分送各审判委员会委员。

第十二条 审判委员会讨论本规则第九条规定的案件，案件主审人依据已提交的书面案件审理报告进行汇报，报告应当全面、客观、准确地反映案件事实。

第十三条 审判事项的提交应当及时，避免在审限临近届满时提交讨论。民商事、合议庭审理的刑事自诉案件应在法定审限届满 25 日前提交讨论，行政诉讼案件应在法定审限届满 10 日前提交讨论，刑事公诉案件（控辩双方提出新证据除外）应在法定审限届满 10 日前提交讨论，有特殊情况的，应当向院长说明理由。

第十四条 审理报告应具备以下主要内容：

（一）案件来源及审理经过；

（二）当事人基本情况；

（三）双方当事人或控辩双方的意见；

（四）证据的质证、认证情况；

（五）案件的相关事实认定情况及争议的焦点；

（六）合议庭对案件处理的意见及存在的分歧情况；

（七）合议庭或主审人拟作出裁判的理由、适用的法律条文及裁判内容；

（八）拟提请审判委员会讨论决定的事项；

（九）庭长、分管院领导对拟提请审判委员会讨论决定事项的意见、理由。

第十五条 审判委员会研究本规则第八条的有关事项，由相关部门形成书面议案，提交审判委员会讨论。

第四章　议事规则

第十六条　审判委员会会议由院长或者院长委托的副院长主持。

第十七条　审判委员会会议必须有超过半数的委员出席方能召开。

第十八条　审判委员会会议原则上于每周五召开，根据具体情况可以临时或延期召开。

第十九条　下列人员可列席审判委员会会议：

（一）提请讨论案件或议题的部门负责人；

（二）拟再审案件的原承办部门负责人；

（三）对案件处理有重大分歧意见的合议庭全体成员；

（四）符合本院《关于检察长列席审判委员会会议的实施办法》（甬海法发〔2013〕30号）第三条规定的情形，可以邀请检察长列席，检察长也可建议列席；

（五）其他需列席的人员。

第二十条　下列人员经审判委员会讨论通过可以取得本年度列席审判委员会会议的资格：

（一）有研究成果的具有研究生学历或者硕士以上学位的高学历和高学位人员；

（二）具有丰富审判经验和较高法律理论水平的资深法官。

第二十一条　审判委员会办公室应当根据本次审判委员会讨论的议题，在具有列席审判委员会资格的人员中选定一至二人报院长同意后及时通知本人，以便其进行相应的准备和届时参加会议。

第二十二条　列席人员参加审判委员会会议的，可以参加讨论，但不参加表决。

第二十三条　审判委员会讨论案件或事项，每位委员应认真听取汇报，可以提出询问，并充分发表个人意见，对于会议表决不得弃权。

在讨论不能形成决议，或者主持人认为不宜作出决议时，主持人可以作出以后再议的决定。

对于复议的案件，应在有超过原参加讨论的委员半数以上委员参加的情况下进行讨论。

第二十四条 审判委员会实行相关人员共同到会汇报制度。审判委员会讨论本规则第九条事项时，提请部门的具体承办人应当到会共同汇报。

审判委员会讨论对本院生效判决、裁定、调解提起再审的案件，持不同意见的原审承办人或合议庭成员可以到会共同汇报。持不同意见人因故不能到会的，可以提交书面意见。

共同汇报以一人为主、其他人补充；提交讨论人汇报在先，持不同意见人汇报在后的方式进行。

第二十五条 对再审及重审案件，如原判决、裁定案件系经审判委员会讨论决定的，应在报告中注明前次讨论日期、参加委员人数、主持人及意见。

第二十六条 审判委员会讨论案件依下列程序进行：

（一）案件承办人汇报案情，宣读审理或执行报告；

（二）对案件处理有重大分歧意见的合议庭成员发表意见；

（三）庭（局）长、分管院领导介绍提交审判委员会讨论的目的、有关情况以及对案件的处理意见；

（四）列席审判委员会会议的检察长（副检察长）可以对案件的事实认定、证据采信、法律适用和量刑发表意见；

（五）各委员就案件事实、证据和有关事项向案件承办人询问；

（六）案件承办人回答询问并展示相关证据；

（七）各委员就案件适用法律和处理结果发表意见，展开讨论。委员发表意见的顺序，一般应当按照行政职级高的委员后发言的原则进行，主持人最后发言，并不以任何方式提前表明观点；

（八）列席审判委员会会议的检察长（副检察长）可以就相关问题发表补充意见；

（九）主持人总结归纳，按多数意见拟出决议，付诸表决。

第二十七条 审判委员会讨论案件时，应对事实、定性、适用法律、程序等方面进行全面审查；对事实、证据难以定案的，要重查补正，不勉强定案；对个别争议较大的重大、复杂、疑难案件，可以指定审判委员会委员或者有关审判人员审查后再议。拟向上级法院请示的，须提出倾向性处理意见。

第二十八条　审判委员会秘书应当做好审判委员会会议记录。会议记录应当准确、完整、规范，记明讨论过程、审判委员会委员和列席人员的意见和审判委员会的最终决定。在不违背发言原意的前提下，记录人可以适当对文字进行归纳。记录形式要求包括时间、地点、主持人、参加人、列席人、记录人、内容。

第二十九条　审判委员会讨论案件，同时应由提交讨论的部门或合议庭派员认真记录，在一周内将笔录送每位参与讨论的委员签字，并装入案件卷宗副卷内。

第五章　职责、权利

第三十条　审判委员会委员应当忠于职守，坚持实事求是、公平公正的原则，对所审议的案件、事项认真发表意见，阐明观点，表明态度。

第三十一条　审判委员会委员应当按时出席会议。如因特殊原因不能出席会议的，须提前向院长或受委托主持审判委员会会议的副院长请假，并通知审判委员会秘书。

第三十二条　审判委员会委员在讨论案件和决定事项时，有平等的表决权，可以发表不同意见，不同意见未被多数委员采纳时，应保留并记录在卷。

第三十三条　审判委员会讨论案件，一般只在合议庭认定事实的基础上，研究讨论具体的法律适用问题。

第三十四条　审判委员会讨论决定的案件，案件事实由合议庭负责；审判委员会提出的适用法律的指导性意见，合议庭采纳的，该法律适用问题由合议庭和审判委员会共同负责；审判委员会作出决定的法律适用问题由审判委员会负责。

第三十五条 对审判委员会作出的决议，合议庭应当严格执行。如因事实出入、适用法律不当或发现新的情况，确有必要改变案件结论或有关审判工作事项决议的，可逐级报请院长决定是否再次提交审议。

第三十六条 经审判委员会讨论决定的案件、有关事项的法律文书、文件、请示等，根据不同情况，分别由院长或者分管院领导负责签发。

第六章 附 则

第三十七条 本规则由本院审判委员会负责解释。

第三十八条 本规则自2014年6月4日起实行。本院2012年7月24日制定的《宁波市海曙区人民法院审判委员会议事规则》同时废止。

2014年6月3日

6. 业务综合

海曙区人民法院案件信息录入奖惩办法

甬海法发〔2014〕28号

第一条 为提高速录员录入信息积极性，确保案件信息录入的完整、准确、及时，保障审判执行管理系统的正常运行，推进阳光司法工作及证票类文书自动生成系统建设，根据院《2014年绩效考核办法》《案件信息录入办法》，结合工作实际，特制订本办法。

第二条 案件信息录入应符合完整性、准确性、及时性要求，信息内容与案卷内容保持一致。

第三条 案卷中存在的内容，审判和执行信息系统中有相应信息点的，为必录信息。

第四条 所有信息应在信息点形成时当即录入，否则视为案件信息录入不及时。案件办结的当天进行归档报结，最晚在次日进行归档报结。

第五条　案件信息录入做到完整、准确、及时的，每件给予信息录入员相应补贴。

刑初字、民初字、商初字、知初字、西民初字、西商初字、行初字、行审字、再字案件每件补贴 20 元；

复查案件每件补贴 16 元；

保字、特字及其他非诉前登记案件每件补贴 10 元；

公示催告每件补贴 4 元；

调确案件每件补贴 3 元；

执行字、执非字案件每件补贴 10 元；

其他执行案件每件补贴 2 元。

第六条　信息录入员录入案件信息有错误的，发现一处扣罚该案件的一半补贴；发现两处扣罚该案件全部补贴；发现三处以上的，扣罚该信息录入员当月信息录入全部补贴。

第七条　信息录入员录入案件信息有错误，对质效数据统计产生不良影响的，发现一处扣罚该案件全部补贴；发现两处以上的，扣罚该信息录入员当月信息录入全部补贴。

第八条　信息录入员录入案件信息有错误，被上级法院通报或被当事人投诉，则扣罚该信息录入员当月信息录入全部补贴。

第九条　审判管理办公室负责对审判管理信息系统中的案件信息录入情况进行检查，并于每月 25 日前将统计信息录入补助及扣罚情况报政治处审核。

第十条　政治处应及时将信息录入奖惩情况交由各业务庭核对，各业务庭如有异议，应在公示后 3 日内提出，异议由政治处、审管办共同审核。

第十一条　政治处应于每月月底前确定并发放信息录入补贴。

第十二条　本办法所指的信息录入员限本院聘用的审判执行业务部门速录人员。

第十三条　案件承办人及其他在编人员信息录入错误的，依照院

《案件信息录入办法》扣罚。

第十四条 因信息录入存在问题被上级法院通报的，对审管办评查人员予以扣分，每件减半扣分。

第十五条 本办法所指“以上”包含本数。

第十六条 本办法由院长办公会议负责解释。

第十七条 本办法自发布之日起施行。

宁波市海曙区人民法院

2014 年 5 月 9 日

二、文摘选录

瘦小身躯中蕴藏巨大正能量

——记宁波海曙法院民三庭法官钟珍明

今年 53 岁的钟珍明已经在法院干了大半辈子，和所有默默无闻却为审判事业奉献青春的基层法官一样，从派出法庭到速裁庭，钟珍明都是坚守在审判和调解岗位的第一线，都是直面那些琐碎却又尖锐的矛盾。近三年来，他办案近千件，调撤率高达 90% 以上，先后荣获调解能手、优秀基层法治促进员等称号，并荣立个人三等功。

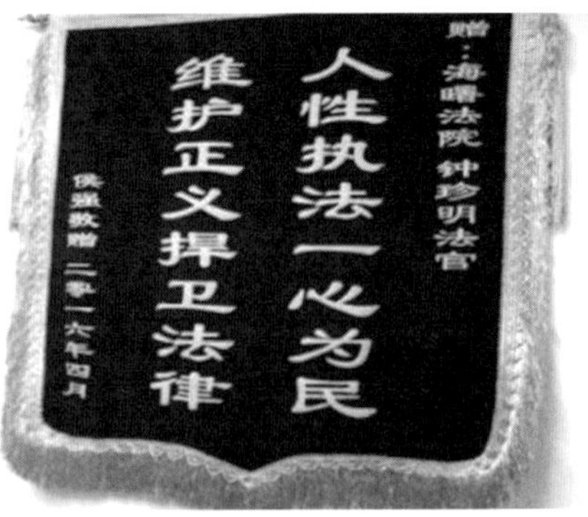

民三庭法官钟珍明调解案件及获赠锦旗

百里漏一与百分之两百

钟珍明在去年调到民三庭速裁庭之前，在西郊法庭工作了四年。作为区人民法院唯一的派出法庭，西郊法庭承担着审理民事、商事案件的双重任务；而在速裁庭，又要面对审限短、结案快、调撤率要求高的三重压力。

钟珍明审理的案件中，既有财产关系复杂、当事人情绪激动的离婚诉讼等民事案件，也有当事人下落不明的信用卡纠纷和法律关系复杂、证据纠结难辨的民间借贷纠纷等商事案件。对此，钟珍明没有叫苦叫累，而是一门心思扑在案件上，主动加班加点，认真负责地对待每一起案件。

“我们几乎每天要办一件案子，而群众可能一辈子才打一次官司，不能以自己百里漏一的瑕疵去面对群众百分之百的官司，我们应以百分之两百的认真去审理每件案子。”钟珍明这么说也是这么做的。作为老同志，身材瘦弱的他经常抱病在身，但他身上却有着无法估量的“正能量”，这股认真劲使他的案子至今无一件改判或发回重审。

做法官不能寒了群众的心

办案中，钟珍明十分重视与当事人的沟通交流，热情耐心地对待每一位当事人，他常说：“我们当法官的，不能寒了群众的心，要用实际行动让他们感受到法律的公正，用真情让他们感受到温暖。”

因此，他经常不厌其烦地向当事人讲解法律知识，通过热情的接待、细致的讲解传递正能量，打消当事人的顾虑，促使当事人说出真实想法及案件的真实情况，为做好说服息讼工作奠定了良好的基础。

去年 8 月，钟珍明受理了一起不寻常的离婚案件：原、被告均是 60 多岁的老人，两人上山下乡相识，1977 年摆喜酒，但至今未办理结婚登记手续。两人由于生活矛盾较深，加上缺乏法律知识，庭审中情绪十分激动，几欲拳脚相向。

面对这种情况，钟珍明认真向双方讲解法律知识，并耐心做其思想工作，动之以情、晓之以理，最终促成双方达成自愿离婚，房产各自居住的调解协议，取得了法律效果和社会效果的有机统一。

在另外一批数量达 30 件、标的总额达 170 万元的系列民间借贷纠纷中，面对当事人因纠纷争得情绪险些失控的状况，钟珍明以和风细雨式的工作方法，通过拉家常式的沟通，了解了案情，掌握了当事人的真实想法及双方的矛盾所在，多次组织双方调解。在他的努力下，双方当事人消除了误解，化解了矛盾，该案也顺利调解结案。

以笔代口写下满满十几页纸

今年7月中旬的一个下午，区人民法院速裁庭来了一位83岁高龄的老大爷，他来法院是状告自己的女儿，要求分割已亡故老伴留下的财产。

钟珍明拿到这个案子后了解到，老大爷姓张，女儿张女士目前身患重病，隔一段时间就要去住院治疗。钟珍明觉得，都说父女情深，何必闹到这个样子呢。于是，他耐心地做起了父女双方的调解工作。

但是，张大爷年高耳背，基本上听不见别人讲话，不过还好，张大爷会识字写字。于是，钟珍明找来纸笔，单独和张大爷在调解室做起了“文字调解”。

钟珍明通过文字告诉张大爷他女儿目前的身体状况，告诉他，本是一家人，何必为了钱而父女反目；又为他写了很多亲情珍贵的道理……固执的张大爷态度终于软下来了。钟珍明建议张大爷在女儿住院的时候也去医院看看女儿，他写下了担心：“她会要我去吗？”钟珍明写道：“血缘关系永远不能割断……她会很高兴您去看她！”

将近一个下午，钟珍明和张大爷笔谈用掉了十几张纸，张大爷最终听劝，官司不打了，案子也撤诉了，原本不相往来的两个人心平气和地相互面对了。傍晚时分，在女儿张女士的陪同下，父女两人一起离开法院回家。

钟珍明说，将心比心，每个人都需要家人和社会的关爱。作为法官，如果能化解一个纠纷，社会上就少了一分戾气，多了一分和谐。案子不管大小，只要能凝聚点点滴滴的正能量，就是自己最大的人生价值。

《浙江法制报》专版：钟珍明

2013年8月20日

用心擦亮法院的第一道“窗口”
——宁波海曙法院立案庭庭长檀丹霞二三事

采访檀丹霞不是件容易的事。去办公室，十有八九是扑空的，立案庭庭长的身份让她不可能有大把时间坐在办公室；去立案大厅，人肯定能见着，但想跟她聊一会儿却是奢望，因为她不是忙于接待当事人，就是在解决庭里的“疑难杂症”。

两年前上任区人民法院立案庭庭长，她对干警们说，以后她这个庭长会亲力亲为，希望大家能自觉自为，共同擦亮法院的第一道“窗口”。她是这么说，也是这么做的。

对待当事人：分外事当分内事

耐心、细致是周围的人对檀丹霞的一致评价。立案庭的干警说，对当事人的释明工作他们往往 10 分钟就说完了，檀丹霞却总会站在当事人的立场上推心置腹地说上半小时、一小时，有时候为了了解案子的外围情况，甚至还去社区、当事人家里走访。

檀丹霞的这份耐心、细致，部分源自性格，部分来自 20 多年一线审判工作的磨炼。

立案庭的小郑对今年夏天一件案子的立案过程记忆犹新。8 月的一天，一位中年妇女来到立案庭，她是代 80 多岁行动不便的父母来立案的，起诉要求孙子归还房产。檀丹霞敏锐地意识到正式立案前她必须完成一项工作——确认这一诉请是否出自两位老人的意愿。于是，她冒着40度的高温，亲自去老人家里确认，得到老人确认后，才着手立了案。

今年，檀丹霞还碰到过这样一件事：当事人是一对60多岁的夫妇，因楼上的住户把厨房改动后出租，搞得他们寝食难安。可这事不属法院管辖，怎么办？想到当事人的苦恼，檀丹霞还是希望能为他们出点力。她想到了院里的“法官进社区”机制，于是联系了负责该社区的法官一起到房管部门协商，最终妥善解决了问题。

类似这样以立案审查为平台，为“法官进社区”工作穿针引线、牵线搭桥的事情，檀丹霞没少做。她做的这些工作在有些人眼里实属“多余”，但她却认为这是立案窗口工作不可缺少的一部分。

有些当事人法律知识有限，但他们都对法律、法院寄托了莫大的期望，遇到不容易解决的事就来找法院，但对立案的程序、该准备的材料一无所知。檀丹霞说，对这样的当事人，立案庭工作人员若能耐心细致地做好释明工作，不仅能极大地方便当事人，也极有可能化解掉一些信访纠纷的苗头。

多年的审判工作经验还告诉她，如果能在立案的时候让当事人认可法院的工作，托付信任，那么接下来的审判工作也会顺利许多。

对待庭务：麻烦自己方便他人

檀丹霞说过，她喜欢收获的感觉，梦想能有一块属于自己的土地，在上面播种、收获。而立案庭正是她在现实中辛勤耕耘着的土地。

立案庭现有立案窗口组和信访维稳组，这两个分工明确的工作小组，就是2011年11月刚到立案庭当庭长的檀丹霞，针对各个岗位职责的特点整合设立的。

檀丹霞还把自己的经验传授给庭里的干警，比如，接待的方式方法要因当事人而异，碰到情绪激动的当事人，千万不能正面冲突，先收材料，给对方冷静的时间；碰到没有律师陪同的当事人，一定要更加耐心地做好释明工作，把理由说透，让当事人心服口服……

如今，立案窗口工作人员个个牢记并实践着“三个不”（工作不延误、材料不积压、差错不发生）、“四个一”（对当事人给一个微笑、问一声好、请一次坐、道一声再见）、“五个少”（让当事人少跑一次腿，少找一个人、少等一分钟、少费一点心、少误一班工）。

为了更好地指导当事人诉讼，立案庭编发了8000册《诉讼便民手册》，诉讼流程示意表、诉讼须知、风险提示、收费公告、司法救助等内容全都囊括其中。立案大厅还配置了免费的诉讼文书样本、茶水、医药箱方便当事人。

一分耕耘一分收获。这两年，区人民法院立案庭获得了一项又一项的荣誉：2012年在信访工作考核中名列全市B类法院第一名；2013年1月被宁波市中院授予集体三等功；今年初率先出台诉讼费“减半预收”为全市法院提供借鉴，诉调对接机制获得省高院的肯定……

工作时间忙得脚不沾地的檀丹霞，其实是个说话轻和柔缓、开朗乐观的人。她笑说自己现在说话“底气”比以前足多了，全靠来了立案庭后天天和当事人交流锻炼出来的肺活量。虽然一天的工作结束后，需要在办公室坐上半个小时才能积攒起回家的能量，但檀丹霞还是希望尽自己所能，从立案庭这个窗口开始，守护住当事人对法院工作的那份信任。

《浙江法制报》专版：檀丹霞
2013年11月20日

她对得起胸前的天平

——记宁波海曙法院执行局局长周黎

全国优秀法官，省优秀法官，市十佳优秀法官，省巾帼建功标兵，法院系统个人二等功、三等功，市劳动模范……这些荣誉有着共同的主人——周黎。1969年出生的周黎，1992年5月进入区人民法院工作，现任法院执行局局长。22年，她把最好的年华都奉献给了人民审判事业，在收获荣誉的同时，也愈加坚定了司法为民之心。

“了不起的法官”

从1992年进入法院到2011年底，周黎一直在民事审判一线工作。从书记员、助理审判员，到民一庭庭长助理、民一庭副庭长、执行裁决科科长、民三庭庭长，她每一步都走得稳健、踏实。

无论岗位怎样轮转，周黎都时时提醒自己做到“四不”。一是不“忘”，不忘法官宗旨，认真做好为民、便民文章。二是不“拖”，不练“拖功”练快功，加紧办结每一个案子。三是不“烦”，接待群众热心、细心、耐心，办案虚心、诚心、贴心，耐心疏导，百问不烦。四是不“怕”，不怕吃苦受累，倾心办案；不怕担责任，顶住各方面干扰，公正执法。2004年至2009年，周黎每年承办的民事案件均超过200件，自审自执率达85%，无一起被上级法院改判或发回重审。

2004年5月至2005年10月，周黎在新成立的交通巡回法庭工作。在她调离之际，海曙交警大队发了一份函给法院，里面写道：“周黎法官谦逊好学、待人热情、踏实勤奋、为人正直，塑造了人民法官的良好形象。面对大量的交通事故案件，周黎法官起早贪黑，不耻下问，虚心向老民警请教有关案件，她是一名了不起的法官。”

得到如此之高的评价，全因周黎对工作的热爱和对法律的追求，深深打动了与她接触的所有人。在交通巡回法庭工作的一年多时间里，她共办结515件案件，当事人自动履行率达90%以上。

调解三部曲

在紧张的民事审判工作中，周黎从未间断对法学及司法实务的研究。

她坚持利用业余时间钻研法律，十分注重理论与司法实践相结合。为解决交通事故案件经人民调解后当事人反悔，以及侵权方不按人民调解协议履行的问题，周黎经过调研，创建了交通事故案件人民调解确认机制。该机制的运行，有效防止当事人反悔，也提高了人民调解组织的公信力，发挥了司法调解和人民调解的整体优势。

在长期的审判实践中，周黎逐渐摸索出庭前、庭中、庭后“三步调解法”：庭前阶段，立案后及时征询当事人是否需要举证期限和书面答辩，如不需要，则立即组织调解；审中阶段，理清当事人之间利益冲突的内容，了解和把握当事人的基本观点和态度，通过阐明法律关系，分析结果的可能走向，促使其自愿达成调解；庭后阶段，留给当事人一定的调解期限，让双方冷静一段时间后，再主动与当事人沟通，争取调解结案。在她的带领下，民三庭2009年1月至2010年8月所办结的1878件案件中调解、撤诉结案达到1712件，调撤率为91%。

规范财产保全

2013年12月，周黎再一次转换角色，就任区人民法院执行局局长。刚一上任，她就组织开展了岁末年初集中执行活动，并通过微博直播凌晨抓堵“老赖”行动，赢得了极好的社会反响，也对“老赖”施加了心理压力。行动中强制执行涉民生案件68件，执结标的达468.7万元。

去年9月，在区人民法院与律所举行的“阳光互动”行动中，时任监察室主任的周黎听到律师反映法院保全工作人员少耗时长，便记在了心上。调任执行局后，她与院领导及时沟通汇报，积极推进《海曙区人民法院关于民商事财产保全工作的若干规定》的施行，对保全工作进行规范。新规定明确，业务庭应于接受申请后2个工作日内（情况紧急的或诉前财产保全应在48小时内）作出是否予以保全的裁定；保全实施人员完成财产保全措施后，应于3个工作日内将保全及送达材料等移送相关业务庭。新规自今年1月1日实施以来，获得了当事人的一致好评。

针对当事人反映的担保公司选择面太小的问题，执行局牵头重新制定了《关于担保机构从事财产保全担保业务管理办法（试行）》，对担保公司的资质进行严格筛选，并将符合条件的9家担保公司名单印制成册，放在立案大厅，让当事人自行比较选择。

“民不服吾能，而服吾公”，周黎深明古训的深刻含义。她始终做到“权势不惧，人情不依，执法不偏，吃请不到，贿赂不要，邪路不走，镜子常照”。她常说：“既然我选择了法官这一职业，就要对得起自己胸前的天平。”无论是在金钱与法的较量中，还是在情与法的碰撞中，她坚守人民法官的职业道德，忠诚维护法律的神圣与尊严。她的点滴付出，让胸前的天平分外耀眼。

《浙江法制报》专版：周黎

2014年4月15日

娴静外表包裹着坚忍的心性

——记宁波海曙法院民二庭副庭长张丽

今年32岁的张丽，一头柔顺的垂肩直发，配上一张娃娃脸，没有一丝想象中法官的威严。但接触过她的人都知道，在娴静外表下，张丽其实有一颗坚忍的心。也因此，6年时间，她一步一个脚印，踏踏实实地从书记员到助理审判员，再走上了副庭长的岗位。

奔波千里只为梦想起飞

张丽的第一份工作不在法院。8年前，浙江大学国际法专业硕士毕业的她，进了安徽一家国有银行工作。按张丽的话说，那是个适合养老的岗位，工作轻松，收入丰厚。但这份让很多人羡慕的工作，却令张丽一天比一天空虚，她总觉得自己7年的法律专业学习，应该有更好的舞台可以发挥。于是，2008年她参加了公务员考试，被区人民法院录取。

说起6年前的考试经历，张丽至今还能感受到当时的兴奋和激动。为了参加考试和面试，她都是在下班后乘长途班车连夜从合肥赶到宁波。她说那时只觉得生命又开始蓬勃，根本不觉得长途跋涉辛苦。

进了法院之后，张丽被分到民二庭，从内勤、书记员一步步做起。工作比以前忙碌，收入也减少了，但干着自己喜欢的事情，张丽的内心却一天天丰盈。

在磨炼中迅速成长

2010年，张丽开始独立办案。

虽然经历了很多庭审，但第一次独立办案，心里难免紧张。当时的庭长给她打气：不要怕当事人，也不要让当事人影响自己的判断。但第一次被当事人威胁的时候，张丽意识到，庭长的话听起来简单，做起来却尤其需要坚忍的心性。

那是个民间借贷案子，案情简单，但让张丽意外的是，被告律师一直给她打电话为被告求情。再后来，被告父母还威胁说如果孩子官司输了，他们就去跳楼。虽然坚信自己对案情的判断是对的，最后也依法判被告输了，但张丽承认，那些威胁当时还是影响到了她的情绪。

当然，看似柔弱的张丽非但没被吓退，反而被快速“催熟”。2010年开始办案以来，张丽共办理各类民商事案件700多件，无一例被发回重审。2011年，她被评为院优秀办案人员；2012年，除了继续当选院优秀办案人员，她又获得了海曙区十佳调解能手称号，荣立个人三等功；2013年被评为院办案标兵、市青年岗位能手。

在张丽眼里，这些荣誉既是对工作的肯定，也是自己在师长、同事帮助下成长的见证。

如今的张丽，已经是院里的中坚力量，对付难缠的当事人、审理错综复杂的案件都驾轻就熟。但随着能力的提高，她对自己的要求也更高了。她会针对不同矛盾的特点、不同身份的当事人，采取有区别的沟通方式，及时进行疏导，耐心细致地对当事人进行释法析理，真正让赢者赢得清清楚楚，输者输得明明白白。如今碰到一个案子，她会思考如何在法律范围内，尽量把事情处理得更好，而不仅仅是把案子审结，因为“很多当事人打官司并不是为了争个输赢，而是为了把问题解决掉”。

使命感让她笔耕不辍

作为一名法官，把案子办好是分内事，案子办完了再沉下心写案例分析，则是使命感在起作用。在忙碌的办案之余，张丽挤出时间写了大量调研文章，从 2011 年开始，平均每年在《人民司法》上发表两篇案例分析，至今已在各类期刊杂志上发表文章 15 篇。2011 年、2012 年，张丽连续被评为院“调研先进个人”，她撰写的《高速公路上洒落物造成车辆损失的责任承担》，今年还获得“市中院优秀案例”。

2013 年，成立不久的区人民法院知识产权庭，受理了 3 批共 10 件以日用百货批发市场中的个体工商户为被告的商标权侵权纠纷系列案件，原告均为国内著名商标品牌所有权人，如上海家化、广东美的电器等。案子审结后，张丽认为工作还没有结束，自己还应该再做点什么。于是，她撰文总结分析了个体工商户侵犯知识产权的深层次原因，提醒相关部门加强监管，防止类似案件的再次发生。这篇文章引起了区里、市里的高度关注。之后，张丽和同事还积极配合工商部门对个体工商户开展法律宣传，以案说法，对个体工商户的经营风险进行提示并提出防范建议。

回首 6 年来在法院留下的深浅不一的脚印，张丽以一段她喜欢的话做总结：相信所有的过去你都做了正确的选择，相信所有的今天你都在珍惜，相信所有的明天你都会竭尽全力去努力。

（《浙江法制报》2014 年 12 月 18 日 13 版）

三、案例评析

邓飞诉宁波市海曙区市场监督管理局工商其他行政行为案

——行政机关泄露举报投诉信息属违法行政行为

（2016年人民法院案例选）

海曙区人民法院　张　严

【案例索引】

一审：宁波市海曙区人民法院（2015）甬海行初字第14号

【案情】

原告：邓飞

被告：宁波市海曙区市场监督管理局（以下简称海曙市场监管局）

原告邓飞诉称：原告因和宁波好又多百货有限公司（以下简称好又多公司）产生消费纠纷诉至法院，好又多公司在提供证据时向法院提供了由被告海曙市场监管局盖章提供的从2012年8月17日至2014年7月10日的“12315”消费者投诉举报专线和全国互联网平台的消费者申诉转办单等19份材料，其中有12份和好又多公司无任何关系。根据《中华人民共和国侵权责任法》第二条和《中华人民共和国消费者权益保护法》第十四条的规定，消费者享有个人信息依法得到保护的权利。消费者有权检举、控告侵害消费者权益的行为和国家机关及其工作人员在保护消费者权益工作中的违法失职行为。现原告依据法规提起行政诉讼，请求判令被告在未经原告同意的情况下将原告的相关信息泄露给好又多百货公司的行为违法。

被告海曙市场监管局辩称：2014年5月29日，原告邓飞因与好又多公司产品销售者责任纠纷一案，向法院提起诉讼，要求好又多公司作出十倍赔偿。好又多公司认为，根据《中华人民共和国消费者权益保护法》第二条的规定，消费者为生活消费需要购买商品的行为，才受该法保护，而邓飞长期以索赔获利为目的购买商品，非个人生活消费，不是消费者，故不应受《中华人民共和国消费者权益保护法》的保护。为证明其特殊身份，好又多公司于2014年8月5日，向被告申请协助调查原告与该公司及其他超市的打假索赔案件情况。后被告向该公司提供了原告相关消费投诉记录，即“12315”消费者申诉转办单位和西郊（段塘）工商所投诉登记表等19份材料。行政机关在不违反法律法规强制性规定的前提下，有义务为民事案件诉讼当事人提供必要证据材料。原告的诉讼请求不成立，请予以驳回。

【审判】

法院经审理查明：2014年5月29日，原告邓飞以好又多公司为被告向法院提起民事诉讼。好又多公司为证明其诉讼主张，于同年8月5日向被告海曙市场监管局提出调查申请，申请含有“请贵单位协助调查本单位关于职业打假人邓飞相关我公司及其他超市的打假索赔案件”的内容。被告根据调查申请，向好又多公司提供了有关原告在被告处进行消费投诉的相关记录共19份，包含10份“12315”消费者申诉转办单、6份消费者投诉登记表、1份举报登记表和2份终止调解通知书。原告对被告提供消费投诉记录材料的行政行为不服，向宁波市市场监督管理局提起行政复议。2015年3月30日，复议机关作出维持决定。

海曙区人民法院于2015年6月3日作出（2015）甬海行初字第14号行政判决书，判决确认被告海曙市场监管局向宁波好又多百货有限公司提供原告邓飞有关投诉举报信息的行为违法。一审宣判后，原、被告服判，均未提起上诉。

法院生效裁判认为：本案争议焦点有两点，一是被告向好又多公司提供原告相关消费投诉举报材料的行为是否属于履行民事诉讼中的作证义务？二是被告向好又多公司提供原告相关消费投诉举报材料的行为是否违背了保护消费者权益的职权要求？

对焦点一，法院认为依照《中华人民共和国民事诉讼法》第七十二条的规定，被告可以因民事诉讼中的一方当事人的申请，就其所知晓的案件情况出庭作证。但在本案中，被告所保存的原告相关消费投诉举报材料属于由国家有关部门保存的，当事人无权自行查阅获取的材料。因此，被告履行作证义务时出现重大瑕疵，对好又多公司的调查申请，在程序上处理不当。对焦点二，法院认为依照《中华人民共和国消费者权益保护法》第六条、第十五条和第三十九条第（三）项的规定，国家鼓励、支持一切组织和个人对损害消费者合法权益的行为进行社会监督；消费者有权检举、控告侵害消费者权益的行为。因此原告邓飞在购买、使用商品过程中，对因消费者权益产生的争议可以依法向有关行政部门投诉。依照《中华人民共和国消费者权益保护法》第三十二条和《工商行政管理部门处理消费者投诉办法》第二条、第三条的规定，被告负有依法接受和公正处理消费者投诉、举报工作的职权。消费者对经营者违法行为的投诉、举报是消费者行使监督权的重要途径，工商行政管理部门对其投诉、举报应根据事实，依照法律、法规和规章，公正合理地处理。对投诉、举报事项、受理情况以及与举报人、投诉人相关的信息应予以保密，不得随意泄露、转交他人。因此，对举报投诉材料进行妥善保管，避免因泄露而影响消费者行使监督权，是被告在履行工商管理职权中应负的法律义务。在本案中，原告与好又多之间存在举报人与被举报人的关系，而被告仅依好又多公司的申请，将原告投诉举报信息转交好又多公司的行政行为，违反了《中华人民共和国消费者权益保护法》第三十二条有关被告负有保护消费者合法权益的职权要求，是不当行使行政管理职权的表现。因此，被告答辩所称履行举证义务的理由并不成立。综上，法院认为被告所作行政行为违法，但因已将投诉举报材料提供给好又多公司，故该行政行为不具有可撤销内容，判决确认被告海曙市场监管局向宁波好又多百货有限公司提供原告有关投诉举报信息的行为违法。

【评析】

本案是一起消费者不满工商行政管理部门在民事诉讼过程中向商家提供其投诉举报材料引起的行政案件。虽然案情本身并不复杂，该案争议焦点集中在“履行作证义务不属于违法泄露信息”，但是争议焦点所反映的三点疑问值得探讨深思：一是“职业打假人”的身份是否应当有别于其他普通消费者；二是对泄露消费者投诉举报信息的性质认定；三是行政机关应如何履行作证义务。

一、“职业打假人”的法律地位不应有别于普通消费者

首先应当看到权利保护的社会背景。即自1994年《中华人民共和国消费者权益保护法》颁布以来，“职业打假人”群体在消费欺诈、制假售假、危害食品安全等消费领域日趋活跃，并频繁大量地向工商行政管理部门投诉举报，在法院提起相关诉讼，以获得商家赔偿为目的。例如，萝岗区人民法院、越秀区人民法院及广州中院数据显示，近年广州地区人民法院受理消费维权类官司，80%甚至95%以上由职业打假人发起。广州中院2012年至2013年消费维权类案件数据显示，81.88%由职业打假人在发起，“有过3次以上诉讼经历的职业维权人士提起诉讼的案件占80%以上。”萝岗区人民法院披露数据显示，该院2014年受理消费性合同纠纷和产品责任纠纷案件相比2012年、2013年“增长近十倍”。本案的起因是原告邓飞以好又多公司销售不符合食品安全标准的食品为由，要求好又多公司对其作10倍赔偿。好又多公司认为原告在多家超市均有打假维权记录，是“职业打假人”，不属于普通消费者，不受法律保护，并向本案被告海曙市场监管局申请获得有关原告打假索赔案件的材料，作为民事诉讼中的抗辩依据。不久，原告在民事诉讼中看到，好又多公司提交的证据竟然包括了19份有关原告投诉举报的材料（含10份“12315”消费者申诉转办单、6份消费者投诉登记表、1份举报登记表和2份终止调解通知书）。原告得知该证据为被告提供后，遂提起此次行政诉讼。

从本案起因中，可以看出“职业打假人”是否应当区别于普通消费者是案件导火索之一。根据《最高人民法院关于审理食品药品纠纷案件适用法律若干问题的规定》第三条规定，因食品、药品质量问题发生纠纷，购买者向生产者、销售者主张权利，生产者、销售者以购买者明知食品、药品存在质量问题而仍然购买为由进行抗辩的，人民法院不予支持。因此，所谓“职业打假人”这一社会称谓，在法律适用中既不属于法律概念，也不属于应当考量的要件事实。“职业打假人”属于《中华人民共和国消费者权益保护法》中消费者的范畴，当其为生活消费需要购买、使用商品或者接受服务，其权益受法律保护。工商行政管理部门即使在接到有关“职业打假人”的消费投诉举报之时，依然需要平等对待。所以“职业打假人”在本案中与被告行政行为存在行政法上的利害关系，具备原告主体资格，是适格原告。

二、工商部门泄露投诉举报信息属违法行为

根据《中华人民共和国消费者权益保护法》第六条、第十五条和第三十九条第（三）项的规定，消费者有权检举、控告侵害消费者权益的行为。根据《中华人民共和国消费者权益保护法》第三十二条和《工商行政管理部门处理消费者投诉办法》第二条、第三条的规定，工商行政管理部门对受理的消费者投诉，应当根据事实，依照法律、法规和规章，公正合理地处理，这是其法定职权和职责。对于投诉举报材料的处理，不仅仅是接受投诉举报并作出相应处理，更重要的是要保护好投诉举报信息不被泄露。虽然被告在庭审中也辩称，有的投诉因为进入了调解环节，因此被投诉人（商家）也会得知这次投诉。但是法院认为并不是所有的投诉举报，都必然进入双方调解阶段，并且为商家知悉。维护和鼓励消费者行使批评监督权的方式应当包含保密这一关键要素。例如《中华人民共和国行政监察法》第六条和第四十六条规定，监察机关应当对举报事项、举报受理情况以及与举报人相关的信息予以保密，保护举报人的合法权益。泄露举报事项、举报受理情况以及与举报人相关的信息的，依法给予处分；构成犯罪的，依法追究刑事责任。《人民检察院举报工作规定》“第七章对举报人的保护”规定，严禁泄露举报内容以及举报人姓名、住址、电话等个人信息，严禁将举报材料转给被举报人或者被举报单位。因此，投诉举报是消费者积极维护自身权益，要求国家机关对损害消费者权益的行为进行制止，监督市场正常、良好秩序的重要方式，投诉举报包括了接受投诉举报环节、处理投诉举报事项和保护投诉举报人三个必备环节。对于消费者的投诉举报材料，工商行政管理部门作为依法受理和处理的行政机关，应当做好保密工作，不得自由而无限制地处分或者转交第三方，特别是不得将举报信息泄露给被投诉举报人。

否则，有可能造成消费者因保密信息的泄露，遭受打击报复，人身伤害或者名誉损害、财产损失。因此，当本案中的被告将举报材料的复印件转交给好又多公司，同时该公司又恰恰是原告的被举报对象之时，其转交行为不但是有违于自身职责，更是违反了《中华人民共和国消费者权益保护法》第十五条，属于国家机关在保护消费者权益工作中的违法失职行为。

三、行政机关履行作证义务应符合法律规定

工商行政管理部门具有保护消费者合法权益的职责是来自法律的明文规定，对于这点被告并无异议。但是被告在庭审中提出，有关原告的消费投诉信息自原告行使监督权之日起已经进入政府部门管理领域，是属于政府持有和保存的政府信息，该信息不是原告个人私有的信息。当好又多公司向被告请求协助调查时，被告是履行了《中华人民共和国民事诉讼法》中的作证义务，将手中持有的政府信息递交法院作为证据使用，其行为具有合法性，是诉讼行为，不应再次受到审查。该点抗辩意见隐然地提出了一种存在于行政法和诉讼法之间的冲突，即当行政机关为了履行诉讼中的作证义务，将所持有的资料作为证据向法庭提出时，可以享有豁免其程序违法的权利，同时认为行政法中的依法行政原则应当让步于诉讼法中的作证义务。对于此点推论，仔细思之，其实不然。依法行政原则作为行政法中的核心和灵魂，是贯穿行政机关整个行政管理领域的，是调整行政关系的基本要求。依法履行作证义务是指凡是知道案件情况的单位和个人，都有义务出庭作证，或者向法庭提交符合法律规定形式的证据，这也是贯彻于民事诉讼、行政诉讼、刑事诉讼法中的基本要求。对于被告的行为，前文已述，是属于违法的行政行为，有违其根本职责。但是如果该类材料对于法院依法查明事实有所帮助，行政机关该如何提供呢？根据《中华人民共和国民事诉讼法》的要求，证据形式包括了当事人的陈述、书证、物证、视听资料、电子数据、证人证言、鉴定意见、勘验笔录共八类。本案所涉投诉举报材料如果要向法庭提供，应当以物证形式出现，并且必须经过严格的调查取证程序。未经保密措施和保密处理，行政机关将举报人身份、举报情况暴露于外界，是极为不妥当的。同时，对这类当事人及其诉讼代理人因客观原因不能自行收集的证据，或者人民法院认为审理案件需要的证据，可以由当事人申请人民法院调查收集。因此依法行政和依法举证并不存在矛盾之处，被告败诉是因其并未合法尽到举证义务所致。

公司无法清算时股东应否对公司债务承担责任的审查

人民司法（案例）　2016 年 11 期

海曙区人民法院　张　丽

【案例索引】

一审：(2014) 甬海商初字第 736 号（2015 年 5 月 15 日）

二审：(2015) 浙甬商终字第 943 号（2015 年 9 月 30 日）

【案情】

原告：张能秀

被告：顾海冬、胡浩杰、王德禄。

原告张能秀诉称：三被告系宁波天川石材有限责任公司（以下简称天川公司）股东。天川公司成立于 2006 年 6 月 5 日，顾海冬为法定代表人，股权占比 80%，胡浩杰、王德禄各占 10%。2008 年 12 月 11 日，原告为与天川公司及被告顾海冬民间借贷纠纷一案向宁波市江北区人民法院起诉，该院于 2009 年 1 月 4 日作出（2008）甬北民二初字第 930 号民事调解书，确认天川公司及被告顾海冬欠原告借款 350 万元，该款在 2009 年 1 月 10 日前归还清。该民事调解书生效后，被告顾海冬及天川公司未履行还款义务，原告遂向江北法院申请强制执行，因天川公司涉及系列借款案件，所有财物已被该院查封，目前正在评估、拍卖之中，故该院作出终结执行的民事裁定。2010 年 1 月 31 日，江北法院出具《以天川公司为被执行人的系列执行案件分配方案》，共立案执行以天川公司为被执行人的民商事案件 53 件，申请执行本金及诉讼费、保全费等合计 15226. 6 万元，处置款项 907. 5 万元，分配率约为 5. 96%。原告从江北法院分配到执行款21万元。

2010年11月18日，因天川公司未参加工商年检，被宁波市工商管理局吊销营业执照。2013年7月2日，案外人单某向宁波市中级人民法院申请对天川公司进行强制清算。清算过程中清算组发现天川公司账册遗失，无法清算。2013年11月19日，宁波中院做出终结清算裁定，裁定书中明示“债权人可以另行依据公司法司法解释（二）第十八条的规定，要求被申请人的股东、董事、实际控制人等清算义务人对其债务承担偿还责任”。原告认为，2008年到2009年，天川公司债务集中爆发，法人下落不明，公司经营停顿。股东有条件清算而不清算，致使公司资产流失，原告债权遭到严重侵害。故原告起诉至本院，请求判令：三被告对天川公司欠原告的329万元债务承担连带清偿责任。

被告顾海冬缺席，未做答辩。

被告胡浩杰、王德禄答辩称：2008年底，天川公司法人顾海冬因债务缠身逃到国外，导致诉讼爆发，江北法院对天川公司的所有财产进行了查封，被告胡浩杰、王德禄积极配合法院，并与债权人及政府部门协调处理公司事务。2010年江北法院对天川公司所有财产进行处置并统一分配，原告分得21万元。被告胡浩杰、王德禄并没有怠于履行义务，也没有使天川公司的资产灭失或贬值。天川公司账册在2008年12月被宁波市江北区公安局查扣，后于2009年11月被天川公司财务黄斌取走，两被告也是在2013年宁波中院审理强制清算案件的时候才得知此情况。综上，请求驳回对被告胡浩杰、王德禄的诉讼请求。

【审判】

宁波市海曙区人民法院认为：宁波中院审理的天川公司强制清算案件因天川公司及其股东无法提供相关账册及主要文件而终结。关于账册，经本院向宁波市公安局江北分局核实，2008年11月29日被告顾海冬涉嫌非法吸收公众存款犯罪被逮捕，账册被公安查扣，2009年11月24日，宁波市公安局江北分局撤案，账册归还给了天川公司，是由天川公司原财务黄斌领走，据黄斌陈述是交给了被告顾海冬，后顾海冬下落不明至今。本案中，原告未向本院提供证据证明被告胡浩杰、王德禄存在怠于履行义务的行为从而导致账册下落不明、无法进行清算。同时，原告也未提供证据证明被告胡浩杰和王德禄存在放任公司不管导致公司主要财产灭失无法清算，进而侵害债权人利益的行为，相反，被告胡浩杰和王德禄在被告顾海冬被公安机关逮捕之后，为了恢复天川公司正常生产和保障债权人的利益，积极配合法院工作。在江北法院系列案件统一执行分配后，天川公司被吊销营业执照，至今未清算，虽然被告胡浩杰和王德禄未在法定期限内成立清算组进行清算，但并未因此导致天川公司主要财产、账册等的灭失，无法进行清算。综上，被告胡浩杰和王德禄对天川公司无法清算没有责任，无须对天川公司的债务承担连带清偿责任。被告顾海冬在江北法院（2008）甬北民二初字第930号民事调解书中已经作为被告，与天川公司共同承担归还原告借款的责任，故本案原告起诉要求被告顾海冬对该笔债务承担连带清偿责任的诉讼请求，不予支持。综上，本院一审判决驳回原告的诉讼请求。

一审宣判后，原告不服，上诉至宁波中院，宁波中院经审理认为，本案争议焦点为被告胡浩杰和王德禄是否应就天川公司欠原告的329万元款项承担连带清偿责任。虽然被告胡浩杰和王德禄作为天川公司的股东在天川公司2010年11月18日被吊销营业执照后，未在法定期限内履行清算义务，但天川公司财务账册于2009年11月24日由当时天川公司财务黄斌取走，并交给了被告顾海冬，可知2009年11月24日之后天川公司财务账册并非由天川公司或被告胡浩杰、王德禄保管。另外，至2010年1月底，江北法院在以天川公司为被执行人的系列执行案件中，已经将天川公司的厂房、设备、应收账款作价，按比例分配给包括原告在内的各债权人，可知天川公司被吊销营业执照时，天川公司的主要财产已经作价分配给各债权人。故原告称被告胡浩杰、王德禄因怠于履行义务，导致天川公司主要财产、账册、重要文件等灭失，无法进行清算理由不充分，不予采信。故二审判决驳回上诉，维持原判。

【评析】

一、《最高人民法院关于适用〈中华人民共和国公司法〉若干问题的规定（二）》第十八条的理解

公司清算是公司在终止前处理公司财产，清理债权债务的法律程序。通过清算，公司实现应收的债权，偿还对外的债务，向股东分配剩余财产，从而实现股东、债权人及其他公司参与主体之间的利益平衡。如果不进行清算，公司债权人的债权通常不能实现。所以公司清算程序对于公司债权人的保护具有特别的意义。《最高人民法院关于适用〈中华人民共和国公司法〉若干问题的规定（二）》第十八条对于公司清算程序的启动者及未尽清算义务时责任的承担进行了规定。其中第二款对于无法清算时股东、董事及控股股东承担清偿责任的情形做出了明确规定。即，当负有清算义务的股东、董事及控股股东因怠于履行义务，导致公司主要财产、账册、重要文件等灭失，无法进行清算时，应对公司债务承担连带清偿责任。根据该款，债权人应对股东、董事及控股股东怠于履行义务的事实、公司主要财产、账册及重要文件灭失无法清算的事实以及前后两者之间具有一定的因果关系负举证责任。股东、董事及控股股东应对其不存在怠于履行义务的事实进行举证。

二、"怠于履行义务"的理解

关于怠于履行义务，最高人民法院刘敏法官认为，怠于履行义务包括了怠于履行依法及时启动清算程序进行清算的义务，也包括怠于履行妥善保管公司财产、账册、重要文件等的义务。笔者认为，该部分事实的举证责任在于债权人。本案中，经本院查明，被告胡浩杰、王德禄在天川公司被吊销营业执照后未在法定期限内启动清算程序是事实，但公司账册在2008年底被江北公安查扣，于2009年11月24日由当时天川公司财务黄斌领取，而据黄斌陈述，账册已交予被告顾海冬，后顾海冬下落不明至今，故可知天川公司账册并非由被告胡浩杰、王德禄保管，被告胡浩杰、王德禄对于账册灭失无过错，不存在怠于履行义务的行为。另外，天川公司的主要财产在2010年1月已由江北法院在以天川公司为被执行人的系列案件中统一处置并按比例分配给各债权人，被告胡浩杰和王德禄积极配合法院进行处置，并非存在怠于履行义务的行为导致天川公司主要财产灭失。

三、无法清算情形下股东、董事和控股股东责任的追究

根据前述，只有股东、董事及控股股东怠于履行的行为导致公司事实上已经无法清算的情况下，其才对公司债务承担连带清偿责任。本案中，虽被告胡浩杰和王德禄未在天川公司被吊销营业执照后法定期限内成立清算组进行清算，但天川公司账册在此之前早已不属两被告保管，故账册灭失无法清算并非因两被告怠于履行义务的行为导致。而且，天川公司的主要财产在天川公司被吊销营业执照之前已由江北法院统一处置并分配给各债权人，不存在因被告怠于履行义务导致天川公司主要财产等灭失无法清算的事实。综上，被告胡浩杰和王德禄的行为与公司无法清算之间并不存在因果关系，故两被告无须承担连带清偿责任。

虞唯一诉哈工大首创科技股份有限公司、宁波第二百货商店、中国工商银行股份有限公司宁波市分行信用卡案

——独立保函的识别及欺诈的认定

浙江案例指导2014年第3期（总第31期）

海曙区人民法院　黄卓娅

【裁判要旨】

特约商户已经对持卡人在POS凭证签购单“持卡人签名”一栏上的签名与该卡卡片背面签名栏内的签名是否相符尽到核对审查义务，对持卡人的信用卡被盗用遭受的损失不存在过错，不应当对持卡人的损失承担责任。

【案例索引】

一审：宁波市海曙区人民法院（2011）甬海商初字第1470号（2012

年 4 月 28 日）。

二审：浙江省宁波市中级人民法院（2012）浙甬商终字第 454 号（2012 年 9 月 19 日）。

【案情】

原告：虞唯一。

被告：哈工大首创科技股份有限公司宁波第二百货商店（以下简称宁波二百商店）。

被告：中国工商银行股份有限公司宁波市分行（以下简称工商银行宁波市分行）。

原告虞唯一起诉称：2011 年 6 月 3 日，原告得知名下卡号为 5240470015954405 的中国工商银行牡丹信用卡在被告宁波二百商店处被非法盗用，盗用金额共计 158593.90 元。原告发现后及时进行了挂失处理。原告认为被告宁波二百商店未按相关规定及交易习惯对用卡人进行身份识别及签名识别导致了原告的资金损失，应对原告损失承担赔偿责任。被告工商银行宁波市分行事前未按规定对信用卡单笔消费进行合法限制，事发后又未按规定进行退单处理，被告工商银行宁波市分行应对原告损失承担连带赔偿责任。为此，原告诉至法院，请求判令：两被告连带赔偿原告 158593.90 元。

被告宁波二百商店答辩称：原告与被告宁波二百商店之间是买卖合同关系，而本案原告以存储关系起诉，被告宁波二百商店与原告不存在存储关系或者其他关系，原告以此起诉被告宁波二百商店没有法律依据。被告宁波二百商店作为商家，根据与银行签订的协议，在持有人刷卡时核实了姓名，并且记载了信用卡持有人的身份证号码，已经尽到了合理义务，被告宁波二百商店在此过程中没有过错，也没有过失。综上，原告要求被告宁波二百商店承担连带赔偿责任，没有法律、事实依据，请求驳回原告的诉讼请求。

被告工商银行宁波市分行答辩称：原告诉状所称三笔交易的损失发生在消费环节，被告工商银行宁波市分行无任何过错。在交易发生后，被告工商银行宁波市分行也积极配合持卡人，根据相关规定，对持卡人的权利进行了救济。如果相关机构依法确认该三笔交易系“信用卡盗刷”，那么原告对自己的资金损失存在重大过错，理应承担相应的民事责任。综上，请求法院驳回原告的诉讼请求。

海曙区人民法院经审理查明：2010 年 11 月 12 日，原告向被告工商银行宁波市分行申领中国工商银行发行的万事达卡，卡种为牡丹白金卡，并保证遵守《中国工商银行牡丹信用卡章程》，知悉了《牡丹信用卡领用合约》。同年 11 月 28 日，经审核被告工商银行宁波市分行同意发卡，主卡卡号为 5240470015954450，授信额度为 200000 元，原告领取了该牡丹白金卡。2011 年 3 月 22 日，原告通过电话，设置了该牡丹白金卡自定义不输密码，被告工商银行宁波市分行的客服人员在业务办理中，告知了原告设置不输密码存在的风险。原告所办的该牡丹白金卡由签名为“虞唯一”的持卡人于 2011 年 6 月 3 日 15 时 22 分、15 时 37 分、15 时 40 分在被告宁波二百商店处购物消费三次，金额分别为 88552 元、31237. 90 元、38804 元，总计透支款为 158593. 90 元。上述三次消费的中国银联 POS 凭证上除持卡人所签的“虞唯一”签名外，还登记了原告的有效身份证件号码。2011 年 6 月 3 日 16 时左右，原告以该牡丹白金卡被盗为由向被告工商银行宁波市分行申请挂失。同日，原告发了一份《非本人交易附加说明》给被告工商银行宁波市分行的总行，说明 2011 年 6 月 3 日在被告宁波二百商店处的三次刷卡消费，并非其本人交易，要求对此进行调查。2011 年 6 月 4 日 9 时左右，原告以其信用卡被盗刷为由向公安机关报案。嗣后，原告向被告工商银行宁波市分行归还了上述透支款，但于 2011 年 8 月 23 日发律师函给两被告，要求赔偿损失，但未果。为此，原告诉至本院，要求解决。

另查明，《牡丹信用卡领用合约》与《中国工商银行牡丹信用卡章程》均规定：持卡人接到信用卡后，应立即在卡片背面签名栏内签名，并在用卡时按规定使用此签名，否则应自行承担由此产生的后果和损失；持卡人应妥善保管牡丹信用卡及其卡片信息、密码、交易凭证和身份证件等，不得将牡丹信用卡卡片信息、密码等相关信息泄露给他人，且不得出租或转借牡丹信用卡，否则应自行承担由此产生的后果和损失。被告宁波二百商店与宁波市银行卡服务中心签订的《宁波市银行卡特约商户协议书》约定：合法持有各商业银行的银行卡及邮政储蓄汇绿卡的持卡人在被告宁波二百商店处购物时可凭银行卡密码或本人身份证进行结算，不得拒绝。

【审判】

宁波市海曙区人民法院经审理认为：持卡人与特约商户之间的关系是普通的消费合同关系，刷卡只是一种支付方式。发卡行和持卡人之间、发卡行和特约商户之间的法律关系均属于委托合同关系。在发卡行和持卡人之间，发卡行有依持卡人的指示为其支付消费款项的义务，持卡人则有向发卡行偿还发卡行代其支付款项的义务。在发卡行、特约商户之间，通过银行卡组织及收单行共同与特约商户签订的协议，发卡行与特约商户形成委托合同关系。发卡行委托特约商户按照合同约定办理相关的信用卡业务，特约商户则有在受理信用卡支付过程中，审核刷卡消费签账单上的签名是否为持卡人本人签名等义务。根据中国人民银行印发的《银行卡联网联合业务规范》对持卡人在特约商户的交易流程作的规范，特约商户除了应当认真核对信用卡的有效性和完整性，交易凭证上打印的卡号、发卡行信息是否与卡面一致，交易金额是否正确之外，特约商户的收银员还应审核信用卡密码是否能被系统接收，核对持卡人的签名是否与卡背面签名一致。由此可见，特约商户的审核义务既不能等同于普通人的注意义务，但也不能苛求为专业鉴定人员的严格注意义务，而应为形式上的一般审查核对义务。收银员对“签名一致”的审核应比常人更为谨慎，主要包含以下三个方面：首先审核持卡人签名的拼音与信用卡正面的拼音是否一致，其次审核持卡人所签汉字与卡背面的签名汉字是否一致，最后审查持卡人签名与卡背面签名的笔迹是否有显而易见的重大差异。就本案而言，原告从被告工商银行宁波市分行处申领了牡丹白金卡后，设置了该牡丹白金卡自定义不输密码，采用了刷卡消费无须输入密码的操作标准，只须持卡人在 POS 凭证签购单上签署与卡片背面签名栏相同的签名，消费交易即告完成，无须录入密码。因此，在被告宁波二百商店的收银员只须对持卡人在 POS 凭证签购单“持卡人签名”一栏上的签名与该卡卡片背面签名栏内的签名是否相符负有核对审查义务。由于原告的涉案信用卡已丢失，原告也未向法院提供其在该信用卡背面留有的签名样本，故本院无法对持卡人签名与卡背面签名的笔迹是否有显而易见的重大差异进行核实，根据涉案的三份 POS 凭证单（电脑小票），说明被告宁波二百商店已审查了信用卡的有效性和完整性，成功生成了刷卡交易的 POS 单；另根据该三份 POS 凭证单上持卡人签名处“虞唯一”字样与原告的姓名完全相同，故被告宁波二百商店的收银员已尽到了签名的核对审查合理注意义务，对原告的信用卡被盗用遭受的损失不存在过错，不应当对原告的损失承担责任。

被告工商银行宁波市分行在接到原告的挂失申请后，立即为其办理了该卡挂失手续，避免了原告经济损失进一步扩大，尽到了发卡行的应尽义务，不存在过错，故不应当对原告卡挂失前的损失承担责任。原告虽提出被告工商银行宁波市分行未按中国人民银行于 1999 年颁布的《银行卡业务管理办法》的规定对信用卡单笔消费进行合法限制，但作为现银行业务的监管部门即中国银行业监督管理委员会于 2011 年 1 月 13 日颁布的《商业银行信用卡业务监督管理办法》并未对信用卡单笔消费进行风险限制，且规定该办法颁布之前制定的相关信用卡管理规定与该办法不一致的，以该办法为准。为此，原告以被告工商银行宁波市分行违反《银行卡业务管理办法》中对信用卡单笔消费进行风险控制指标的规定为由，要求被告工商银行宁波市分行承担赔偿责任，依据不足。故判决驳回原告虞唯一的诉讼请求。

宣判后，原告虞唯一不服提出上诉，宁波市中级人民法院基于同样的事实判决驳回虞唯一的上诉，维持原审判决。

【评析】

本案是一起持卡人因信用卡被盗刷要求特约商户、发卡行对其经济损失承担连带赔偿责任的纠纷。本案争议焦点之一为第二百货商店应否赔偿虞唯一的损失。而解决该争议焦点的关键在于，特约商户在受理信用卡支付的过程中，对持卡人及消费签名进行审核的程度。对此从三个方面分析：

一、信用卡纠纷法律关系分析

信用卡涉及三方主体：发卡行即经银行行政主管机构审查批准的有资格办理信用卡业务的银行；特约商户即与发卡行签订接受信用卡记账结算方式协议的商家；持卡人即与发卡行签订持有信用卡并用以享用消费信用协议的具有完全行为能力的公民、法人或者其他组织。

信用卡涉及三种法律关系，即持卡人与发卡行的资金契约关系；持卡人和特约商户之间的商品流转关系，持卡人与特约商户间因持卡人购物、享受服务消费的行为，在两者之间产生了商品交易关系，在法律关系上表现为债权、债务关系。持卡人是商品的消费者即债务人，特约商户是商品的提供者即债权人。在使用信用卡结算的形式下，债权、债务的履行与实现，是在特约商户与发卡行之间进行。发卡行履行持卡人付款义务是基于持卡人与发卡行的资金契约关系。简言之，持卡人与特约商户间的商品交易是一种合同关系，在款项结算上，由发卡行代持卡人履行债务；特约商户和发卡行之间的消费款项结算关系，发卡行所为付款行为是代理持卡人付款，是持卡人委托发卡行向特约商户的付款行为。

二、特约商户的审核义务分析

信用卡方便快捷的使用方式给持卡人、特约商户及银行带来了方便和效益的同时，也带来了法律风险。尤其随着信用卡凭签名交易的盛行，其法律风险也不断上升，实践中出现了多起信用卡签名被盗用而引发的纠纷。凭签名交易是指持卡人在使用信用卡时，应当在签购单上签写与其所持信用卡背面一致的签名，而特约商户也应当对其签名是否符合信用卡背面的签名进行审查，如果符合则准许交易，如不符合，则应拒绝交易。

根据不同的交易类型，特约商户核对身份的审核义务也有所区别。对于一般的刷卡交易，特约商户只需核对持卡人的签名。但特约商户应对签名进行审慎核对，主要包含以下几个方面：审核持卡人签名的拼音与信用卡正面的拼音是否一致，持卡人所签汉字与卡背面的签名汉字是否一致，持卡人签名与卡背面签名的笔迹是否有显而易见的重大差异。笔者认为，特约商户完全有能力核对持卡人在签购单上的签名与信用卡背面持卡人的签名两者之间是否"姓名一致"，因此如果在姓名不符的情况下，特约商户仍同意刷卡造成真正持卡人的损失，可以认为特约商户未尽到其信用卡审查义务，应对持卡人的损失承担责任。至于核对签名笔迹是否一致，对特约商户来说难度很大，因而这方面就不应让特约商户承担与其能力不符的义务。在本案中，第二百货商店的收银员在涉案的三份 POS 机签购单上均记载了虞唯一的有效身份证号码，持卡人在该三份 POS 机签购单上所签的姓名均为"虞唯一"；虞唯一不能举证证明第二百货商店的收银员未对持卡人及消费签名进行核对，故应认定第二百货商店已经尽到形式上的审核义务。对于分期付款的交易，特约商户的审查义务得到加强，除了核对签购单上的签名与信用卡背面的签名是否一致外，还被要求查验持卡人的身份证，进一步核对身份。在实践中，特约商户对持卡人身份证的核对一般采取下列几种方式，一是直接对身份证进行核对后，在签购单上抄写持卡人的身份证号码，二是将持卡人的身份证复印留底，三是将持卡人的身份证号码抄写在签购单上并复印持卡人身份证留底。笔者认为，鉴于公民的身份证号码现在已经基本上成为一个公开的信息，因此仅在签购单上抄写持卡人的身份证号码并不足以证明特约商户在交易的当时已经核对过持卡人的身份证，特约商户可以复印持卡人的身份证留底比较妥当。

三、启示意义

实践中，对于特约商户来说，以签名来认定持卡人身份的真伪较为困难。在生活中，很多时候收银员根本不会核对签名，甚至在发现签名不符的时候，盗用者照样能够成功消费。另外，信用卡盗用者完全有能力大致模仿持卡人的签名，使得收银员不能准确识别。所以我们认为，仅用签名作为认定持卡人的真实身份的唯一标准，不利于保护持卡人的合法权益，所以应加强对签名刷卡的保障机制。除了特约商户应履行审单义务外，发卡银行也应履行其审单义务。根据《支付结算办法》的规定：特约单位在每日营业终了，应将当日受理的信用卡签购单汇总，计算手续费和净计金额，并填写汇（总）计单和进账单，连同签购单一并送交收单银行办理进账。收单银行接到特约单位送交的各种单据，经审查无误后，为特约单位办理进账。然而在实践中随着信用卡发卡数量的急剧增加，刷卡交易频繁，各商业银行已经放弃了每日从特约商户调单进行审核后办理进账的方法，而是采用通过电子数据核对卡片无误后，即办理进账，除非是对持卡人有异议的交易才予以调单，签名审核的工作完全靠特约商户的收银员来完成。这种情况下，信用卡安全使用的两道防线就变成了一道，虽然商业银行将每笔业务均调单审核不符合现代交易中效率原则，但是，商业银行通过履行审单的义务在一定程度上可以减少信用卡被盗刷、冒用的风险。

特约商户是信用卡交易的基本当事人之一，确定特约商户在信用卡交易中的义务，有利于保护信用卡交易中各方当事人的合法权益。特约商户在信用卡交易中应承担一定的审查义务，在力所能及的范围内审查信用卡的真伪与信用卡使用人身份的真伪；同时我们也不应不切实际地要求特约商户承担过重的审查义务，总之，要防范信用卡被冒用的风险，持卡人、发卡行与特约商户都有各自的义务与责任，特约商户的义务既不应被忽视，也不应被夸大。

渠志宏诉宁波市篮球协会、宁波市社会体育指导中心健康权纠纷案

浙江案例指导2014年第4期（总第32期）

海曙区人民法院　金晶

【裁判要旨】

观众在观看篮球比赛时因运动员的正常比赛行为而受伤的，比赛的组织者因未尽到安全保障义务，应当承担相应的损害赔偿责任。观众观赛行为本身可以视为对观赛常见风险的自愿承担，观众如有过错，应承担相应责任；运动员的正常比赛行为属于正当业务行为，其对由此造成的人身损害不承担损害赔偿责任；有关人身损害非因场地瑕疵造成的，

场地出租人亦不承担损害赔偿责任。

【案例索引】

一审：宁波市海曙区人民法院（2013）甬海民初字第507号民事判决（2013年8月30日）

【案情】

原告：渠志宏。

被告：宁波市篮球协会、宁波市社会体育指导中心。

宁波市海曙区人民法院经审理查明：2012年9月11日晚上，原告在经过位于本市海曙区中山广场篮球场时，见该球场内正在进行篮球比赛，遂从球场入口处进入球场观看比赛。此时，球场上比赛球员在争抢篮球时身体冲出赛场边线，撞倒了站在球场入口处附近的原告，导致原告受伤。原告受伤后即被急救至宁波市第一医院，经诊断为右股骨颈头下骨折。原告在宁波市第一医院住院治疗41天，被告宁波市篮球协会垫付医疗费54553.35元。2012年12月20日，经宁波诚和司法鉴定所鉴定，原告因故致右股骨颈骨折，目前右髋人工关节置换术后，其伤残等级为九级伤残，并建议原告伤后休养时间6个月，护理时间2.5个月，营养期限3个月，关于续医费鉴定机构认为原告目前髋关节假体在位，如后期假体出现磨损、折断等，建议更换假体，具体费用参考第一次更换手术或以实际发生为准。原告为此花去鉴定费1900元。经查明，该场比赛系由被告宁波市篮球协会主办的2012年“体育彩票杯”宁波市男子篮球邀请赛中的一场。该球场系由被告宁波市社会体育指导中心经营管理，由被告宁波市篮球协会向被告宁波市社会体育指导中心租用场地用于比赛，双方对比赛期间场地安全保障工作并未作出约定。另查明，原告受伤前长期居住在本市市区，并从事保洁等工作，每月收入在1500元左右。

原告渠志宏诉称：撞人球员作为直接侵权人，应对造成的损害后果承担侵权责任。但由于被告宁波市篮球协会没有提供撞人球员的真实身份，而且被告宁波市篮球协会已承诺其愿意承担其自身以及撞人球员应承担的侵权责任，故被告宁波市篮球协会应承担对原告的人身损害赔偿责任。被告宁波市篮球协会作为篮球赛事的组织者和主办方，被告宁波市社会体育指导中心作为该场地的经营管理人，二者应当设置明显的安全警示标志，告知观众观看比赛的安全距离，同时安排安保人员进行管理巡场，保护场地内所有人员的人身、财产安全。然而两被告完全没有尽到上述责任，既未设置警示标志或安全线，又未安排人员进行管理，最终导致原告被撞受伤，两被告应承担侵权责任。

被告宁波市篮球协会辩称：已经垫付原告医药费，被告本身属于非营利性社会团体，管理能力不强。篮球比赛属于高强度对抗性运动，运动员和观众的注意力都在比赛上。涉案比赛属于邀请赛，场地在中山广场，场内有供观众观看比赛的地方，原告在观看球赛的时候没有坐在看台上观看比赛，也有过错。原告户籍山东农村，已过退休年龄，到宁波属于短期务工，其残疾赔偿金应参照农村标准。手术时考虑原告年纪较大，所以已经同意使用进口的药物和器材，后续治疗费可在实际发生后另行主张。

被告宁波市社会体育指导中心辩称：本被告与被告宁波市篮球协会之间属于租赁关系，当时涉案篮球场地已经出租给被告宁波市篮球协会使用，根据约定，其已经在比赛前尽到所有义务。比赛时被告宁波市篮球协会对场地人员有安全保障义务，本被告不能控制场地的利用以及进出人员的管理，而本案原告受伤是因在比赛时被篮球运动员冲撞而造成的，其没有过错，所以不应该承担赔偿责任，要求驳回原告对其的诉请。对原告主张的后续治疗费，认为鉴定书也没有注明，也没有实际发生，因此不予认可。对原告的误工费主张是否成立由法院斟酌。

【审判】

宁波市海曙区人民法院认为：群众性活动的组织者，未尽到安全保障义务，造成他人损害的，应当承担侵权责任。根据《浙江省体育竞赛管理办法》规定，体育竞赛的安全管理实行政府监管、举办单位负责的原则。举办单位对体育竞赛的安全工作全面负责。体育竞赛举行期间，举办单位应当严格执行安全工作方案，落实安全保卫措施，确保参加活动人员的安全。因此，被告宁波市篮球协会作为涉案比赛的组织者及举办方负有全面的安全保障责任，其应当在比赛期间安排人员维护现场秩序、对观赛观众进行安全提示及引导，现被告宁波市篮球协会不能举证证明其在比赛期间对安全秩序进行了合理维护及进行了安全提示，未尽到合理限度内的安全保障义务，应当承担一定责任。原告作为成年人，应当知晓篮球比赛系高强度对抗运动，理应合理估计激烈的篮球比赛存在潜在危险，但其仍进入球场且未在看台上观看比赛，未尽到合理的注意义务，对损害的发生也应负一定的责任。本院认为被告宁波市篮球协会未能采取合理的安全管理措施是事故发生的主要原因，应承担主要责任，因现有证据不能反映原告在进入球场后是否在赛场附近停留及停留时间，综合本案实际情况，本院认定应由被告宁波市篮球协会对原告的损失承担60%的赔偿责任。对被告宁波市社会体育指导中心是否应承担责任的问题，本院认为，被告宁波市社会体育指导中心作为场地的经营管理方，其与被告宁波市篮球协会之间系场地租赁关系，其具有提供符合比赛条件的场地以及保证场地设施能够安全使用的义务，因本案原告损害的发生并非基于场地设施的瑕疵产生，故原告诉请被告宁波市体育指导中心承担赔偿责任，于法无据，本院不予支持。原告认为篮球运动员有直接的侵权责任，对此本院认为，篮球比赛本身系高强度对抗运动，正常情况下，观众均应在看台上观看比赛，比赛中运动员的注意力均在赛场上，在激烈的比赛过程中，运动员为争抢球冲出赛场边线系合理行为，不存在过错，故对原告该项主张，本院不予支持。法院遂判决被告宁波市篮球协会赔偿原告渠志宏120238.29元，扣除已支付的54553.35元，实际尚应支付原告渠志宏65684.94元；驳回原告渠志宏的其他诉讼请求。

一审宣判后，双方当事人均未上诉，一审判决已经发生法律效力。

【评析】

竞技体育由于其本身的高度专业性和风险性，使得其在具备较高观赏价值的同时，也产生了许多体育伤害事故。可以说，体育运动中产生的风险比大多数的人类活动领域都要复杂得多，而且由于发生的伤害有很多特殊性，所以在行为规范、责任认定等方面更为复杂，涉及的责任主体也较多。具体到本案中，可能有群体性活动组织宁波市篮球协会、受伤观众原告渠志宏、场地出租人宁波市社会体育指导中心和致害运动员四方主体。但这四方主体是否都应承担责任，需做具体分析和认定。

一、群体性活动者组织者

《中华人民共和国侵权责任法》第三十七条规定，宾馆、商场、银行、车站、娱乐场所等公共场所的管理人或者群众性活动的组织者，未尽到安全保障义务，造成他人损害的，应当承担侵权责任。《浙江省体育竞赛管理办法》第十七条体育竞赛的安全管理实行政府监管、举办单位负责的原则。举办单位对体育竞赛的安全工作全面负责，体育、公安、消防、卫生等有关部门按照法律、法规规定的职责对体育竞赛安全工作实施监督管理。

本案中，案涉比赛系宁波市篮球协会主办的2012年“体育彩票杯”宁波市男子篮球邀请赛中的一场，宁波市篮球协会，作为活动组织者，负有对运动员、裁判和观众的全面安全保障义务，即应采取必要防范措施以避免人身损害事件发生、确保比赛设施和场地符合安全要求、对存在的安全隐患及时排除、在比赛期间安排工作人员维护现场秩序、并对观赛观众进行安全提示及安全引导等。经查，宁波市篮球协会在比赛期间并未设置警示的安全线和告示牌，未安排现场人员进行巡视管理，也未告知观众观看比赛的安全距离。即没有合理维护比赛安全秩序，未尽合理的安全提示。因此，宁波市篮球协会未尽到合理的安全保障义务，应当承担一定责任。

二、受害观众

自甘风险，又称风险自负、自冒风险、自愿承担风险，是指受害人在明知有某种危险存在的情况下，仍去从事某种活动，不得请求加害人承担民事赔偿责任。篮球运动是对抗性较强的运动，身体接触概率高、常常出现碰撞摔倒。在剧烈的运动中，很难要求行为人每次在做出下一个动作之前都要经过大脑的慎重考虑，这样才能集中注意力于自己的运动上，以至于根本无法顾忌旁边的第三人。因而在篮球比赛中，参加比赛的运动员和观看比赛的观众都应自担风险。但运动员和观众在自担风险的范围上是不同的，运动员通过多年的训练能够充分认识到比赛的危险性，并在出现危险时采取应急手段避免伤害的产生和扩大，但观众并不具备这种反应能力。

就篮球比赛的场外观众而言，其自担的风险的界限需要具体问题具体分析。例如，在观看篮球比赛时，篮球抛入观众席造成观众伤害的情形显然是观众能够预见的赛事本身所固有的风险类型，观众则以默许的方式自担此种风险；而观众席坍塌造成观众受伤的情形则不能够为观众所预见，不是篮球比赛所固有的风险，不应由观众承担自担有关责任。

自甘风险的成立需符合两个要件。一是受害人需具有风险预知能力，即受害人必须是完全民事行为能力人，能够清楚知道篮球运动的危险性，具有鉴别危险的能力。作为成年人，本案的原告，自然清楚观看篮球比赛是具有一定风险。二是受害人具有自愿承担风险的意思表示。本案中，原告作为篮球比赛的一名观众，走进比赛场地观看比赛，就是作出了自愿承担篮球比赛相关风险的意思表示。

《中华人民共和国民法通则》虽然没有规定自甘风险，侵权责任法也未将其列入条文，但这应可认为属于社会公共习俗，体育竞赛中的惯例，不违背公序良俗，法院应予以认可。审理法院有必要考量观众对风险的预见能力、风险的固有属性、损害的严重程度等因素，维护赛事组织者的合法利益，促进体育事业的健康发展。就本案而言，篮球比赛中运动员为了争抢篮球时身体冲出赛场边线是正常的比赛行为。原告没有坐在相对安全的观众席，而是站在球场入口处，具有一定的过错，其应当能够预见到自己所站的位置有被冲出赛场边线运动员撞到的可能性，因而应对自己的受伤行为承担部分责任。

在体育比赛场外观众伤害事故的侵权责任分配上，安全保障义务强调比赛组织者的责任，而自担风险则把责任部分地转嫁到受害观众身上。竞技体育的观赏性与危险性是一体两面的关系：赛事组织者忽视对观众的安全保障义务，将增加赛事的危险性；观众苛责赛事组织者的安全保障义务，也会导致赛事本身观赏性的扣减。避免危险最极端的方法或许只能选择在家观看体育比赛的电视转播了，这种因噎废食的做法显然不可取。从维护当事人双方利益和促进体育事业的发展出发，既不能过于简单化一刀切一律判决由受害人自担损失，也不能绝对化动不动就判令比赛组织者承担损失，应综合考量比赛组织者是否尽到安全保障义务和注意义务、受害人的过错、受害人损害程度、双方当事人的经济状况等因素。

三、场地出租人

租赁合同中，出租人的义务主要有以下几项：交付出租物。出租人应该依照合同约定的时间和方式交付租赁物；物的瑕疵担保义务。出租人应担保所交付的租赁物能够为承租人依约正常使用，即交付的标的物须合于约定的用途，出租人应保证租赁物具备应有的使用价值。不仅是在交付时，在整个租赁期间，出租人都有义务保持租赁物符合约定用途；权利的瑕疵担保义务。出租人应担保不因第三人对承租人主张租赁物上的权利而使承租人无法依约对租赁物进行使用收益。

本案中，被告宁波市社会体育指导中心，作为场地出租人，与承租人宁波市篮球协会虽未签订书面合同，但依据《中华人民共和国合同法》的规定，双方之间成立不定期租赁合同。本案事实表明，作为出租人宁波市社会体育指导中心交付的场地符合通常用途，能够正常开展比赛。本案人身损害的发生并不是因场地本身问题所致，比赛进行过程中场地的出租人亦无法控制对场地的利用和进出人员的管理。因此本案中，宁波市社会体育指导中心作为场地出租人不需要承担赔偿责任。

四、致害运动员

本案中，致害运动员是为了争抢篮球时身体冲出赛场边线，撞倒了站在球场入口处附近的原告致原告受伤，应属于正当业务行为，不构成侵权行为，不需要承担赔偿责任。

体育竞技中的误伤行为属于正当业务行为，是指在激烈的体育竞赛中，运动员之间或者运动员与观众，因为过失而致人伤亡的行为，篮球比赛、足球比赛、大力士摔跤、拳击手的格斗等，只要是在正当业务范围内实施的，就能免除其责任。但是并不意味着发生在竞技场上的所有伤害行为都能依据“正当业务行为”免除责任。一项行为，要被认定为“正当业务行为”需符合一定的条件：

（一）前提条件：行为发生在正当的对抗性竞技体育活动中

第一，必须是正当的体育活动。不正当的体育比赛不能被国家、社会的伦理秩序所认可，不具有社会相当性。例如双方为解决私人恩怨，相约比剑决斗，一方致另一方受伤或者死亡的，行为人的行为就不具有正当性，应追究其相应的刑事责任。

第二，必须是对抗性的体育活动。竞技体育分为技巧性竞技和对抗性竞技，前者如体操、跳水、游泳、举重等，后者如足球、篮球、拳击、击剑等。在技巧性比赛中，运动员在完成高难度的动作时可能会因出现意外而致伤，这类伤害是因个人自身原因造成的，不存在侵害者，自然没有正当行为存在的余地。在对抗性竞技体育比赛中，比赛双方或者比赛者和观众之间，不可避免会有身体的猛烈碰撞，在激烈对抗中，一方运动员可能致使对方运动员、裁判和现场观众受伤或者死亡。要求运动员在比赛中尽更高的注意义务不符合篮球比赛本身的特点，也会使这类比赛失去意义。

（二）主体条件：致害主体必须是参与比赛的运动员

教练、裁判、观众并不直接参与比赛对抗，如果因为他们的行为导致他人受伤的，其行为自然不能享受正当化的待遇，他们不能成为正当的竞技体育行为的主体。此外，替补运动员在上场之前，或者运动员被替换下场之后，由于他们没有参加比赛，其所实施的行为也不是竞技体育行为，自然就不能成为正当行为，也不能成为正当的竞技体育行为的主体。

（三）时空条件：行为发生在比赛时间、比赛场地

一方面，只有在比赛时间运动员进行的进攻、防守行为和其他与比赛密切相关的行为才称得上是体育竞技行为，才能正当化。如果一方运动员在比赛开始前、比赛休息时间或者比赛结束后伤害对方或者伤害观众、裁判，则该行为不能正当化。例如，足球运动员在比赛休息时发怒将球踢到对方身上而导致对方受伤的，这都不是正当业务行为。

另一方面，运动员必须在符合比赛基本要求的竞技场地上进行比赛，其行为才能正当化。通常情况下，比赛的危险性越大，对场地的大小及

其中的设施的安全要求就越严格。有关体育组织对比赛场地的规定就是综合考虑到既要满足比赛的要求，便于运动员在场地上做任何技术动作，又要将对运动员、裁判、观众的损伤降低到最低限度。这些规定为社会的一般观念所认可。因此，只有在符合规定要求的场地上进行的比赛才具有社会相当性。

（四）主观条件：行为人必须以比赛为目的

行为人在比赛过程中，只有出于比赛目的而实施的进攻、防守行为和其他与比赛密切相关的行为才具有正当性。如果行为人不是出于比赛的目的，而是出于报复、泄愤等目的，以比赛为幌子伤害对手、裁判和观众的，其行为不具有正当性。

（五）行为条件：行为人必须遵守比赛规则

要成立正当的竞技体育行为，还有一个最为重要的条件，即必须要求行为人在比赛过程中遵守相应的比赛规则。

如果目的虽然正当，但采取不正当的手段，仍然为社会观念所不允许，因而欠缺社会相当性。竞技体育比赛规则的设置体现了对双方运动员权益的合理、平等的保护。运动员严格遵守比赛规则，就可以将竞技活动的风险及可能发生的损害降低到最低程度；运动员违反比赛规则，则往往会增加体育活动的风险。因此，是否遵守比赛规则，是判断竞技体育行为能否正当化的客观条件。

由于篮球比赛这类运动具有群体性、对抗性、人身危险性本身的特点，只要运动员不是故意行为，出现的正当危险后果是被允许的，一般情况下正当危险的制造者不应为此付出代价，其行为不具有违法性，不符合一般侵权责任的构成。但需要注意的是，正当的竞技体育行为有其合理限度，不能以此为由免除一切伤害行为的责任。必须是同时满足上述五个条件，才能认定为正当竞技体育行为，否则系超限度伤害行为，应承担相应侵权责任。

编后记

《宁波市海曙区人民法院志（1978—2017）》自2017年6月开始组织编纂，历时数载，在各级领导、相关部门和各界同仁的关心支持下，终于告罄付梓。相信此书的出版发行，必将有助于广大审判工作者和各界人士了解海曙区人民法院的发展、特色以及在全市、全省乃至全国所处的重要地位，必将发挥其应有的资治、教化、存史功能。

编修本志是一项系统的文化工程，先后经过了组织发动、起草大纲、收集资料、整理、撰写志书初稿和初评、复评以及终审等阶段，几度春秋，六易其稿，这部时间跨度40年、卷帙30余万字的志书终得以完成。

本志的编纂工作得到了院党组的高度重视，时任区人民法院党组书记、院长傅勇亲自主持了本志的编写工作，并对框架、内容等提出了宝贵修改意见。院各庭室、各人民法庭提供了大量初始资料，并由院办公室精心组织、专人负责，承担了主要的协调督促、走访调查等工作。区史志办在政策、行业、规划等方面给予了大力支持，宁波市档案馆、海曙区档案馆等也提供了诸多相关资料。在本书出版之际，谨向所有关心和支持本志编纂出版工作的各个单位、各位领导和同志们，表示衷心的感谢！

鉴于本志时间跨度大、有些年代的资料已散失、部分资料搜集非常困难，错讹疏漏之处，诚望广大读者批评指正。

编者

2022年12月